Italiano: Prova di abilità linguistica

イタリア語検定 3級突破

一ノ瀬俊和／入江たまよ／東哲史 共著

トラック対応表

第10章　文章読解問題

Track		頁	Track		頁	Track		頁
1	練習1	157	**4**	練習4	162	**7**	練習7	167
2	2	159	**5**	5	163	**8**	8	168
3	3	160	**6**	6	165			

第11章　作文問題

Track		頁	Track		頁	Track		頁
9	練習1 （三人称の解答例）	171	**11**	練習2	174	**13**	練習4	178
10	（一人称の解答例）	172	**12**	3	176	**14**	5	179

第12章　リスニング

Track		頁	Track		頁	Track		頁
15	練習1	183	**29**	練習15	198	**43**	練習29	212
16	2	183	**30**	16	200	**44**	30	213
17	3	184	**31**	17	200	**45**	31	214
18	4	185	**32**	18	201	**46**	32	214
19	5	187	**33**	19	202	**47**	33	215
20	6	188	**34**	20	203	**48**	34	216
21	7	189	**35**	21	204	**49**	35	217
22	8	190	**36**	22	206	**50**	36 問1	218
23	9	191	**37**	23	206	**51**	問2	218
24	10	192	**38**	24	207	**52**	問3	219
25	11	194	**39**	25	208	**53**	問4	219
26	12	195	**40**	26	209	**54**	問5	220
27	13	196	**41**	27	210	**55**	37	221
28	14	198	**42**	28	211			

はじめに

　1995年に始まった「実用イタリア語検定」も，年々受験者が増えてきました。3級についてみると，合格率は20%以下となっており，かなり厳しい試験と言えるでしょう。実際のコミュニケーション能力が試されるため，「聞く」，「話す」，「読む」，「書く」のバランスのとれた総合力を身につけておく必要があります。特にリスニングに重点が置かれ，問題の4割近くが録音を聞き取って答える方式になっています。また，3級では接続法，遠過去など一部の項目を除いた初級文法全般の正確な知識が求められます。例えば，選択肢のなかにまぎらわしい動詞の変化形やちょっと綴りを変えた形などが含まれていることも多いので，語尾変化をきちんと覚えておくことが大切なのです。文法知識は，3級になって初めて登場する少し長めの文章を読んでその内容を把握する「文章読解問題」や，あるテーマについてイタリア語で自由に書く「作文問題」に対処するためにも，重要なポイントになります。さらに，文法と並んで普段から単語や熟語など語彙の増強に努めなければならないのは言うまでもありません。

　本書はこれまで出題された問題を徹底的に分析し，文法項目別に間違いやすいポイントをまとめ，それぞれに練習問題をつけてあります。わかりやすい覚え方や理解の助けになるアドバイスも随所に織り込みました。また，文章読解については，実際の雑誌および新聞から出題が想定されそうな記事を選び，解説をつけました。自由作文については，トピック別に具体的な書き方の例を示してあります。リスニング対策では，最近の出題傾向にそって，絵を見ながら答える練習を中心に解説し，頻出事項や関連表現を囲み記事にまとめました。

　執筆分担は次の通りですが，一ノ瀬は全体の監修も担当しました。
東　　：第1章，第2章，第6章〜第10章
入江　：第3章〜第5章，第11章
一ノ瀬：第12章

なお，イタリア語の校閲については Alda Nannini さんに，巻末の「単語・熟語・慣用表現一覧」の作成にあたっては京藤好男さんに全面的にご協力いただきました。この場を借りて，改めて感謝の念を表します。

　本書が，イタリア語検定3級突破をめざす皆さんの準備に少しでも役に立つことを心から願っています。同時に，初級文法の整理や確認の一助になってくれれば幸いです。

　それでは，皆さんのご健闘を祈ります。　　In bocca al lupo !

筆　者

もくじ

本書をご利用いただくために ……………………………………………… 6
実用イタリア語検定の概要 …………………………………………………… 7
第1章　直接目的語と間接目的語 —— 注意すべき目的語の用法 …… 9
第2章　目的語の複合形と代名詞的小詞 ne, ci ……………………… 17
第3章　再帰動詞と非人称動詞 …………………………………………… 39
第4章　直説法の過去時制 —— 近過去，半過去，大過去 …………… 63
第5章　直説法の未来時制 —— 単純未来，前未来 …………………… 91
第6章　命令法 …………………………………………………………… 96
第7章　条件法 …………………………………………………………… 110
第8章　関係代名詞 ……………………………………………………… 123
第9章　比較級と最上級 ………………………………………………… 141
第10章　文章読解問題 …………………………………………………… 157
第11章　作文問題 ………………………………………………………… 170
第12章　リスニング ……………………………………………………… 181
付録　　単語・熟語・慣用表現一覧 …………………………………… 223

本書をご利用いただくために

本書は，実用イタリア語検定3級をめざそうとしている方を対象に書かれています。4級および5級では「日常生活」に関わる基本的な表現が出題されていますが，3級ではそれを一歩進めたいわば「応用表現」が要求されています。

3級に必要な文法知識はほぼ初級全般にわたっているので，しっかりと既習事項の復習をすると同時に，間違いやすいポイントを整理しておきましょう。4，5級では出てこない項目については，かなり詳しい解説と覚え方のヒントが記してあります。また，重要項目については，既出のものについても繰り返し載せてあるので参考にしてください。文法事項を学習したら，まず自力で練習問題を解いてみてください。次に，解答と照らし合わせながら，解説を読んでいきます。こうして自分のウィークポイントがわかったら，また項目の説明に戻ってそこを確認し，補強していってください。

リスニングは，音声を何度も聞いてスピードやイントネーション，イタリア語のリズムに慣れることが一番です。また，絵や書かれた文章を見て答える問題については，実際に音声を聞きながら短時間で解答してみる練習を繰り返します。問題文を見たら，大体どんな音声が流れてくるのか想像できるようになるまでやれば完璧です。

本書の構成は，次の通りです。

■文法事項の解説■
これまでに出題された文法事項を項目別に整理し，わかりやすく実用的な解説をしています。重要な項目については，既出のものも再度採りあげてあります。

■練習■
実際に過去に出題された問題をもとに，模擬問題を作ってあります。解説にはその問題を解くポイントを記し，その後に解答をつけてあります。

■囲み記事■
覚えておくべき重要なポイントや関連語句などをまとめてあります。練習問題を解く際のヒントや暗記事項のまとめとして活用しましょう。

■単語・熟語・慣用表現一覧■
頻出語や関連表現をまとめて巻末に載せました。実力チェックと語彙の増強に役立ててください。

実用イタリア語検定の概要

イタリア語検定協会が以下のような概要を公表しておりますので，まず見ておきましょう。本書は3級受験者を対象としていますが，「イタリア語検定」の全体像を知るためにも，他の級もあわせて紹介いたします。

◀程度▶

5級　初歩的なイタリア語を理解できること。初歩的な挨拶・紹介・質問への返答などが口答で表現できる能力が要求される。

4級　平易なイタリア語を聴き，読み，書き，話せること。自己紹介・簡単な道案内・買物・バールでの簡単な注文などの平易なコミュニケーションができる能力が要求される。

3級　日常生活に必要な基本的なイタリア語を理解し，特に口答で表現すること。日常的な範囲の紹介・伝言・簡単な電話・簡単な手紙など基本的な表現ができる能力が要求される。大学2年修了程度の学力を標準とする。

準2級　イタリア語の基本文法について総合的な知識を持ち，日常生活全般に必要なイタリア語を理解し，表現することができる。日常的な範囲の会話やテレビ・ラジオの内容を聴き取り，一般的な文章を読み，様々な出来事・状況・自分の意見を書くことができる能力が要求される。大学の専門課程2年修了程度の学力を標準とする。

2級　日常生活や業務上必要なイタリア語を理解し，一般的なイタリア語を読み，書き，話せること。一般的な説明・報告・通訳がある程度できる能力が要求される。大学の専門課程卒業程度の学力を標準とする。

1級　広く社会生活に必要なイタリア語を十分に理解し，かつ自分の意思を的確に表現できること。新聞・雑誌などを読み，ニュース放送や映画などを聴き，要約できるイタリア語の能力と知識が要求される。大学の専門課程卒業程度以上の学力を標準とする。

◀出題形式（3級）▶

リスニング問題と筆記問題です。解答はリスニング・筆記ともにマークシート形式です。リスニングでは会話などの自然な流れのイタリア語を聴きとる問題です。筆記には語彙・文法・読解問題などが含まれ，その他に記述（作文）問題が出題されます。試験時間は100分です。

◀問題の説明（3級）▶

- 検定問題はリスニング問題（COMPRENSIONE AUDITIVA）と筆記問題（PARTE SCRITTA）です。リスニング問題が終了したら引き続き筆記問題に解答してください。
- リスニング問題では，問題文は 2 度繰り返して読まれます。また，ページをめくる時とパート（PARTE）が変わる時には合図の音が流れます。
- 解答は，選択肢の中から最も適当なものを 1 つだけ選び，解答用紙（マークシート）の該当する記号を黒の鉛筆（HB）で塗りつぶしてください。
- 記述問題の解答は解答用紙（マークシート）の裏面に記入してください。
- 問題中の指示は，リスニング・筆記ともすべてイタリア語です。

◀合格基準（3級）▶

総合得点で約 70% 以上で，リスニング・筆記の各分野ごとに約 60% 以上の得点が求められます。

◀試験日程▶

春季（3 月）　準2級・3級・4級・5級
秋季（10 月）　1級・2級・準2級・3級・4級・5級
　　　　　　（1級・2級の一次試験合格者に対する二次試験は 11 月〜 12 月）

◀試験地（一次試験）▶

札幌・仙台・東京・横浜・名古屋・新潟・金沢・京都・大阪・岡山・広島・福岡・宮崎・那覇／ミラノ・ローマ（2019 年 3 月現在）

◀併願▶

1級と2級，2級と準2級，準2級と3級，3級と4級，4級と5級の併願が可能です。

◀問い合わせ先▶

イタリア語検定協会
〒 151-0053 東京都渋谷区代々木 1-30-15　S405　　　Tel: 03-3377-0345

第 1 章　直接目的語と間接目的語
── 注意すべき目的語の用法

直接目的語と間接目的語の違い

まず直接目的語と間接目的語の違いについて，簡単に振り返っておきましょう。

　　　　　　　　　　　直接目的語　　　間接目的語
　　Voglio regalare questo libro a Gianni.　　　私はこの本をジャンニに贈りたい。

間接目的語にはこのように前置詞 a がつきますね。代名詞を使って言い換えると

　　　　　　　直接目的語┐　間接目的語　　　　　　┌直接目的語　　間接目的語
　　Voglio regalar**lo** a Gianni.　または　**Lo** voglio regalare a Gianni.
　　　　　　私はそれをジャンニに贈りたい。

　　　　　　　間接目的語┐　直接目的語　　　　　　┌間接目的語　　　直接目的語
　　Voglio regalar**gli** questo libro.　または　**Gli** voglio regalare questo libro.
　　　　　　私はこの本を彼に贈りたい。

　　　　　　　　　　┌間接目的語と直接目的語の複合形┐
　　Voglio regalar**glielo**.　　または　　**Glielo** voglio regalare.
　　　　　　私は彼にそれを贈りたい。

ここでは，lo が直接目的語の代名詞で，gli が間接目的語の代名詞ですね（この形は第 2 章で詳しく扱います）。

上の例文のように，直接目的語と間接目的語の違いがわかりやすい時はいいのですが，いつもそうとは限りません。日本人にとって，やや難しい，間違いやすい動詞について以下で練習します。

> 例題 1

Tiziana, hai già telefonato ＿＿＿＿ professoressa ?
　　(a) la　　　　(b) alla　　　(c) per la　　　(d) con la

解答　(b)　「ティツィアーナ，もう先生に電話したのかい？」

「…に電話する」という意味では，動詞 telefonare は前置詞の a が必要です。

例題 2

Va benissimo, dottore. Allora, domani sera _____ chiamo io verso le sette.
　(a) Le　　　　(b) gli　　　　(c) La　　　　(d) ti

解答　(c) 「いいですとも，先生。それでは，明日の晩，7時ごろに私があなたにお電話します。」
動詞 chiamare は本来「…を呼ぶ」という意味ですから，直接目的語をとります。呼ぶ手段が電話であっても同じことです。chiamare il dottore per telefono とすれば，「先生を電話で呼ぶ」という意味がよりはっきりします。この例文では，dottore と呼びかけていますから，丁寧な「あなた」に相当する Lei の直接目的語の形 La を使います。ti も文法的には直接目的語になり得ますが，親しい相手 tu に対するものですから，ここではまったく不適切です。

例題 3

Tiziana, hai già _____ un avvocato ?
　(a) consultato　　　　　　(b) consultato con
　(c) consultato ad　　　　 (d) consultato per

解答　(a) 「ティツィアーナ，もう弁護士に相談したのかい？」
動詞 consultare はこの例文のように直接目的語をとります。

例題 4

Quando entrano _____ studio i violinisti ?
　(a) lo　　　　(b) in lo　　　　(c) per lo　　　　(d) nello

解答　(d) 「バイオリニストたちはいつスタジオに入るのですか？」
これは直接目的語 ─ 間接目的語の問題とはいえませんが，動詞が前置詞を必要とするかしないか，という問題ですから，ここで一緒に練習しましょう。英語では enter「入る」は他動詞で直接目的語をとりますが，イタリア語 entrare は自動詞ですから，前置詞 in が

必要です。これも間違いやすいものです。

いかがでしたか？　すべて自信を持って答えることができるようになれば，もうイタリア語がかなり身についていることになります。では，練習問題をやってみてください。

練習

① _____ ringrazio, signor Trovesi.
　(a) Le　　　(b) Lo　　　(c) La　　　(d) Ne

② Fra poco Romano torna dalle vacanze, ma non conosce ancora le nuove direttive. Qualcuno _____ ha informato sul nuovo orario?
　(a) gli　　　(b) l'　　　(c) la　　　(d) ne

③ Signor Santucci, _____ prego di parlare subito con il direttore.
　(a) Le　　　(b) Lo　　　(c) La　　　(d) Ne

④ Signor Battista, come mai è venuto oggi? _____ avevamo chiesto di venire domani.
　(a) Le　　　(b) L'　　　(c) La　　　(d) l'

⑤ Tutti aspettano una tua lettera. _____ subito.
　(a) Devi scriverglila　　　(b) Li devi scrivere
　(c) Glielo devi scrivere　　(d) Gliela devi scrivere

⑥ Devo avvertire _____ signor Basso che giovedì non posso venire.
　(a) al　　　(b) il　　　(c) per il　　　(d) con il

⑦ Signora, _____ accompagna mia figlia alla stazione.
　(a) Le　　　(b) a Lei　　　(c) La　　　(d) con Lei

⑧ Ieri ho incontrato _____ vecchio amico per strada.
　(a) con un　　(b) un　　(c) con　　(d) ad un

⑨ Paolo, perché non hai salutato _____ professore?
　(a) con il　　(b) al　　(c) il　　(d) per il

⑩ Naturalmente Lei ha visitato _____ Uffizi di Firenze quando era in Italia.
　(a) in Gli　　(b) gli　　(c) negli　　(d) agli

⑪ Anch'io voglio partecipare _____ gara.
　(a) alla　　(b) la　　(c) per la　　(d) della

⑫ _____ vetta della montagna alle 2.45.
　(a) Abbiamo raggiunto la　　(b) Siamo raggiunti sulla
　(c) Abbiamo raggiunto sulla　　(d) Siamo raggiunti nella

⑬ Mi dispiace, adesso il professor Gaslini è occupato. _____ può richiamare tra un quarto d'ora ?
　(a) Lo　　(b) La　　(c) Gli　　(d) Le

⑭ — Questo fine-settimana andiamo a fare una gita. Vuoi venire anche tu ?
　— Sì, sì, volentieri. Ma prima devo _____ i miei genitori.
　(a) informare　　(b) dire　　(c) parlarne　　(d) dirlo

⑮ Quanto _____ questa macchina ?
　(a) tu ti ha costato　　(b) te è costata
　(c) ti è costata　　(d) te ha costata

⑯ Signor Di Castri, _____ interessa la pittura moderna ?
　(a) Le　　(b) se　　(c) si　　(d) se ne

⑰ La nuova legge interessa _____ .
　(a) tutte le classi sociali　　(b) con tutte le classi sociali
　(c) di tutte le classi sociali　　(d) su tutte le classi sociali

解答と解説

①—(c)　「(あなたに)感謝いたします，トロヴェージさん。」
　　ringraziare「(人に)感謝する」というときは直接目的語を使います。signor といっていますから，丁寧な Lei の直接目的語の形 La になります。

②—(b)　「しばらくするとロマーノがバカンスから帰ってくるけど，彼はま

1 直接目的語と間接目的語 —— 注意すべき目的語の用法

だ新しいやり方を知らないんだ。誰か彼に新しい時間割について知らせたかい？」
informare「(人に)連絡する」というときは直接目的語を使います。

③—(c) 「サントゥッチさん，すぐに支配人と話してくださるようお願いいたします。」
pregare「(人に)懇願する」というときは直接目的語を使います。signor といっていますから，丁寧な Lei の直接目的語の形 La になります。di＋不定詞「…するように」という構造とあわせて覚えましょう。「La (Ti) prego di＋不定詞」は会話でもよく使います。

④—(a) 「バッティスタさん，なぜ今日いらしたのですか？　(私たちは)あなたに明日来てくれるようにお願いしたのです。」
chiedere「(人に)…するように頼む」というときは間接目的語を使います。signor といっていますから，丁寧な Lei の間接目的語の形 Le になります。di＋不定詞「…するように」という構造とあわせて覚えましょう。「chiedere＋間接目的語(人)＋di＋不定詞」

⑤—(d) 「みんな君の手紙を待っているよ。君はすぐに彼らに書かなくてはいけないね。」
「scrivere＋a＋人」で「人に手紙を書く」という意味になります。直接目的語となるべき「手紙」が省略されている，と考えてもいいでしょう。ここでは Gli は三人称複数「彼らに」です。

⑥—(b) 「(私は)バッソさんに木曜日には(私は)来られないと連絡しなければならない。」
「avvertire＋直接目的語(人)＋che ...」で「(人に)…であると連絡する」。

⑦—(c) 「奥さん，私の娘があなたを駅までお送りします。」
accompagnare「(人に)付き添う」というときは直接目的語を使います。signora といっていますから，丁寧な Lei の直接目的語の形 La になります。

⑧—(b) 「昨日，道で(道を歩いていたら)古い友人に出会った。」
incontrare「(人に)会う」は直接目的語をとります。

⑨—(c) 「パオロ，なぜ君は先生に挨拶しなかったのだい？」
「salutare＋直接目的語(人)」

⑩—(b) 「あなたはイタリアにいらっしゃったとき，当然フィレンツェのウフィツィ美術館を訪問されましたよね。」

visitare も間違いやすい動詞です。直接目的語をとります。
⑪ — (a) 「僕もレースに参加したい。」
partecipare「参加する」には前置詞 a が必要です。
⑫ — (a) 「我々は２時45分に山頂にたどり着いた。」
raggiungere「到着する，追いつく」は他動詞です。間違えないように。
⑬ — (a) 「残念ですが，ガスリーニ先生は忙しいのです（他の仕事に手をとられていて電話に出られません）。15分後にもう一度彼に電話していただけますか？」
richiamare「もう一度呼ぶ」も，例題２で見た chiamare と同様に直接目的語をとります。un quarto は「四分の一」を表します。un quarto d'ora「四分の一時間＝15分」。
⑭ — (a) 「今週末には僕たちはハイキングに行くんだ。君も来るかい？」「うん，喜んで。でもその前に両親に連絡しなくては。」
四つの選択肢のうちで，直接目的語として人を表す言葉をとれるものは informare だけです。
⑮ — (c) 「この車は君にいくらかかったのか？（君はこの車にいくら払ったの？）」
costare「値段がかかる」は人を間接目的語としてとり，「誰々にいくらの負担をかける」という構造になります。ここでは questa macchina が主語で，costare の助動詞は essere でなければならないので，過去分詞は女性単数の costata になります。
⑯ — (a) 「ディ・カストリさん，あなたは現代絵画に興味がありますか？」
ここでは la pittura moderna「現代絵画」が主語で，人が間接目的語になります。signor といっていますから，丁寧な Lei の間接目的語の形 Le になります。つまり，「現代絵画が人にとって興味深いものである」という構造になっているのです。この意味の動詞 interessare は重要です。
⑰ — (a) 「新しい法律はすべての社会階層（の人々）に関わってくる。」
ここでは動詞 interessare は「…に関連を持つ」という意味で，直接目的語をとります。上の問題の「興味を引く」とは意味が違っているのです。この意味で使われた interessare に出会うことは少ないと思いますが，参考までに挙げておきました。余裕があれば覚えてください。

piacere

最後に piacere についてまとめて練習しておきましょう。まず例題をやってみてください。

例題 5　(a)〜(d)の中から最も適切な文を選びなさい。
(a) Ai miei figli andare al cinema non piacciono.
(b) Andare al cinema non piace ai miei figli.
(c) I miei figli non si piacciono di andare al cinema.
(d) I miei figli non gli piacciono molto andare al cinema.

解答　(b)「私の息子たちは映画に行くことが好きではない。」
piacere は人間を間接目的語としてとります。この文では主語は物事のほうです。つまり，「映画を見に行くこと」が息子たちにとって「好ましいことである」という構造なのです。ここで主語となっている不定詞句 andare al cinema はもちろん単数名詞扱いです。

例題 6
I libri che mi hai raccomandato non ＿＿＿＿ affatto.
　(a) mi hanno piaciuto　　(b) mi sono piaciuti
　(c) mi ha piaciuto　　　(d) mi sono piaciuto

解答　(b)「君が私に薦めてくれた本は私にはまったく気に入らなかった。」
この文の主語は I libri「（複数の）本」ですから，動詞は三人称複数形でなければなりません。また，近過去にするときは助動詞は essere です。これも重要ですから覚えてください。助動詞が essere ですから過去分詞は主語に一致して男性複数 piaciuti になります。

練習
① Signor Azzolini, ＿＿＿＿ aiutarmi ? Questi signori parlano solo giapponese ma io non lo capisco.
　(a) Le dispiacerebbe　　(b) La dispiacerei
　(c) La dispiacerebbe　　(d) Le dispiacerei

② La videocassetta che mi hai prestato non mi _____ .
　　(a) ha piaciuto　(b) è piaciuta　(c) ha piaciuta　(d) è piaciuto
③ A Tiziana queste canzoni _____ .
　　(a) non ha piaciuto　　　　　(b) non si è piaciuta
　　(c) non sono piaciute　　　　(d) non sono piaciuto

解答と解説

①―(a)　「アッゾリーニさん，助けていただけませんか？　こちらの方々は日本語しか話せないんですが，私にはそれがわからないんですよ。」
動詞 dispiacere「気に入らない，不本意である」に関しても基本的な構造は piacere と同じです。ここでは不定詞句 aiutarmi が主語です。「私を助けることは(もしかしたら)あなたの気に入りませんか？」ということです。条件法にすると，直説法のときよりも，より丁寧ないい方になります。

②―(b)　「君が私に貸してくれたビデオは気に入らなかった。」

③―(c)　「ティツィアーナにはこれらの歌が気に入らなかった。」

第2章　目的語の複合形と代名詞的小詞 ne, ci

複合形

直接目的語と間接目的語の代名詞についてはすでに4級の段階で学んでいるはずですが，ごく簡単に振り返りながら，ここでは新しく複合形について学びましょう。

　① Ho regalato quei libri a Mario.　　私はそれらの本をマリオに贈った。

①の直接目的語 "quei libri" を代名詞にして書き換えると②になります。

　② **Li** ho regalati a Mario.　　私はそれらをマリオに贈った。（直接目的語の代名詞にあわせて過去分詞を男性複数 regalati にするのを忘れないように）

それでは，①の "a Mario" を間接目的語の代名詞を使って書き換えてみましょう。すると③になります。

　③ **Gli** ho regalato quei libri.　　私は彼にそれらの本を贈った。

さらに，直接目的語の代名詞と，間接目的語の代名詞の両方を同時に使ってみると④になります（この形は第1章でも少し触れました）。

　④ **Glieli** ho regalati.　　私は彼にそれらを贈った。（過去分詞は男性複数 regalati）

この **Glieli** のように直接目的語と間接目的語の代名詞を一緒にして使う形を複合形（結合形）といっています。その組み合わせにはいろいろな場合があります。一覧表にしてみましょう。組み合わせの順番は「間接目的語＋直接目的語」となります。代名詞的小詞 ne と一緒に使う形も出しておきました。

直接目的語 \ 間接目的語	mi	ti	gli, le (Le)	ci	vi	si
lo	me lo	te lo	glielo (Glielo)	ce lo	ve lo	se lo
li	me li	te li	glieli (Glieli)	ce li	ve li	se li
la	me la	te la	gliela (Gliela)	ce la	ve la	se la
le	me le	te le	gliele (Gliele)	ce le	ve le	se le
ne	me ne	te ne	gliene (Gliene)	ce ne	ve ne	se ne

⑤ Ho presentato Maria a Mario.　　私はマリアをマリオに紹介した。

①〜④と同じようにして，⑤を書き換えてみましょう。まず，直接目的語の代名詞 la を使うと：

⑥ **L'**ho presentat**a** a Mario.　　私は彼女をマリオに紹介した。（直接目的語の代名詞にあわせて過去分詞を女性単数 presentata にするのを忘れないように）

⑤を，間接目的語の代名詞 gli を使って書き換えると：

⑦ **Gli** ho presentato Maria.　　私は彼にマリアを紹介した。

直接目的語の代名詞と，間接目的語の代名詞の両方を同時に使うと：

⑧ **Gliel'**ho presentat**a**.
　　私は彼に彼女を紹介した。（過去分詞は女性単数 presentata）

glielo(Glielo), glieli(Glieli)... に関する注意

現代のイタリア語では，gli はいろいろな意味を表します。

　　「彼に」　　　　— 男性単数
　　「彼らに」　　　— 男性複数
　　「彼女たちに」　— 女性複数

glielo, glieli, gliela, gliele, gliene においては，上の三つのほかにさらに

「彼女に」 ── 女性単数 の意味が加わります。

ですから，⑧の文については注意が必要です。先程は⑤の文から出発しましたから，⑧の文を「彼に」と訳しました。しかし実は，⑧の文のみを見る限りでは，「彼に」「彼らに」「彼女たちに」「彼女に」という四つの可能性があるのです。

加えて，**Glielo**，**Glieli**，**Gliela**，**Gliele**，**Gliene** のように語頭を大文字にすると，「あなたに」── 敬称単数の意味になります。ですから，⑧はさらに「あなたに」という意味である可能性もあります。

glielo(**Glielo**)，**glieli**(**Glieli**)，**gliela**(**Gliela**)，**gliele**(**Gliele**)，**gliene**(**Gliene**) は間をあけずに書きます。それ以外は **me lo** のように間をあけます。

母音の省略について

近過去・大過去などと使うときには，直接目的語の代名詞が男性単数(lo)・女性単数(la)の場合，最後の母音がふつう省略されます(これは直接目的語の代名詞 lo, la を単独で使う場合と同じですね)。

Questa macchina è tua o **te l'**ha prestat**a** qualcuno ?
　　この車は君のかい？　それとも誰かがそれを君に貸してくれたのかい？

直接目的語の代名詞が男性複数(li)・女性複数(le)の場合，最後の母音は省略しません。

── Belli questi fiori ! Chi **Glieli** ha regalati ?
　　素敵な花ですね。誰があなたにそれらを贈ったのですか？
── **Me li** ha regalat**i** un mio amico.　　私の友達が私にそれらを贈ってくれました。

不定詞と結合するとき

目的語代名詞の複合形が不定詞と結合するときの規則は，単独の目的語代名詞の場合と同じです。不定詞の語尾 -e は常に脱落して複合形が結合します。

Non posso portar**telo** domani.
　　私は明日君にそれを持ってくることができない。

このとき重要なのは **te lo** の間をあけずに **telo** とすることです（その他のものも同様に melo, veli, ... とします）。**glielo**（**Glielo**）, ... はもちろん間をあけません。

 Io non posso dir**glielo**.
  私は彼に（彼女に，彼らに，彼女らに）それを言うことができない。

上記の文の telo は，不定詞と結合させずに，前に持ってくることもできます。

 ＝ Non **te lo** posso portare domani.
  私は明日君にそれを持ってくることができない。

このときは不定詞と結合しているわけではないので，当然 **te lo** と間をあけて書きます。

glielo（**Glielo**）, ... はやはり間をあけません。

 ＝ Io non **glielo** posso dire.
  私は彼に（彼女に，彼らに，彼女らに）それを言うことができない。

例題 1

Domani la macchina non mi serve; se vuoi, _____.
 (a) tela posso prestare   (b) ti la posso prestare
 (c) posso prestartela   (d) posso te la prestare

解答　(c)　「明日，車は私にとって必要ではない（私は車は使わない）から，よければ君にそれを貸してあげられるよ。」
  (a)は te la と離して書けば正解。

例題 2

Questo è il libro di Maria. Puoi _____ ?
 (a) portarglielo   (b) portargliela   (c) portar glielo   (d) portarglie

解答　(a)　「これはマリアの本です。君がそれを彼女に持っていってくれる？」

目的語代名詞の強勢形

主語の形	io	tu	lui	lei(Lei)	noi	voi	loro
強勢形	**me**	**te**	**lui**	**lei(Lei)**	**noi**	**voi**	**loro**

この強勢形もすでによくご存知のはずですが，一覧表にしておきました。その用法は，一言でいうと「**前置詞と共に使うときは目的語代名詞は強勢形にしなければならない**」ということです。

  Luigi parla male di **me**. ルイージは私の悪口を言っている。

ここでは parlare male di ... という熟語を使っていますが，前置詞 di の後ですから強勢形の me を使わねばなりません。

  Ho già consegnato il documento a **lui**. (私は)書類をすでに彼に渡した。

この a lui が間接目的語に相当する意味になっている事はわかりますね。もちろん **Gli** ho già consegnato il documento. のようにいってもいいのですが，強勢形を使うと，「彼に」ということを多少とも強調することになります。

強勢形には他にも直接目的語としての用法などがありますが，3級のレベルでは上記の内容で十分です。

代名詞的小詞 ne

代名詞的小詞の ne はすでに4・5級のレベルでも見たことがあると思います。3級に必要な用法もあわせてまとめてみましょう。後で同じく代名詞的小詞の ci についても学びますが，使い方(動詞との位置関係)は上で見てきた直接目的語・間接目的語の代名詞と同じです。つまり，動詞の前に置いたり，不定詞の後に直接つけたりします。ここでは ne, ci の表す意味に注目してください。

数・量を表す ne

この用法はすでに見たことがあると思います。要点のみ振り返っておきましょう。

　　— Quante sigarette hai fumato ieri ?　　昨日(君は)何本のタバコを吸ったのだ？
　　　　— Ne ho fumate venti.　　　　　　(私は)(タバコを)20本吸った。
　　　　— Ne ho fumate molte.　　　　　　(私は)(タバコを)多数吸った。
　　　　— Non ne ho fumata nessuna.　　(私は)(タバコを)1本も吸わなかった。

上の venti, molte のように，数・量を表す語句と一緒に用いる場合は **ne** を使います(sigarette に一致して fumate，molte になっていることに注目してください。nessuna はもちろん単数です)。さらに，下の un po'「少し」のように漠然とした量を表す語句と使うときも同様です。

　　— Hai bevuto tutta la birra ?　　　　　　(君は)ビールを全部飲んだのかい？
　　— No, **ne** ho bevut**a** solo **un po'**.　　　いいや，(私は)それを少しだけ飲んだ。

しかし，全体(tutto, tutta)を表すときは ne ではなく **lo(la, li, le)** を使います。

　　— Sì, **l'**ho bevut**a tutta**.　　うん，(私は)それを全部飲んだ。

つまり，la は「それ」という意味ですから，上の例では la birra「ビール」全部を表すことになるのです。しかし，「**それの一部分**」というときは **ne** を使わねばなりません。

次のような例では，ne は「di＋名詞」を表す，と考えるのがわかりやすいかもしれません。

　　— Quanto formaggio vuole ?
　　　　　どれくらい(の量の)チーズをさしあげましょうか？
　　— Me **ne** può dare un etto ?　　(私にそれを)100ｇいただけますか？

ここで，ne は di formaggio に相当すると見ることもできます。つまり，un etto di formaggio「100ｇのチーズ」ということです(この「数・量を表す語句とともに使う **ne**」については「イタリア語検定4・5級突破」第8章に詳しい解説と練習問題がありますから，できればトライしてみてください)。

2 目的語の複合形と代名詞的小詞 ne, ci

<u>例題 3</u>

— Claudio, puoi ＿＿＿＿＿＿ dei biglietti per la partita della Juventus?
　(a) comprarti　　(b) comprarce　　(c) comprare noi　(d) comprarci
— Sì, ＿＿＿＿＿＿ posso comprare tre o quattro.
　(a) ti　　　　　(b) vi li　　　　(c) ve li　　　　(d) ve ne

解答　(d) / (d)　「クラウディオ，私たちにユベントスの試合の切符を何枚か買っておいてくれないか？」「うん，君たちに(切符を) 3・4 枚買ってあげられるよ。」

まず最初の選択肢からいきましょう。dei biglietti は，不定冠詞の複数(部分冠詞ともいいます)のついた形で，「何枚かの切符」ということです。これが直接目的語となっていますから，空欄には間接目的語の代名詞がついた不定詞 comprarci を入れましょう。(a)の comprarti も間接目的語の代名詞がついた不定詞といえますが，これを入れると，会話の意味がおかしくなります。

次の選択肢を見ましょう。「君たちに買ってあげられる」という意味にならなければなないので，(a)はだめです。(b)は形が間違っています。そして上で説明したように，tre o quattro という数・量を表す語句があるので，(c)のように li を使うことはできず，(d)のように ne を使います。

まとめると，例題のように

Claudio, puoi comprarci dei biglietti per la partita della Juventus?

こう聞かれた場合の返答としては，①③④はいいのですが，②は誤りです。tre o quattro と数を表す語句があるときはいつも ne を使い，veli は使えないからです。

① Posso comprar**veli**.
　　君たちにそれら(何枚かの切符 = dei biglietti)を買ってあげられるよ。
② Posso comprar**veli** tre o quattro.　　(誤り)
③ Posso comprar**ne** tre o quattro.
　　(切符の)三・四枚を買ってあげられるよ。
④ Posso comprar**vene** tre o quattro.
　　君たちに(切符の)三・四枚を買ってあげられるよ。

復習も兼ねて，ne の基本的な用法を見てきました。それでは新しい項目に入っていきましょう。

「di＋名詞」を表す ne

ne には数・量を表す語句とともに使う以外にいろいろな用法があります。基本的には上で少し触れたように「di＋名詞」に相当する意味になります。前置詞の di にはいろいろな意味があるので **ne** の表すものも多種多様です。具体例を見ていきましょう。

Tiziana vuole venire in Giappone. Tu che **ne** pensi ?
　　ティツィアーナが日本に来たがっているんだけれど，君はそれについてどう思う？

これは人の意見を求めるときに使う表現ですが，このように「〜について」をあらわす **ne** は非常によく使われます。

Per me il caffè è indispensabile. Non **ne** posso fare a meno.
　　私にとってコーヒーは不可欠だ。(私は)それなしではやっていけない。

fare a meno di ...「…なしですます」というよく使う熟語があります。この例では **ne** が del caffè に対応しています。
ne が「di＋名詞」ではなく「da＋名詞」に相当する意味を表す場合もあります。これは文語的表現で，会話にはあまり用いられません。

Oggi sono stato a Milano e **ne** sono appena tornato.
　　今日(私は)ミラノに行ってきて，ちょうどそこから(ミラノから)帰ってきたばかりだ。
　　(ne ＝ da Milano)

> **ne** は「di＋名詞(相当語句)」の役目を果たす(それ以外にも前置詞 **da** に相当する意味になることもある)。

例題 4

Giulio, che ＿＿＿＿＿＿ dici di andare al cinema sabato sera ?
　(a) ne　　　　(b) ce　　　　(c) ci　　　　(d) lo

解答　(a) 「ジューリオ，土曜の晩に映画に行くのはどう？」
　　　Che ne pensi ... ? という形については上で説明しました。これも似た意味です。ne は後に出てくる di andare al cinema という「di＋不定詞句」をいわば先取りした形になっています。「まだ出てきていない名詞をなんで代名詞(的小詞)で受けることができるんだ!?」

という疑問はもっともですが，これは特に会話的表現によく見られるものなのです。詳しい文法書には「冗語的(じょうごてき)」用法として説明してあります。

例題 5

— Allora Paolo, com'è andato l'esame ?
— Non _____ parlare ! È stato veramente difficile.
　(a) me lo　　　(b) me ci　　　(c) me ne　　　(d) ne mi

解答　(c) 「さてパオロ，試験はどうだったの？」「その話はやめてくれ！ほんとうに難しかったんだ。」
直訳すると「私にそれについて話さないでくれ」となります。parlare di ...「…について話す」

例題 6

— Sapete che cosa è successo ad Enrico ?
— Sì, sì, _____ raccontato Enrica.
　(a) mi l'ha　　(b) ce l'ha　　(c) ce ne ha　　(d) ce n'ha

解答　(b) 「(君たちは)エンリーコに何が起こったか知っているかい？」「うん，エンリーカが(それを私たちに)教えてくれたよ。」
動詞 raccontare はここでは直接目的語の lo をとります。この lo は特定の名詞をさす，というよりも，前に出てきた事柄の内容を受けています（「中性の lo」という説明をする文法書もあります）。
例題 5 の parlare には ne を使うのに，raccontare にはなぜ lo を使うのか，少し考えてみましょう。raccontare は直接目的語として una storia「物語」la trama di un romanzo「小説の筋」のような名詞をとることができますが，parlare はそれと異なり，直接目的語としてとれるのは la lingua giapponese「日本語」, il dialetto siciliano「シチリア方言」などに普通は限られています。ですから，raccontare は「**それを**物語る」という意味で直接目的語の lo をとり，parlare には「di＋名詞」に相当する ne を使って「**それについて**話す」ということになるのです。

> 例題 7

— Sai che Enrico è andato in America ?
— Sì, sì, _____ parlato Enrica.
　(a) me l'ha　　(b) me lo ha　　(c) mene ha　　(d) me ne ha

解答　(d)　「(君は)エンリーコがアメリカに行ったのを知っているかい？」
　　　　「うんうん，エンリーカが(私にそれについて)話してくれたよ。」
　　　これは例題 5 とほぼ同じですから簡単ですね。parlare di ... をしっかり覚えてください。

> 例題 8

— Il tuo direttore sa che Enrico ha avuto un incidente ?
— Non _____ so. Comunque _____ dico quando lo vedo.
　(a) lo / glielo　　(b) ne / glielo　　(c) lo / gliene　　(d) ne / glielo

解答　(a)　「君のボスはエンリーコが事故にあったのを知っているのかい？」「それはわからないけど，とにかく彼にあったら(彼にそれを)言っておくよ。」
　　　動詞 sapere, dire はともに直接目的語の lo をとることができます。ここでは ne は使いません。
　　　sapere が直接目的語をとる例を参考までにもうひとつ挙げておきましょう。
　　　— Sai dov'è Maria ?　　　(君は)マリアがどこにいるか知っているかい？
　　　— No, non **ne** so **nulla**.　いいや，(それについて)何も知らない。
　　　　　　　　　　　　　　　(nulla が直接目的語)

> 例題 9

Sa che Enrico ha avuto un incidente ? Mi dispiace molto _____.
　(a) comunicarsi di questa brutta notizia
　(b) comunicarLa di questa brutta notizia
　(c) comunicarLe questa brutta notizia
　(d) comunicarLa questa brutta notizia

解答　(c)　「エンリーコが事故にあったのをご存知ですか？　このような悪い知らせをあなたにお伝えしなければならないのはまったく残念で

す。」
comunicare「伝達する」は，伝えられるもの (questa brutta notizia) を直接目的語としてとり，伝える相手 (Le) を間接目的語としてとります。dispiacere「不愉快である」という動詞はすでに第 1 章で練習しました。comunicarLe questa brutta notizia という不定詞句が dispiace の主語になっています。

例題 10

Il tuo direttore non sa ancora che Enrico ha avuto un incidente? Allora, devi _____ immediatamente.

(a) avvertirgli   (b) avvertirglielo
(c) avvertirlo   (d) avvertirti a lui

解答　(c)　「君のボスはエンリーコが事故にあったのをまだ知らないのか？なら (君は) すぐに彼に知らせねばならない。」
この動詞 avvertire も第 1 章ですでに見ました (練習⑥)。連絡する相手の人が直接目的語になります。

代名詞的小詞 ci

この **ci** についても実はよく知っているはずです。イタリア語を始めたばかりの頃に見た，

　Ci sono due libri.　　本が二冊あります。

このような文にでてくる **ci** は，しいて意味をいえば「そこに」ということだ，と学びました。これは代名詞的小詞の **ci** と本質的に同じものです。他にもさまざまな用法があります (動詞との位置関係および他の代名詞との組み合わせ方は，「私たち」の意味を表す ci と同様です)。

　Domani devo andare a Roma. **Ci** vieni anche tu?
　　(私は) 明日ローマに行かなければならない。君も (そこに＝ローマに) 来るかい？

これは簡単でしたね。では次はどうですか？

— Sei riuscito a telefonarle ?　　（君は）彼女に電話できたかい？
  — No, non **ci** sono ancora riuscito.　いいや，まだ（それを）できないんだ。

riuscire a＋不定詞「…することに成功する」や provare a＋不定詞「…してみる」は重要ですから覚えてください。これらの場合 ci は「a＋不定詞」の役目を果たしています。

  — Credi in Dio ?　　（君は）神を信じますか？
  — Sì, **ci** credo.　　はい，（私は）神を信じます。

credere「…を信じる」は前置詞 in または a をとります。ここでは ci が「in＋名詞」の代わりになっていることはすぐにわかりますね。

> **ci** は「a, in＋名詞（相当語句）」の役目を果たす（それ以外にも前置詞 su などに相当する意味になることもある）。

ci を使ったいろいろな表現

ある一定の語句と結びついて使われる ci もあります。その場合，ci の意味は漠然としているので，いわば熟語として表現を丸ごと覚えるのがいいでしょう。代表的な例を挙げておきます。

下のように capire と結びついた ci はしいていえば「そのことについて」ということです。会話的な表現でよく使います。

  È troppo difficile, non **ci** capisco niente.
  　　難しすぎますね，（私には）まったくわかりません。

似た例をもうひとつ挙げておきます。

  Che **ci** posso fare ?　（私に）何ができるっていうんだ？

vedere, sentire などの知覚を表す動詞とともに使います。

  Il nonno non **ci** sente bene.
  　　おじいちゃんは耳がよく聞こえない（耳が悪い）。（ci がつくと，単に「聞かない」ということではなく，「聞くことができない」という意味になります）

avere とともに使う用法：

  — **Ce** l'hai l'ombrello ?　（君は）カサを持っているかい？

— Sì, **ce** l'ho. ／ No, non **ce** l'ho.
  はい，（それを）持っています。／いいえ，（それを）持っていません。

最初の文 Ce l'hai l'ombrello ? では，後に出てくる名詞 ombrello を代名詞の lo が先取りしています。これは例題 4 で説明した冗語的用法です（文語体では，この ci の代わりに vi が見られることがあります）。

例題11

Vorrei stampare questo documento, ma ＿＿＿＿＿.
  (a) non la so   (b) non la posso
  (c) non ne posso   (d) non ci riesco

解答 (d) 「（僕は）この書類を印刷したいんだが，うまくいかないんだ。」
「riuscire a＋不定詞」は，「…に成功する」という意味です。正解は(d)ですが，この ci は a stampare questo documento に相当します（Vorrei は volere の条件法です。口調を和らげていうときに使います。詳しくは第 7 章で扱います）。

例題12

Tiziana, non ＿＿＿＿＿, potresti accendere la luce, per favore ?
  (a) ci sento   (b) me ne capisco   (c) ci vedo   (d) ci vado

解答 (c) 「ティツィアーナ，（私は）見えないから，どうか明かりをつけてくれないか？」
「明かりをつけてくれ」といっているのですから，「よく見えない」という(c)が適切です。

練習

① Se Tiziana e Mina vogliono i biglietti per il concerto, ＿＿＿＿＿ procuro io.
  (a) glieli   (b) le li   (c) li le   (d) gliele

② Io non ho letto quel romanzo : ＿＿＿＿＿ racconti, Gianni ?
  (a) me ne   (b) me lo   (c) mi lo   (d) melo

③ Tua sorella è molto simpatica e tutti _____ parlano bene.
   (a) la   (b) lo   (c) ne   (d) di

④ — Chi di voi va a prendere la zia alla stazione ?
   — _____ pensa Enrico.
   (a) Ne   (b) Che ne   (c) Se lo   (d) Ci

⑤ Ho chiesto a Romano il suo indirizzo, ma lui non _____ .
   (a) ha voluto darmelo   (b) ha melo voluto dare
   (c) mel'ha voluto dare   (d) mi ha voluto darlo

⑥ — Sai se Enrico è libero stasera ?
   — Perché non _____ chiedi direttamente ?
   (a) lo   (b) glielo   (c) gliene   (d) gli

⑦ Io non _____ bene, quindi vorrei sedermi nelle prime file.
   (a) ce la vedo   (b) mi vedo   (c) ci vedo   (d) me ne vedo

⑧ — Perché Maria non viene con noi ?
   — Perché sua madre non _____ permette.
   (a) le   (b) gli   (c) se lo   (d) glielo

⑨ Mia figlia è partita solo da una settimana e io _____ sento già la mancanza.
   (a) la   (b) ne   (c) me la   (d) ci

⑩ Gianni, parla ad alta voce ! Lo sai che non _____ bene.
   (a) ci ascolto   (b) ci sento   (c) me lo sento   (d) me la sento

⑪ — Gli hai detto la verità ?
   — No, non _____ .
   (a) gli ho dettola   (b) gliel'ho detto
   (c) gliel'ho detta   (d) gli la ho detta

⑫ Domani arriva Carlo dall'Italia. Peccato che _____ all'aeroporto.
   (a) non potrò andare a lo prendere
   (b) non potrò andare a prenderlo

(c) non potrò andarlo a prenderlo
(d) non potrò lo andare a prenderlo

⑬ Il professore parla troppo velocemente e io non _____ niente.
   (a) ci riesco   (b) ci capisco
   (c) la capisco   (d) mi capisco

⑭ — Hai parlato del nuovo cliente ai tuoi colleghi ?
   — Si, _____ ho parlato.
   (a) gliela   (b) glielo   (c) gliele   (d) gliene

⑮ Signora, _____ in questa stanza.
   (a) non Le prego di fumare   (b) La prego di non fumare
   (c) Ti prego di fumare non   (d) non La prego di fumare

⑯ — Posso contare sul vostro aiuto ?
   — _____ puoi contare senz'altro.
   (a) Lo   (b) Te lo   (c) Ci   (d) Ne

⑰ — Scusi, mi può dare la chiave ?
   — Mi dispiace, signora, _____.
   (a) non posso Gliela dare   (b) non posso darGliela
   (c) non Gli posso darla   (d) Gliela non posso dare

⑱ Hai letto l'ultimo romanzo di Dacia Maraini ? Che cosa _____ pensi ?
   (a) ci   (b) ne   (c) la   (d) lo

⑲ Non hai il dizionario ? Allora _____ presto io.
   (a) telo   (b) lo ti   (c) ti lo   (d) te lo

⑳ — Signora, non fuma oggi ?
   — No, _____ vietato il medico.
   (a) mene ha   (b) me l'ha   (c) se ne ha   (d) mel'ha

㉑ Sono sicuro di averlo visto : _____ sono proprio certo.
   (a) ci   (b) me lo   (c) ne   (d) me ne

㉒ Questo orologio è un ricordo del nonno, e noi _____ molto.
   (a) ci teniamo (b) ci importiamo
   (c) ci piace   (d) ci vogliamo

㉓ Se vuole ascoltare quei CD, _____ porto domani.
   (a) ti li (b) glieli (c) gli li (d) te li

㉔ Non voglio dimenticare le sigarette ; non _____.
   (a) le posso fare a meno (b) le posso fare meno
   (c) ne posso fare a meno (d) ci posso fare meno

㉕ Pensavo di comprare anche una bottiglia di vino, ma _____.
   (a) me ne ho dimenticato (b) me ne sono dimenticato
   (c) ne lo sono dimenticato (d) me l'ho dimenticato

㉖ Per fortuna Enrico _____ andare all'ufficio postale.
   (a) me ha ricordato di (b) mi sono ricordato di
   (c) mi ha ricordato di (d) mi ho ricordato di

㉗ Avrei bisogno di informazioni su questo regista. _____ entro domani ?
   (a) Me le puoi mandare (b) Mele puoi mandare
   (c) Puoi mandarmeli (d) Mi puoi mandarli

㉘ Per me è una cosa importante e non _____ rinuncio assolutamente.
   (a) me ne (b) ci (c) ne (d) me lo

㉙ La professoressa non era in casa, così _____ lasciato un messaggio nella segreteria telefonica.
   (a) l'ho (b) la ho (c) le ho (d) gliel'ho

㉚ — Chi va a fare la spesa ?
   — _____ penso io.
   (a) Me lo (b) Ne (c) Ci (d) Lo

㉛ Sono andata a vedere quel film : _____ valeva la pena.
   (a) lo (b) ne (c) mi (d) ci

㉜ Ho già preso il caffè : _____ Tiziana.
   (a) melo ha offerto   (b) mel'ha offerto
   (c) me l'ha offerto   (d) mi l'ha offerto

㉝ Spero che possiamo arrivare per le dieci, ma non siamo sicuri di _____.
   (a) ce ne fare   (b) farmene   (c) farcene   (d) farcela

㉞ — Hai chiesto alla professoressa se può venire anche lei ?
   — Sì, _____, ma non può.
   (a) gliel'ho chiesta   (b) le ho chiesto
   (c) l'ho chiesta   (d) gliel'ho chiesto

㉟ Ho quasi finito di leggere questa rivista. Fra poco _____ do.
   (a) telo   (b) te la   (c) ti la   (d) la ti

㊱ — Chi ti ha mandato questa cartolina ?
   — _____ mia zia.
   (a) Me l'ha mandato   (b) Mi l'ha mandata
   (c) Me l'ha mandata   (d) Mela ha mandato

㊲ Ti prego, non urlare, _____ benissimo !
   (a) ci vedo   (b) mi sento   (c) me ne vedo   (d) ci sento

㊳ — Conosci questo libro ?
   — Non l'ho ancora letto, ma _____ ho sentito parlare.
   (a) ci   (b) lo   (c) ne   (d) di

㊴ — Sei abituato ad alzarti presto ?
   — Sì, _____ sono abituato.
   (a) ne   (b) lo   (c) ci   (d) me

㊵ — Loro hanno ancora i dischi di Claudio ?
   — No, _____.
   (a) gli li hanno già resi   (b) glieli hanno già resi
   (c) glieli hanno già reso   (d) gli l'hanno già reso

㊶ — Carla dubita forse di poter pagare l'affitto ?

— Sì, _____ dubita.
　　(a) se lo　　(b) lo　　(c) ne　　(d) si

㊷ — Gli ho proibito di parlare di queste cose.
　　— Perché _____ proibito ?
　　(a) gliel'hai　(b) gliene hai　(c) l'hai　　(d) ne hai
　　— Perché sono fatti personali e non _____ riguardano.
　　(a) gli　　　(b) lo　　　(c) ne　　　(d) ci

解答と解説

① — (a)　「もし，ティツィアーナとミーナがコンサートの切符を欲しがっているなら，私が彼女たちのためにそれらを手に入れよう。」

② — (b)　「僕はその小説をまだ読んでいないんだ。私にそれを話してくれるかい，ジャンニ？」
　　ここで(c)を選んでしまった人は，例題6に戻ってください。

③ — (c)　「君の妹は非常に好感が持てるのでみんな彼女を誉めている。」
parlare bene di ...「…のことをよく言う」ここでは ne は di lei「彼女について」に対応します。cf. parlare male di ...「…の悪口を言う」

④ — (d)　「君たちのうち誰が叔母さんを駅に迎えに行くのか？」「それはエンリーコが引き受ける。」
pensare a ...「…のことを考える，…に心を配る」pensare と ne の組み合わせは文法解説で扱いましたが，pensare と ci の組み合わせも非常に重要ですから覚えてください（くれぐれも混同しないように）。

⑤ — (a)　「(私は)ロマーノに彼の住所を教えてくれと頼んだのだが，彼は私にそれを教えようとしなかった。」

⑥ — (b)　「エンリーコが今夜あいているかどうか君は知っているかい？」「なぜ(君は)それを彼に直接聞かないのだ？」
このような場合，chiedere は ne「…について」を使わず，直接目的語 lo をとり，また，(a), (d)のように，直接目的語のみ，あるいは間接目的語のみという形は不自然になります。

⑦ — (c)　「僕はよく見えないので前のほうの列に座りたいのですが。」

⑧ — (d)　「なぜマリアは私たちと一緒に来ないのですか？」「なぜなら彼女の

2 目的語の複合形と代名詞的小詞 ne, ci

母親が彼女にそれを許さないからです。」
(a)のような間接目的語のみという形は不自然になります。

⑨ — (b) 「私の娘が出発してから一週間にしかならないのに，私はもう彼女が恋しくなっている。」
sentire la mancanza **di mia figlia**（＝ **ne**）

⑩ — (b) 「ジャンニ，大きな声で話してくれ。僕の耳が悪いのは知っているだろう。」
Lo sai che ... の代名詞 Lo は後に続く文 non ci sento bene の内容を先取りしています。これも例題4で説明した冗語的用法です。

⑪ — (c) 「(君は)彼に本当の事を言ったのかい？」「いいや，(私は)彼にそれを言っていない。」

⑫ — (b) 「明日カルロがイタリアから到着するんだが，(私は)彼を空港に迎えに行けないのは残念だ。」
andare a prendere ...「…を迎えに行く」この言い方では，直接目的語の代名詞を置くときに二通りの語順があります。
(I) ... non posso andare a prender**lo**.
　＝(II) ... non **lo** posso andare a prendere.
　　　「(私は)彼を迎えに行くことができない。」
すべての言い方で(II)のような語順ができるわけではありませんが，この andare a ＋不定詞「…しに行く」という言い方ではほぼ常に(I)と(II)の両方が可能です(venire「来る」，tornare「帰る」に関しても同様です)。この問題の選択肢には(II)の言い方は出てきていません。細かい語法の問題ですが，過去数回出題されています。余裕があれば覚えてください(これについては，第6章「命令法」でもう一度扱います)。

⑬ — (b) 「先生はあまりに速く話すので僕はなんにもわからない。」

⑭ — (d) 「(君は)新しい顧客のことを君の同僚たちに話したかい？」「うん，彼らにそれについて話したよ。」
このようなときに parlare が直接目的語の lo をとらず，ne を使わねばならない，というのはすでに例題6で説明しました。

⑮ — (b) 「奥さん，この部屋ではタバコを吸わないでください。」
これは第1章の復習です。pregare は「人」を**直接目的語**としてとります。

⑯ — (c) 「(私は)君たちの援助を当てにできるかな？」「(君は)もちろんそれ

を当てにしていいよ。」

　　動詞 contare は直接目的語をとると「…を数える」などの意味になりますが，ここでは自動詞で contare su ...「…を当てにする」つまり，ci は「su＋名詞」に対応しています。

⑰ — (b)　「すみません，私に鍵を渡してもらえますか？」「奥さん，残念ですが，（私は）あなたにそれをお渡しできません。」

　　目的語代名詞の正しい位置を覚えてください（例題１参照）。(d)は non Gliela posso dare なら正解です。Gliela posso dare で目的語を含めたひと固まりの動詞群と考え，否定辞の non はその前に置きます。

⑱ — (b)　「（君は）ダーチャ・マライーニの最新の小説を読んだかい？　それについて（君は）どう思う？」

⑲ — (d)　「君は辞書を持っていないのかい？　じゃあ（僕が）君にそれを貸してあげるよ。」

⑳ — (b)　「奥さん，今日はタバコを吸わないのですか？」「はい，医者がそれを私に禁じたのです。」

㉑ — (c)　「（私は）それを見たことがあると確信している。それについては完全に自信がある。」

㉒ — (a)　「この時計は祖父の形見で，私たちはそれを大事にしているんだ。」
tenere a ... で「…を気にかける，大事にする」という意味です。ci ＝ all'orologio。

㉓ — (b)　「もしあなたがあれらの CD を聴きたいなら，（私が）明日，それらをあなたに持ってきてあげるよ。」

㉔ — (c)　「タバコを忘れたくはないんだ。それなしでは（僕は）やっていけない。」
fare a meno di ...「…なしですます」。fare a meno **delle sigarette** (＝ **ne**)。

㉕ — (b)　「（私は）ワインも１ビン買おうと思っていたのだが，それを忘れてしまった。」
mi sono dimenticato **di comprare una bottiglia** ...(＝ **ne**)
dimenticarsi「忘れる」は再帰動詞ですから，(d)のように助動詞に avere を使ってはいけません。ここで主語（私）が女性ならもちろん me ne sono dimenticat**a** となります。

㉖ — (c)　「幸いにもエンリーコが，私に郵便局に行くことを思い出させてく

れた。」
この場合の ricordare は「思い出させる」という意味です（mi は間接目的語）。余裕があれば覚えてください。

㉗ ― (a) 「（僕は）この映画監督に関する情報を必要としているんだけど，（君は）明日じゅうにそれらを僕に送ってくれるかい？」
avere bisogno di ...「…を必要としている」。この文脈のように，avere bisogno di ... 自体が「…してくれないか？」という要求を含意することがあるので，そのようなときは条件法を使って「もし可能であれば」というニュアンスにした方がより丁寧で望ましい言い方になります（第 7 章「条件法」を参照してください）。

㉘ ― (b) 「私にとっては大事なことだから，絶対にあきらめないぞ。」
rinunciare a ...「…をあきらめる，放棄する」

㉙ ― (c) 「先生は家にいなかったので，（私は）留守番電話にメッセージを残した。」
これは第 1 章の復習です。「彼女（professoressa）に」という意味で間接目的語の **le** を使っています。

㉚ ― (c) 「誰が買い物に行くんだい？」「それは私がやります。」

㉛ ― (b) 「（私は）あの映画を見に行ってきた。行ったかいはあった。」
valere la pena di ...「…の価値がある」。重要熟語です。

㉜ ― (c) 「僕はもうコーヒーを飲んだ。ティツィアーナが私にそれをおごってくれた。」

㉝ ― (d) 「（私は）10時までには（私たちが）到着したいと思うけれども，できると確信してはいない。」
farcela は動詞 fare に ci と la をつけた頻出熟語です。「成功する，うまくやる」（ci にも la にも具体的な意味はありません）。例えばこんな風に使います：
Non ce la faccio più!「もうできないよ（お手上げだ）。」

㉞ ― (d) 「（君は）先生に彼女も来られるかどうか聞いたかい？」「うん，彼女にそれを聞いたよ。でも来られないそうだ。」
(b)のように間接目的語のみという形は不自然になります。

㉟ ― (b) 「（私は）ほぼこの雑誌を読み終えた。まもなく君にそれをあげるよ。」

㊱ ― (c) 「誰が君にこのハガキを送ったのだい？」「私の叔母がそれを私に送ったのさ。」

㊲ ― (d) 「頼むから，叫ばないでくれ。（僕は）よく聞くことができるよ。」

「わめかないでくれ」といっているのですから、「耳はちゃんと聞こえるよ」という(d)が適切です。

㊳ — (c)　「(君は)この本を知っているかい？」「いや、(僕は)それをまだ読んでいない。でも人がそれについて話しているのは聞いた。」

まず、「sentire＋不定詞」という構文から見ましょう。不定詞（ここでは parlare）の主語が表面には現れていませんが、実は、一般的な「人々」が主語になっています（sentire 以外にも vedere のような知覚動詞がこのような構造をとります）。parlare di ... が parlare＋ne になっている、というのはもう大丈夫ですね。

㊴ — (c)　「君は早く起きるのに慣れたかい？」「うん、慣れたよ。」

㊵ — (b)　「彼らはまだクラウディオのレコードを持っているのですか？」「いいえ、（彼らは）もうそれらを彼に返しました。」

㊶ — (c)　「カルラは賃貸料を払えないのではないかと思っているのかな？」「うん、そう思っているんだ。」

この場合は、**ne** を使わなければなりません。というのも、動詞 dubitare の場合は不定詞に限らず普通の名詞の前にも di を置くからです。

dubitare **dell'**esistenza di Dio「神の存在を疑う」

㊷ — (a) / (b)

「彼にはこれらの件について話すのを禁じてやった。」「なぜ彼にそれを禁じたのだい？」「なぜなら、私の個人的なことだし、彼には関係ないからさ。」

この proibire「禁じる」は、直接目的語の lo をとります。例えば：「医者が私にタバコを吸うのを禁じた。」「医者が私にそれを禁じた。」
Il medico mi ha proibito le sigarette. — ○ Il medico me **le** ha proibite.
Il medico mi ha proibito di fumare. — ○ Il medico me **l'**ha proibito.
　　　　　　　　　　　　　　　　　　　　× Il medico me **ne** ha proibito.

なお、最初の選択肢に関しては、(a)のように直接目的語と間接目的語の両方を使うのが普通で、(c)のように直接目的語のみを使うのは不自然です。後の選択肢に関してですが、これは第 1 章で扱った内容の復習のために確認しておきますと、動詞 riguardare「関わる」は直接目的語の lo をとります。

第3章 再帰動詞と非人称動詞

再帰動詞

再帰動詞は，他動詞のヴァリエーションです。他動詞は，動作をする人やもののアクションがほかの対象（目的語）におよびますが，再帰動詞になるとアクションが動作をする人やもの自身に跳ね返って（再び帰ってくる＝再帰）きます。

再帰動詞の不定詞（＝原形）は，「自分自身」を示す目的語代名詞 si が，他動詞の語末の -e をとってつながり，一体となります。

◀他動詞▶　　lavare　　　洗う
　　　　　　　Io lavo i piatti.　　　　私は皿を洗う。
　　　　　　　　　　　　　　　　　　　（⇐アクションは皿におよぶ）

◀再帰動詞▶　lavarsi　　　自分の体を洗う
　　　　　　　Io mi lavo.　　　　　　 私は（自分の）体を洗う。
　　　　　　　　　　　　　　　　　　　（⇐アクションは自分自身におよぶ）

◀他動詞▶　　alzare　　　上げる
　　　　　　　Io alzo la voce.　　　　私は自分の声を大きくする。
　　　　　　　　　　　　　　　　　　　（⇐アクションは声におよぶ）

◀再帰動詞▶　alzarsi　　　自分を上げる⇒起きる
　　　　　　　Io mi alzo alle sette.　私は7時に起きる。
　　　　　　　　　　　　　　　　　　　（⇐アクションは自分自身におよぶ）

◀他動詞▶　　svegliare　　目覚めさせる
　　　　　　　Io sveglio mia sorella.　私は妹を起こす。
　　　　　　　　　　　　　　　　　　　（⇐アクションは妹におよぶ）

◀再帰動詞▶　svegliarsi　　自分を目覚めさせる⇒目を覚ます
　　　　　　　Io mi sveglio da solo.　私はひとりで起きる。
　　　　　　　　　　　　　　　　　　　（⇐アクションは自分自身におよぶ）

◀現在形の変化▶

	lavarsi	alzarsi	svegliarsi	
io	mi lavo	mi alzo	mi sveglio	mi＋一人称単数の活用形
tu	ti lavi	ti alzi	ti svegli	ti ＋二人称単数の活用形
lui/lei	si lava	si alza	si sveglia	si ＋三人称単数の活用形
noi	ci laviamo	ci alziamo	ci svegliamo	ci ＋一人称複数の活用形
voi	vi lavate	vi alzate	vi svegliate	vi ＋二人称複数の活用形
loro	si lavano	si alzano	si svegliano	si ＋三人称複数の活用形

上のように，再帰動詞の活用は他動詞の活用形の前に mi, ti, si, ci, vi, si がついています。この mi, ti, si, ... を再帰代名詞といいます。**「主語」と「再帰代名詞」と「動詞の活用形」が同一の人称でそろうという整合性がポイントです。**

  Quando ti alzi di solito ? 普段は何時に君は起きるの？
 — Mi alzo verso le sette : mi sveglia sempre mia sorella.
   7時頃だよ。いつも姉が起こしてくれる。

mi sveglia mia sorella の mi sveglia は，mi「私を」sveglia「姉 (mia solella) が起こす ＜ svegliare「…を起こす」(他動詞)」です。再帰代名詞の mi, ti, si, ci, vi, si と直接目的語代名詞 mi「私を」, ti「君を」, lo「彼を／それ (男性名詞単数) を」, la「彼女を／それ (女性名詞単数) を」, ci「私たちを」, vi「君たちを」, li「彼ら (男性複数または男女混合) を／それら (男性名詞複数または男性・女性名詞混合) を」, le「彼女らを／それら (女性名詞複数) を」を混同すると (とくに mi, ti, ci, vi はまったく同じ形ですね)，再帰動詞なのか他動詞なのかの区別がつかなくなってしまいます。再帰動詞の場合は，再帰代名詞と動詞の活用形のあいだに，必ず「mi＋一人称単数の活用形」,「ti＋二人称単数の活用形」…という関係が成り立っていることに注目しましょう。

再帰動詞の近過去形

再帰動詞の近過去形には，助動詞 **essere** を使います。したがって，過去分詞の語尾は，主語の性・数に一致して **-o / -a / -i / -e** と変化します。

◀他動詞▶　lavare　　　洗う
　　　　　　Io ho lavato i piatti.　　　　　　　　私は皿を洗った。
◀再帰動詞▶ lavarsi　　自分の体を洗う
　　　　　　Io mi sono lavato/a.　　　　　　　　私は(自分の)体を洗った。
◀他動詞▶　alzare　　　上げる
　　　　　　Io ho alzato la voce.　　　　　　　　私は声を大きくした。
◀再帰動詞▶ alzarsi　　自分を上げる⇒起きる
　　　　　　Io mi sono alzato/a alle sette.　　　私は7時に起きた。
◀他動詞▶　svegliare　目覚めさせる
　　　　　　Io ho svegliato mia sorella.　　　　私は妹を起こした。
◀再帰動詞▶ svegliarsi　自分を目覚めさせる⇒目を覚ます
　　　　　　Io mi sono svegliato/a da solo.　　私はひとりで起きた。

	alzarsi	lavarsi	svegliarsi
io	mi sono ┐	mi sono ┐	mi sono ┐
tu	ti sei ├alzato/a	ti sei ├lavato/a	ti sei ├svegliato/a
lui/lei	si è ┘	si è ┘	si è ┘
noi	ci siamo ┐	ci siamo ┐	ci siamo ┐
voi	vi siete ├alzati/e	vi siete ├lavati/e	vi siete ├svegliati/e
loro	si sono ┘	si sono ┘	si sono ┘

再帰動詞の近過去形の否定文では，**non** を再帰代名詞の前に置きます。
　　Io non mi sono lavato/a.　　　私は(自分の)体を洗わなかった。

再帰動詞と従属動詞 dovere, potere, volere

dovere「…しなければならない」，potere「…できる，してもよい」，volere「…したい」と組み合わせてみましょう。dovere, potere, volere の後にくる動詞は，不定詞でしたね。

Devo andare a scuola.	私は学校へ行かなければならない。
Potete stare qui.	あなたたちはここにいていいですよ。
Vuoi provare anche questo vino?	君はこのワインも飲んでみたい？

再帰動詞の場合もこの規則は変わりませんが，2パターンが可能です。

① Devo alzarmi alle sette.　　〔結合型〕私は7時に起きなければならない。
= ② Mi devo alzare alle sette.　〔分離型〕（同上）

①「起きる」という再帰動詞の不定詞は alzarsi でした。語尾の -si は，目的語を示す再帰代名詞なので，その部分を -mi，-ti，-si，-ci，-vi，-si とします。
この場合も，前に置かれた dovere, potere, volere の活用形と再帰代名詞の整合性がとれていなければなりません。

Devo alzarmi alle sette.	私は，7時に起きなければならない。 (devo = dovere の一人称単数形 ⇒ alzar**mi**)
Vuoi alzarti alle sette?	君は7時に起きたいの？ (vuoi = volere の二人称単数形 ⇒ alzar**ti**)
Deve alzarsi prima delle sette.	彼／彼女は7時前に起きなければならない。 (deve = dovere の三人称単数形 ⇒ alzar**si**)
Vogliamo alzarci alle sette.	私たちは7時に起きたい。 (vogliamo = volere の一人称複数形 ⇒ alzar**ci**)
Potete alzarvi alle sette?	あなたたちは7時に起きられますか？ (potete = potere の二人称複数形 ⇒ alzar**vi**)
Vogliono alzarsi alle sette?	彼らは7時に起きたいのですか？ (vogliono = volere の三人称複数形 ⇒ alzar**si**)

②は再帰代名詞を dovere, potere, volere の前に出す語順です。文を構成している要素や整合性の点では，①とまったく同じです。意味に違いもありません。

Mi devo alzare alle sette.	=	Devo alzarmi alle sette.
Ti vuoi alzare alle sette?	=	Vuoi alzarti alle sette?
Si deve alzare prima delle sette.	=	Deve alzarsi prima delle sette.
Ci vogliamo alzare alle sette.	=	Vogliamo alzarci alle sette.
Vi potete alzare alle sette?	=	Potete alzarvi alle sette?
Si vogliono alzare alle sette?	=	Vogliono alzarsi alle sette?

では，dovere, potere, volere を使う場合の近過去形を，dovere, potere, volere を使わない場合と比較してみてみましょう。

◀現在形▶　Mi alzo alle sette.　　　　私は7時に起きる。
　　　　　⇩助動詞 essere
◀過去形▶　Mi **sono** alzat**o**/**a** alle sette.　私は7時に起きた。

◀現在形▶　Devo alzarmi alle sette.　私は7時に起きなければならない。
　　　　　⇩助動詞 essere
◀近過去形▶ Mi **sono** dovut**o**/**a** alzare alle sette.
　　　　　　私は7時に起きなければならなかった。

再帰動詞の近過去形を作る助動詞は essere でしたね。ですから，dovere, potere, volere を使う場合の近過去形にも essere を使います。dovere, potere, volere が過去分詞 dovuto, potuto, voluto となり，その語尾が，主語の性・数によって -o / -a / -i / -e に変化します。

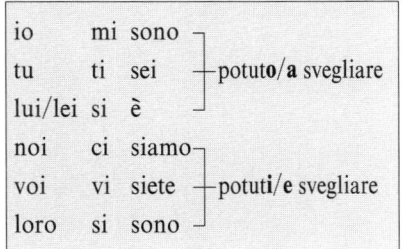

dovere＋lavarsi の近過去形

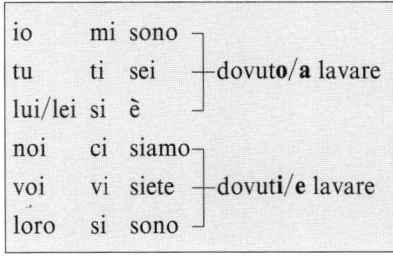

io	mi	sono	┐
tu	ti	sei	├ dovut**o**/**a** lavare
lui/lei	si	è	┘
noi	ci	siamo	┐
voi	vi	siete	├ dovut**i**/**e** lavare
loro	si	sono	┘

potere＋svegliarsi の近過去形

io	mi	sono	┐
tu	ti	sei	├ potut**o**/**a** svegliare
lui/lei	si	è	┘
noi	ci	siamo	┐
voi	vi	siete	├ potut**i**/**e** svegliare
loro	si	sono	┘

volere + alzarsi の近過去形

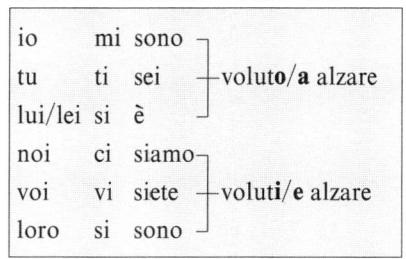

io	mi	sono	⎤
tu	ti	sei	├ voluto/a alzare
lui/lei	si	è	⎦
noi	ci	siamo	⎤
voi	vi	siete	├ voluti/e alzare
loro	si	sono	⎦

さて，dovere, potere, volere と再帰動詞を組み合わせる場合には，2パターンがありました。

① Devo alzarmi alle sette.　　　　私は7時に起きなければならない。
＝ ② Mi devo alzare alle sette.

実は近過去形のときも，2パターンあるのです。ひとつは，たった今，前ページでみたパターンです。

① Mi sono dovuto/a alzare alle sette. 私は7時に起きなければならなかった。

もうひとつは，助動詞に avere を用います。

② Ho dovuto alzarmi alle sette.

これは，comprare, mangiare などといった他動詞と同じではないか！と思われることでしょう。そのとおり。dovere, potere, volere の過去分詞は語尾変化せず，助動詞 avere の活用と再帰代名詞 -mi, -ti, -si, -ci, -vi, -si との整合性がとれていれば OK です。助動詞 avere の前に再帰代名詞を置かないことに注意しましょう。

alzarsi

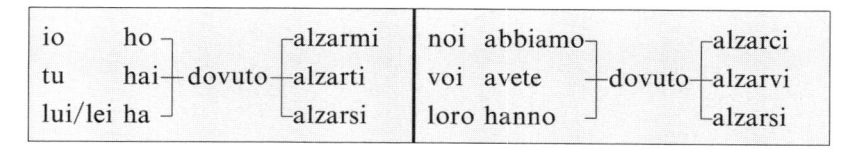

io	ho	⎤	⎡ alzarmi	noi	abbiamo	⎤	⎡ alzarci
tu	hai	├ dovuto ─	├ alzarti	voi	avete	├ dovuto ─	├ alzarvi
lui/lei	ha	⎦	⎣ alzarsi	loro	hanno	⎦	⎣ alzarsi

lavarsi

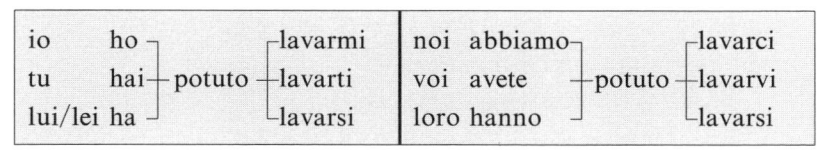

io ho		┌lavarmi	noi abbiamo		┌lavarci
tu hai	─potuto─	─lavarti	voi avete	─potuto─	─lavarvi
lui/lei ha		└lavarsi	loro hanno		└lavarsi

svegliarsi

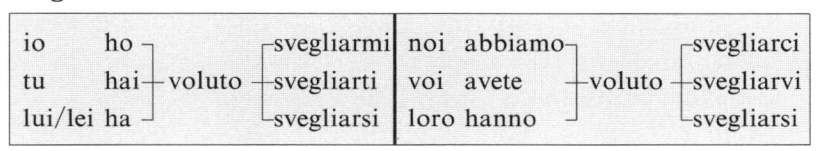

io ho		┌svegliarmi	noi abbiamo		┌svegliarci
tu hai	─voluto─	─svegliarti	voi avete	─voluto─	─svegliarvi
lui/lei ha		└svegliarsi	loro hanno		└svegliarsi

いろいろなタイプの再帰動詞

①形式的再帰動詞

例文でとり上げた alzarsi は,「自分の動作が自分に帰ってくる」という再帰動詞の本質的な役割をもっている動詞です(本質的再帰動詞)。ところが, lavarsi は使い方によって, 動作の帰るところが自分自身ではなくなります。

 Mi lavo. 私は, 私のからだを洗う。⇐本質的再帰動詞
 Mi lavo le mani.
  私は, 私の手を洗う。(動作がおよぶところは「手」)⇐形式的再帰動詞

「手を洗う」場合, mi は「私にとって＝手の所有者」(間接目的語)になります。しかし, 動詞としての使い方は本質的再帰動詞でも形式的再帰動詞でも, 変わりません。

・mettersi 着る, 身につける
 Ti metti questa giacca? 君は(君に)このジャケットを着るの?

も, 形式的再帰動詞です。

②相互的な意味がある再帰動詞
このタイプは「お互いに…する, …し合う」という意味になります。したがって, 主語は複数形のみが使われます。

- conoscersi　（相互的に）知り合う
  Maria, tu conoscevi già Anna ?　　マリア，あなたはもうアンナを知っていた？
  — No, ci siamo appena conosciute.
  　　　　いいえ，たった今，知り合ったところよ。
  　　（conoscevi は conoscere の二人称単数・半過去形です）
- trovarsi　（相互的に）会う
  Vi trovate spesso in birreria ?　　君たちはよくビヤホールで会うの？
- amarsi　愛しあう
  Si amano moltissimo.　　彼らは，とても愛しあっている。
- lasciarsi　（相互的に）別れる
  Si sono lasciati due mesi fa.　　彼らは，2ヶ月前に別れた。
- scriversi　書きあう⇒文通する
  Ci scriviamo.　　（私たちは）手紙のやりとりをしましょうね。
- sentirsi　聞きあう⇒電話で話しあう
  Ci sentiamo stasera.　　（私たちは）今夜，電話をかけあおう。
- vedersi　見あう⇒会う
  Non si sono più visti.　　（彼らは）もう会わなくなった。
- rivedersi　再会する
  Quando vi siete rivisti ?　　あなたたちはいつ，再会したのですか？
- aiutarsi　（相互的に）助けあう
  Ci dobbiamo aiutare.　　私たちは，互いに助けあわなければならない。
- innamorarsi　（相互的に）恋におちる
  Si sono innamorati subito.　　彼らはすぐに恋におちた。
- odiarsi　憎みあう
  Le famiglie di Romeo e Giulietta si odiavano.
  　　　　ロメオとジュリエットの家は憎みあっていた。
- sopportarsi　我慢しあう
  Non riuscivano più a sopportarsi.　　彼らはお互いに我慢できなかった。
- sposarsi　結婚する
  Si sono sposati l'anno scorso.　　彼らは去年，結婚した。

③狭い意味での再帰動詞（代名動詞）
このタイプの動詞の見かけと使い方も，再帰動詞とまったく同じです。

が，再帰代名詞 mi, ti, si ... は行為が跳ね返ってくる先を表していません。それでも，つねに -si を伴わないと機能しないのです。

- accorgersi di ...　　…に気づく，認める
 Ieri ti ho visto davanti al cinema.　　昨日，映画館の前で君を見かけたよ。
 — Davvero ?　Scusa, non mi ero accorto di te.
  　　本当？　ごめん，（君に）気がつかなかった。
- pentirsi di ...　　…について後悔する
 Mi pento di non aver studiato abbastanza.
  　　たいして勉強しなかったことを，私は後悔している。
- vergognarsi di ...　　…について恥ずかしく思う
 Non ti vergogni ?　　君は恥ずかしくないの？
- preoccuparsi di / per ...　　…について心配する
 Mi preoccupo della tua salute.　　あなたの健康が，私は心配よ。

④再帰動詞の強調形
このタイプは，形式的再帰動詞のように直接目的語「…を」を伴いますが，再帰代名詞が間接目的語「…にとって」の意味にならずに，主語の動作を強調したり，ニュアンスを微妙に変化させます。

- bersi　　飲み干す
 Mi sono bevuto una bella birra fresca.
  　　私は冷えたおいしいビールを飲んだ。
- mangiarsi　　食べる
 Che cosa mi mangio stasera ?　　今夜は何を食べようかな？
- comprarsi　　買う
 Marco si compra la macchina.　　マルコは（彼自身のために）車を買う。

同様に，-si に ne を付加して -sene の形を作って強調したり，ニュアンスを加えたりするタイプもあります。

- andare　　行く　⇒　andarsene　　立ち去る

◀活用の規則▶

io	me	ne	vado	noi	ce	ne	andiamo
tu	te	ne	vai	voi	ve	ne	andate
lui/lei	se	ne	va	loro	se	ne	vanno

※ne は全人称とも変わりません。また発音の都合上，mi, ti, si ... が me, te, se ... になります。

Io me ne vado, te ne vai anche tu ?
　　私は退散するけれど，あなたも行く？

- stare　　いる　⇒　starsene　　じっとしている

Me ne sono stato/a tutto il giorno nella mia camera.
　　私は一日中，自分の部屋でじっとしていた。

◀活用の規則（近過去形）▶

io	me ne sono		noi	ce ne siamo	
tu	te ne sei	stato/a	voi	ve ne siete	stati/e
lui/lei	se ne è		loro	se ne sono	

⑤注意すべき再帰動詞

そのほか，日常でよく使われる再帰動詞を見ておきましょう。

- trovarsi　　（ある場所，状態に）いる，ある：気分が…だ

　Dove si trova la farmacia più vicina ?
　　いちばん近い薬局は，どこにありますか？

　Come ti trovi in questa città ?　　この町の居心地はどう？
　— Mi trovo bene.　　いいよ。

- comportarsi　　振る舞う；行動する

　Quel ragazzo non sa comportarsi bene.　　あの子は，行儀よくできない。

- sedersi　　座る

　Dove ci sediamo ?　　どこに（私たちは）座ろうか？

- spaventarsi　　ぎょっとする，びっくりする

　Quando la bicicletta mi ha tagliato la strada, mi sono spaventato moltissimo.
　　自転車が急にとび出してきたとき，私はびっくり仰天した。

・svilupparsi　　　発展する
　La tecnologia si sviluppa ogni giorno di più.
　　　テクノロジーは毎日，発展している。
・commuoversi　　　感動する
　Davanti al quadro di Leonardo, si sono commossi molto.
　　　レオナルド（・ダ・ヴィンチ）の絵の前で，彼らはいたく感動した。
　　　（commuovere の過去分詞は commosso）
・diffondersi　　　普及する
　Il computer si è ormai diffuso in tutto il mondo.
　　　コンピューターはすでに世界中に普及した。（diffondere の過去分詞は diffuso）

再帰動詞と前置詞

自動詞や他動詞と同じく，再帰動詞にも前置詞は大切です。動詞を覚えるときに，前置詞とコンビにして覚える習慣をつけましょう。
①前置詞 di を伴うタイプ
・occuparsi di ...　　　…に従事する：(仕事に)就く
　Mi occupo di archeologia da molti anni.
　　　私は考古学に，長年，従事している。
・convincersi di ...　　　(…について)納得する，確信する，罪を認める
　Non riesco a convincermi di aver sbagliato.
　　　私は自分が間違ったことに納得できない。

さて，di 以下を代名詞的にするときは(「そのことについて」)，ne に置き換えられます。ne は再帰代名詞の直後に置きますが，発音上の都合で，再帰代名詞が mi ⇨ me, ti ⇨ te, si ⇨ se, ci ⇨ ce, vi ⇨ ve, si ⇨ se となります。

　Lui parla sempre del suo lavoro che non va bene.
　　　彼は，うまく行っていない自分の仕事のことをいつも話している。
　— Se ne lamenta anche con me.　　　私にも(そのことを)こぼしているわよ。
※si lamenta del suo lavoro の del suo lavoro「彼の仕事について」を代名詞的小詞 ne「そのことについて」にします。すると発音の都合で，si la-

menta の si が se となり，**se ne** lamenta となります。語順に注意しましょう。

②前置詞 a を伴うタイプ
- fermarsi a＋不定詞　　（途中で…するのに）立ち止まる
  Mi sono fermato a prendere un caffè.　　私はコーヒーを飲みに立ち寄った。
- decidersi a＋不定詞　　（…することを）決心する
  Ci dobbiamo decidere a partire.
  　　私たちは出発する決心をしなくてはならない。
- rassegnarsi a－不定詞　　（…することを）あきらめる
  Non riesco a rassegnarmi all'idea di andare in Italia.
  　　私はイタリアに行くことをあきらめきれない。
- mettersi a＋不定詞　　（…することを）始める
  Poi si è messa a piangere.
  　　そうして，彼女は泣き出した。（mettere の過去分詞は messo）
- prepararsi a＋不定詞　　（…する）準備をする
  Ci prepariamo a partire.　　出発の準備をしましょう。
- adattarsi a ...　　（…に）似合う，順応する
  Questo panorama si adatta perfettamente alle foto del matrimonio.
  　　この景色は，結婚式の写真にぴったりだ。
- abituarsi a＋不定詞　　（…することに）慣れる
  Ci siamo abituati subito a vivere come gli italiani.
  　　私たちはイタリア人のように生活するのにすぐに慣れた。

練習

① Maria non ＿＿＿＿ di portarmi quel libro.
  (a) si è potuta ricordare　　(b) si ha potuta ricordare
  (c) si è potuto ricordare　　(d) si ha potuto ricordare

② ＿＿＿＿ un po' nel pomeriggio, ma sono dovuto uscire con mia moglie.
  (a) Volevo riposo　　(b) Volevo mi riposare
  (c) Volevo riposarmi　　(d) Volevo riposare

③ Marco e sua sorella non _____ telefonare ai loro nonni a Natale.
   (a) si sono mai dimenticato di   (b) si sono mai dimenticati di
   (c) si hanno mai dimenticato a   (d) si hanno mai dimenticato da

④ Maria non è venuta a Roma con me, perché _____ a Firenze per lavoro.
   (a) ha dovuto fermare   (b) è dovuto fermarsi
   (c) si ha dovuto fermare   (d) si è dovuta fermare

⑤ I miei genitori _____ spesso ____ me e ____ mio fratello.
   (a) si arrabbiavano, con, con   (b) si arrabbiavano, per, per
   (c) arrabbiavano, di, di   (d) arrabbiavano, a, a

⑥ Sei proprio sicuro che _____ ieri ?
   (a) non ci sono trovati   (b) non si sono trovati
   (c) non ti sono trovati   (d) non ci siete trovati

⑦ Questi bambini _____ bene a tavola.
   (a) non si sappiamo comportare   (b) non si sa comportare
   (c) non si sanno comportare   (d) non ci sanno comportare

⑧ _____ per quello che avete fatto.
   (a) Vi dovete vergognare   (b) Ci dobbiamo vergognarsi
   (c) Vi devono vergognare   (d) Ci devono vergognare

⑨ Ma perché voi due _____ così tanto ?
   (a) ci odiamo   (b) vi odiamo
   (c) ci odono   (d) vi odiate

⑩ Luca non è voluto tornare in quell'albergo, perché l'ultima volta non _____ bene.
   (a) si sono trovato   (b) si sono trovati
   (c) si è trovata   (d) si è trovato

⑪ Portano il bambino a letto, perché _____ davanti alla TV.
   (a) ha addormentato   (b) è addormentato

  (c) si ha addormantato   (d) si è addormentato
⑫ Mio marito non _____ mai ____ piatti che cucino io.
  (a) si lamenta, con i   (b) si lamenta, dei
  (c) si lamenta, ai   (d) si lamenta, dai
⑬ Anna e Maria _____ prima di vedersi alla festa del mio compleanno.
  (a) ci erano già conosciute   (b) erano già conosciute
  (c) ci avevano già conosciuto   (d) si conoscevano già
⑭ Quando Antonio è stato ricoverato in ospedale, i suoi genitori ed amici _____ molto per lui.
  (a) si è preoccupati   (b) si sono preoccupati
  (c) si ha preoccupati   (d) si hanno preoccupati
⑮ Perché _____ quella ragazza ?
  (a) ti fido di   (b) ti fida a
  (c) ti fidi di   (d) ti fido a
⑯ Per tutta l'andata, in treno non _____.
  (a) sono potuto sedermi   (b) ho potuto sedermi
  (c) mi sono potuta sedemi   (d) mi ho potuto sedere

正解と解答

① ― (a) 「マリアは，あの本を私に持ってくることを，覚えていられなかった。」
  助動詞 avere を用いるときは，Maria non ha potuto ricordarsi ... となります。
② ― (c) 「午後，少し休みたかったが，妻と出かけなければならなくなった。」
  (a)の riposo「休息」は名詞です。volevo があるので，再帰代名詞 mi は volevo riposar**mi** とするか，**mi** volevo riposare にするかになります。
③ ― (b) 「マルコと彼の妹は，クリスマスに祖父母へ電話するのを忘れたことがない。」
  問題の再帰動詞は dimenticarsi です。essere を用いる近過去形では，

3　再帰動詞と非人称動詞

　　　　過去分詞が主語の性・数に応じて -o / -a / -i / -e と変化します。また，dimenticarsi が伴う前置詞は di です。
④—(d)　「マリアは私と一緒にローマへ来なかった。というのは，仕事でフィレンツェにとどまらなければならなかったからだ。」
　　　　再帰動詞を essere を用いて近過去形にする場合には，dovere, potere, volere の過去分詞 dovuto, potuto, voluto の語尾が主語の性・数によって -o / -a / -i / -e と変化することに注意しましょう。
⑤—(a)　「私の両親は，私や弟をしょっちゅう叱っていた。」
　　　　arrabbiarsi con＋人「〈人〉に腹を立てる」。
⑥—(b)　「彼らが昨日，会わなかったって，あなたは確かなの？」
　　　　相互的再帰動詞 trovarsi で，再帰代名詞と essere の活用形の整合性がとれているのは(b)だけです。
⑦—(c)　「この子たちは，食卓で行儀よくしていられない。」
　　　　ここで使われている sapere は potere と同様，「…できる」という意味です。questi bambini は loro（三人称複数）ですから，再帰代名詞は si です。
⑧—(a)　「君たちは，自分たちがやったことについて，恥じなければならない。」
　　　　再帰代名詞と dovere の活用で整合性がとれるのは，vi dovete … と ci dobbiamo … の場合です。(b)は vergognar**si** と，必要のない再帰代名詞がついています。
⑨—(d)　「まったく，どうして君たちはそんなに憎みあっているのかい？」
　　　　相互的再帰動詞 odiarsi です。再帰代名詞と活用形の整合性をポイントに考えましょう。
⑩—(d)　「ルカはそのホテルにはもう泊まりたくなかった。なぜなら，このあいだは居心地がよくなかったからだ。」
　　　　trovarsi「居心地が…だ，気分が…だ」を使っています。主語はルカ（三人称単数・男性）なので，過去分詞 trovato の語尾は -o です。
⑪—(d)　「テレビの前で子どもが寝ついてしまったので，(彼らは)ベッドへ運ぶ。」
　　　　再帰動詞 addormentarsi の主語は il bambino。他動詞 addormentare は「…を眠らせる，緩和する」です。
⑫—(b)　「私の夫は，私が作る料理に文句を言ったことがない。」
　　　　「不満を述べる」lamentarsi は前置詞に di を伴って「…について」

となります。ここで使われている piatto は「(皿⇒)料理」です。
⑬ — (d)　「アンナとマリアは私の誕生日パーティーで出会う前に，すでに知り合っていた。」
相互的再帰動詞 conoscersi の問題です。Anna e Maria（彼女たち）が主語なので，再帰代名詞は si です。「知り合っている」という状態を表しているので，時制は半過去になります。
⑭ — (b)　「アントーニオが入院したとき，両親や友達はとても心配した。」
preoccuparsi「心配する」の近過去形です。主語が i suoi genitori ed amici なので，過去分詞の語尾は -i です。
⑮ — (c)　「どうして，君は，あの女の子のことが信じられるのか？」
fidarsi di ...「…を信頼する，頼りにする」。主語は二人称単数なので再帰代名詞は ti となり，活用形は ti fidi です。
⑯ — (b)　「行きの列車で，私はまったく座れなかった。」
sedersi「座る」。助動詞 avere を使った近過去形は，再帰代名詞を avere の前に出すことはできませんから，主語が男性でも女性でも一人称単数なら ho potuto sedermi となります。また助動詞に essere を用いる場合は，再帰代名詞を essere の前に出さなければならないので，mi sono potut**o/a** sedere となります。
sedersi は不規則動詞です。直説法現在の活用は，mi siedo, ti siedi, si siede, ci sediamo, vi sedete, si siedono。

動詞の非人称的な使い方

本来の非人称動詞とは主語を持たない動詞のことで，一般的に三人称単数形でしか使われません。例えば天候に関する表現に，英語では it という形式的な主語を用いますが，イタリア語では「雨が降る」piovere は Piove. で，「天気がよい」は Fa bel tempo. です。
さて，意味から見て非人称動詞のように使われることが多いものに，「…が起こる」「…のように思われる」「…が必要である」「…で十分である」「…は大切だ」などがあります。この場合，ふつうは三人称単数・複数の変化しか持ちません。
「誰々に(とって)」には，間接目的語人称代名詞 a me ＝ mi, a te ＝ ti,

a lui = gli, a lei = le, a noi = ci, a voi = vi, a loro = gli で表します。

succedere（過去分詞は **successo**）　…が起こる
・succede＋単数名詞，succedono＋複数名詞
・essere successo＋名詞（単・複）〔近過去〕
accadere, capitare も同じ意味の動詞です。
　　Queste cose succedono raramente.
　　　　このようなことは，めったに起こらない。
　　È successo un grave incidente sull'autostrada.
　　　　高速道路で大事故が起きた。
　　— Che ti è successo ?　　君に何があったの？
　　— Sono caduto per le scale.　　階段で落ちたんだ。

sembrare　…のように思われる
・sembra＋a＋人＋単数名詞
　　Questa macchina mi sembra troppo cara.
　　　　私にはこの車は高価すぎるように思われる。
・sembrano＋a＋人＋複数名詞
　　Queste macchine mi sembrano troppo care.
　　　　これらの車は高価すぎるように思われる。

bisognare　…が必要である
・bisogna＋不定詞
　　Bisogna presentare un documento.
　　　　身分証明書を提示する必要がある。
　　Bisogna studiare molto per superare quest'esame.
　　　　この試験に合格するには，とてもよく勉強する必要がある。

◆bisognare の名詞形 bisogno「必要」の使い方は以下のとおりです。
・avere bisogno di＋名詞
　　— Hai bisogno del sale ?　　君は塩が必要？
　　— No, non ne ho bisogno.　　いや，必要ないよ。
　　※non ne ho bisogno の ne は代名詞「そのことについて」で，del sale「塩について」を示しています。

- avere bisogno di＋不定詞

  Ha bisogno di parlare con il medico ?
  　　　　あなたは医者と話す必要がありますか？
- c'è bisogno di＋不定詞

  C'è bisogno di riempire questo modulo. 　　この用紙に書き込む必要がある。
- c'è bisogno di＋名詞

  C'è bisogno del latte. 　牛乳が必要だ。

servire 　…を使う（…に役立つ，…が必要である）

- serve a＋人＋単数名詞

  Ti serve il dizionario ? 　　今, 辞書を使う？

  ※主語は il dizionario（三人称単数）で, serve（三人称単数形）＜ servire。「君にとって」は a te ＝ ti。
- servono a＋人＋複数名詞

  Gli servono questi libri ? 　彼はこれらの本が必要なの？

  ※主語は questi libri（三人称複数）で, servono（三人称複数形）＜ servire。「彼にとって」は a lui ＝ gli。
- servono＋複数名詞

  Tante spiegazioni non servono : basta chiedere scusa.
  　　　たくさんの説明は必要ない。謝れば済むことだ。

  ※主語は tante spiegazioni（三人称複数）で, servono（三人称複数形）＜ servire。
- 単数名詞＋serve a ... 　…に使う

  — A che cosa serve questo ? 　これは何に使うのですか？

  — A macinare il pepe. 　（これは）コショウを挽くのに使います。
- 複数名詞＋servono a ... 　…に使う

  — A che cosa servono questi bastoncini ?
  　　　これらの棒は何に使うのですか？

  — A mangiare il cibo giapponese.
  　　　（これらは）日本の食べ物を食べるのに使います。

è necessario ... 　…が必要である

「essere の三人称単数形 è＋形容詞＋動詞の不定詞」は非人称構文と呼ばれるものです。英語の「It is＋形容詞＋to＋不定詞」に相当します。

　È meglio andare adesso a fare la spesa. 　今, 買い物にいったほうがいい。

È importante parlare chiaramente.　　はっきりと話すことが大切だ。

Non è facile vivere all'estero.　　外国で暮らすのは，たやすいことではない。

形容詞に necessario「必要な，なくてはならない」を使うと，動詞の不定詞で表された「…すること」が必要である，という意味になります。

È necessario studiare molto per superare quest'esame.
　　この試験に合格するには，たくさん勉強する必要がある。

È necessario leggere con attenzione le istruzioni prima di accendere l'apparecchio.
　　この器具のスイッチを入れる前に，取扱説明書をよく読む必要がある。

volerci　（時間，お金などが）かかる

・ci vuole＋単数名詞，ci vogliono＋複数名詞

— Quanto tempo ci vuole per andare a piedi alla stazione ?
　　駅まで徒歩で行くのに，どのくらいの時間がかかりますか？

— Ci vogliono più o meno 20 minuti.　　約20分かかります。

※volerci は「（時間やお金が）かかる」です。-ci にとくに意味はなく，人称による変化はしません。quanto tempo ci vuole の主語は，tempo（三人称単数）なので，volerci は ci vuole（三人称単数形）となります。また，ci vogliono 20 minuti の主語は，20 minuti（三人称複数）なので，volerci は ci vogliono（三人称複数形）です。このように volerci は，三人称単数形または複数形でしか使われません。

近過去形にするときは再帰動詞と同じように，助動詞 essere を用います。主語の性・数によって，volere の過去分詞 voluto の語尾が -o / -a / -i / -e と変化します。

— Quanto tempo ci è voluto per finire i compiti ?
　　宿題を終わらせるのに，どのくらいの時間がかかったの？

— Ci sono volute 2 ore.　　2時間だよ。

◆ metterci は「（時間やお金を）かける」です。この動詞は，「（時間やお金を）かける人」が主語になります。主語の人称によって io ci metto, tu ci metti, lui/lei ci mette, noi ci mettiamo, voi ci mettete, loro ci mettono と変化します。-ci は volerci の場合と同様，とくに意味はなく，人称で変化はしません。

— Quanto tempo ci metti a fare i compiti ?

宿題をするのに，君はどのくらいの時間をかけるの？
― Ci metto mezz'ora.　　私は30分かける。

近過去形は「(…を)かける」という意味から他動詞として扱い，助動詞に avere を使います。ですから，mettere の過去分詞 messo は語尾変化しません。

Quanto tempo ci hai messo a finire i compiti ?
宿題を終わらせるのに，君はどのくらいの時間をかけたの？
― Ci ho messo 2 ore.　　私は2時間かけたよ。

bastare　…で十分である

・basta＋単数名詞
Per arrivare a Bologna da qui, basta un'ora.
　ここからボローニャへ着く(行く)には，1時間あれば十分だ。
・basta a＋人＋単数名詞
Ti basta il pane ?　　君にパンは十分にある(足りている)？
・bastano a＋人＋複数名詞
A Marco basteranno i soldi ?　　マルコにお金は足りているのかな？

importare　…は大切だ

・importa a＋人
Non mi importa quando l'hai detto, ma mi importa a chi l'hai detto.
　君がいつ，それを言ったのかは(私にとって)どうでもいい，誰に言ったのかが重要なのだ。
※l'＝lo，代名詞で「そのことを」

mancare　…が不足している

・manca＋単数名詞
Manca il latte per fare il dolce.
　お菓子を作るためにはミルクが足りない。
※主語は il latte(三人称単数)で，manca(三人称単数形)＜mancare。
・manca a＋人＋単数名詞
Mi manca l'Italia.　　私にイタリアが不足している(私はイタリアが恋しい)。
※主語は Italia(三人称単数)で，manca(三人称単数形)＜mancare。
・mancano＋複数名詞

Mancano ancora due ore per arrivare a Milano.
> ミラノに着くまで，あと2時間足りない（あと2時間ある）。
> ※主語は due ore（三人称複数）で，mancano（三人称複数形）＜ mancare。

・mancano a＋人＋複数名詞

Ci mancano i soldi per comprare una casa in centro.
> 都心に家を買うには，私たちにお金が足りない。

非人称的な andare

・va a＋人 di＋不定詞　　…することを好む，…したい

— Ti va di andare al cinema？　　（君は）映画に行きたい？

— No, non mi va.　　いや，あまり行きたくない。

※この andare は非人称的に，三人称単数形でしか使われません。したがって，間接目的語代名詞「…にとって」とともに，mi va, ti va, gli va, le va, ci va, vi va, gli va という形で用いられます。

練習

① Per andare in Italia, _____ molti soldi.
　(a) ne vogliono　(b) ci vogliono　(c) ci vuole　(d) si vogliono

② Che numero _____ fare per una telefonata a carico del destinatario？
　(a) bisogno　(b) bisogna　(c) c'è bisogno　(d) ci vogliono

③ _____ un altro po' di tempo per finire i compiti.
　(a) C'è necessario　　(b) Ho bisogno di
　(c) C'è bisogno　　(d) Bisogna

④ Per cambiare la macchina _____ tanti soldi ma adesso sono al verde.
　(a) ci vogliono　(b) ne servono　(c) bisogna　(d) mi serve

⑤ Per superare quell'esame _____ studiare molto.
　(a) bisogna　(b) ci vuole　(c) bisogno　(d) ci voglio

⑥ Signor Di Battista, a che cosa _____ questo strumento？
　(a) usa　(b) servono　(c) bisogna　(d) serve

⑦ Non hai ancora finito ? Ma quanto tempo _____ !
   (a) si serve   (b) ci metti   (c) bisogna   (d) bisogno

⑧ — Quanto tempo _____ questo film ?
   — Due ore.
   (a) ci vuole   (b) dura   (c) ci mette   (d) ci metti

⑨ Con questo traffico _____ più di un'ora per tornare a casa.
   (a) se ne serve   (b) metterò   (c) metteremmo   (d) ci metteremo

⑩ Per fare il tassista _____ una patente speciale.
   (a) bisogna di   (b) è necessario avere
   (c) se ne serve   (d) ci deve avere

⑪ Per entrare in questa biblioteca _____ una tessera speciale.
   (a) hai bisogno di   (b) hai bisogna di
   (c) vuoi   (d) vuole

⑫ Vado un attimo dal tabaccaio. _____ qualcosa ?
   (a) Hai bisogna di   (b) Ti serve
   (c) Ci vuoi   (d) Ti metti

⑬ Per costruire questa palestra _____ due miliardi di yen.
   (a) ci sono voluti   (b) c'è voluto
   (c) ci ha voluto   (d) ci hanno voluti

⑭ _____ solo un'ora per leggere questo libro.
   (a) Ci ho voluto   (b) Ci sono voluti
   (c) Ci ho messo   (d) Ci è messo

⑮ Durante le vacanze _____ nove ore per tornare al nostro paese. Sull'autostrada c'era un traffico terribile.
   (a) ci siamo messi   (b) ci abbiamo messo
   (c) si sono messe   (d) si abbiamo messo

3 再帰動詞と非人称動詞

解答と解説

① — (b) 「イタリアへ行くには，お金がたくさんかかる。」
　　不定詞は volerci。主語が molti soldi（三人称複数）なので，ci vogliono（三人称複数形）です。

② — (b) 「コレクトコールをするには，何番にかける必要がありますか？」
　　(c) c'è bisogno は，「c'è bisogno＋di＋不定詞／名詞」で使います。
　　(d) ci vogliono はその後に複数名詞がきます。

③ — (b) 「宿題を終わらせるのに，もう少し時間がいる。」
　　necessario は「È necessario＋不定詞」で「…することが必要だ」，bisogno「必要（名詞）」は，「avere bisogno di＋名詞／不定詞」で使います。

④ — (a) 「車を替えるにはお金がたくさんかかるけれど，私には今，お金がない。」
　　「…がかかる」の volerci。主語が tanti soldi（三人称複数）なので，ci vogliono（三人称複数形）です。essere al verde「お金がない」。

⑤ — (a) 「あの試験に合格するには，一生懸命勉強する必要がある。」
　　ci vuole または ci vogliono の後に動詞はきません。bisogna は動詞 bisognare の三人称単数形で「bisogna＋不定詞」のパターンで使います。bisogno「必要」は，「avere bisogno di ...」です。

⑥ — (d) 「ディ・バッティスタさん，この道具は何に使うのですか？」
　　a che cosa とあるので，適当な動詞は servire。questo strumento は三人称単数なので，serve となります。

⑦ — (b) 「君は，まだ終わらないの？　一体，どのくらいの時間をかけてるの！」
　　(a) si serve は「彼／彼女がもの（三人称単数）を使う」で，Non hai ancora finito？ の主語 tu とあいません。

⑧ — (b) 「この映画は，どのくらいの時間，続きますか？」「2時間です。」
　　主語は questo film なので，durare「続く」の三人称単数形 dura になります。(a) ci vuole の後では，時間を表す単数名詞が主語となります。また metterci は，人が主語となります。

⑨ — (d) 「この渋滞だと，私たちは家へ帰るのに1時間以上かけるだろう（家に帰るのに1時間以上かかるだろう）。」
　　servire を非人称的に使うと ci si serve となり，(a) のようにはなりません。ここで使われている metterci の未来形は ci metterò, ci

61

metterai, ci metterà, ci metteremo, ci metterete, ci metteranno です。

⑩ ― (b) 「タクシーの運転手をするには，特別な免許証が必要だ。」
bisogna を使うのであれば，「bisogna＋不定詞」です。servire を使うなら serve，非人称の si と dovere の場合は，si deve avere ... となります。

⑪ ― (a) 「この図書館に入るには，特別なパスが必要だ。」
名詞 bisogno は「avere bisogno di ...」のパターンで使います。volerci を使うときは ci vuole となります。

⑫ ― (b) 「ちょっとタバコ屋へ行ってくる。君に，何かいるものがある？」
(c) volerci は「(時間，お金などが)かかる」という意味なので文意に合いませんし，三人称以外の活用形では使われません。また，(d) metterci の場合，ci は人称によって変化せず，ci metto, ci metti, ci mette ... で，「(人が)かける」ですから，これも除外されます。

⑬ ― (a) 「この体育館を建設するのに，20億円がかかった。」
「(時間，お金などが)かかる」の volerci は，再帰動詞と同様，近過去形には essere を用います。due miliardi di yen は男性名詞の三人称複数なので，ci **sono** volut**i** となります。

⑭ ― (c) 「この本全部を読むのに，私は一時間しかかからなかった。」
volerci の近過去形には essere を使うので，(a)は除外されます。また，主語は un'ora(三人称単数)なので(b)も除外。また，metterci の近過去形には avere を使うので，(d)は除外されます。

⑮ ― (b) 「休暇中，故郷へ帰省するのに私たちは9時間もかけた。高速道路は，すごい渋滞だった。」
metterci は「(人が時間，お金を)かける」。-ci は人称変化せず，ci metto, ci metti, ci mette ... となります。近過去形には avere を使って，ci ho messo, ci hai messo, ci ha messo, ci abbiamo messo, ci avete messo, ci hanno messo。このように過去分詞 messo の語尾は変化しません。

第4章 直説法の過去時制
―― 近過去, 半過去, 大過去

過去を表現するのに，もっともよく使われるのは，近過去と半過去です。

近過去＝avere, essere の現在＋過去分詞

①過去に完了した動作・状態（その結果が現在も残っている）
　Marco è nato nel 1982.　　マルコは1982年に生まれた（そして今も生きている）。
　È stato malato e ancora non sta bene.
　　　　彼は病気だった。まだ気分がすぐれない。

②現在までの経験
　Sono stato 3 volte in Italia.　私は3回イタリアへ行ったことがある。
　— Hai visto questo film?　　この映画を見た？
　— No, non l'ho ancora visto.　いや，まだ見ていない。

③最近起こった動作・状態
　La settimana scorsa sono andato a Sapporo.　先週，札幌へ行きました。
　Ieri ho visto un film molto interessante.
　　　　昨日，とてもおもしろい映画を見た。

◀活用の規則▶

avere＋過去分詞

io	ho		noi	abbiamo	
tu	hai	mangiato	voi	avete	mangiato
lui/lei	ha		loro	hanno	

essere＋過去分詞

io	sono		noi	siamo	
tu	sei	andat**o** / andat**a**	voi	siete	andat**i** / andat**e**
lui/lei	è		loro	sono	

※助動詞に essere を用いる場合は，主語の性・数に応じて，過去分詞の語尾が常に -o / -a / -i / -e と変化します。

> 練習

① La prima volta che _____ il marito di Anna _____ circa cinque anni fa.
　　(a) abbiamo visto / è stato　　(b) avevamo visto / è stato
　　(c) abbiamo visto / era　　(d) avevamo visto / era

② Il professore _____ tante cose, ma io _____ quasi niente.
　　(a) ha spiegato / non avevo capito
　　(b) ha spiegato / non ho capito
　　(c) spiega / capivo
　　(d) spiegato / capisco

③ Mario _____ di leggere questo libro.
　　(a) non ha ancora finito　　(b) non è ancora finito
　　(c) non ha niente finito　　(d) non è niente finito

④ Dove _____ quei ragazzi ?
　　(a) hai incontrato　　(b) sei incontrato
　　(c) gli hai incontrato　　(d) gli sei incontrati

⑤ Gli studenti _____ la lezione di filosofia.
　　(a) non ha capito　　(b) non hai capito bene
　　(c) non hanno capiti　　(d) non hanno capito bene

⑥ _____ difficile trovare un posto di lavoro.
　　(a) È stato diventato　　(b) Ha stato diventato
　　(c) È diventato　　(d) Ha diventato

⑦ L'anno scorso _____ a Palermo e _____ lì per qualche giorno.
　　(a) siamo andati / siamo restati
　　(b) saremo andati / saremo restati
　　(c) fossimo andati / saremmo restati

(d) saremmo stati / fassimo restati

⑧ Chi _____ al concerto con te ?
　(a) sono andati　　　　　　(b) è andati
　(c) sono venuti　　　　　　(d) è venuto

⑨ Non _____ perché tu _____ la giacca rossa.
　(a) ho capito / sceglierà　　(b) ho capito / sceglierebbe
　(c) capisco / hai scelto　　(d) capisco / ha scegliuto

⑩ _____ bene la sigaretta ? Ne _____ sicuro ?
　(a) Hai spenuto, hai　　　　(b) Hai spenito, hai
　(c) Hai spenito, sei　　　　(d) Hai spento, sei

⑪ _____ quell'uomo che la polizia cercava da molto tempo.
　(a) È scomparato　　　　　(b) È scomparito
　(c) È scomparso　　　　　　(d) È scomperso

⑫ Il bambino _____ da solo.
　(a) non ha voluto dormire　　(b) non è voluto dormire
　(c) non ha vuole dormire　　(d) non è vuole dormire

⑬ _____ le scale a piedi, perché l'ascensore non funzionava.
　(a) Siamo dovuto salire　　　(b) Siamo dovuti salire
　(c) Abbiamo dovuto salire　　(d) Abbiamo dovuti salire

⑭ Maria, _____ in Giappone ?
　(a) hai mai stato　　　　　　(b) sei mai stata
　(c) hai ancora stato　　　　(d) sai ancora stata

⑮ Il restauro di questo quadro _____ un mucchio di soldi.
　(a) sono costati　　　　　　(b) è costato
　(c) hanno costato　　　　　(d) ha costato

解答と解説
①―(a) 「アンナの夫に最初に私たちが会ったのは，約5年前のことだった。」

「会った」,「約 5 年前だった」は,両方とも完了している過去です。二つの過去に時間的な前後はないので,近過去＋近過去の組み合わせになります。

②—(b) 「教授はたくさんのことを説明したが,私はほとんど何もわからなかった。」
①と同様,両方とも完了しており,時間的な前後はないので,近過去＋近過去になります。

③—(a) 「マリオはこの本をまだ読み終わっていない。」
finire の近過去には avere を用いる場合と essere を用いる場合がありますが,「**avere** finito＋di ...」で「…することを終える」となります。「まだ…ない」は「non ～ ancora ...」。

④—(a) 「あの子たちと,君はどこで会ったの？」
incontrare は直接目的語をとります(con ... などは不要)。したがって,(c)や(d)のように間接目的語はつきません。

⑤—(d) 「学生たちは,哲学の授業がよくわからなかった。」
主語が gli studenti なので,助動詞 avere は hanno。「よく…ない」は「non ... bene」。

⑥—(c) 「仕事のポストを見つけるのは,むずかしくなった。」
diventare「…になる」を近過去形にするには,助動詞 essere を用います。

⑦—(a) 「去年,私たちはパレルモへ行き,そこに数日とどまった。」
andare, restare とも助動詞は essere。完了している行為を羅列しているので,近過去＋近過去です。

⑧—(d) 「君と一緒に,誰がコンサートへ行ったの？」
疑問詞 chi は動詞の三人称単数形と組み合わさります。「(相手と一緒に)行く」は andare ではなく venire になります。

⑨—(c) 「君がなぜ赤いジャケットを選んだのか,私はわからない。」
scegliere「選ぶ」の過去分詞は scelto。時間的な順番は,「君が選んだ(完了している行為)」⇒「私はわからない」なので,近過去＋現在。

⑩—(d) 「タバコをちゃんと消した？ 確かなの？」
spegnere「消す」の過去分詞は spento。「そのことについて」が代名詞的小詞 ne で示されています。essere sicuro で「(自分の考えに)確かである,確信がある」。

⑪ ― (c) 「警察が長いあいだ探していたあの男は，姿を消した。」
scomparire「姿を消す」は助動詞に essere を用います。過去分詞は scomparso。

⑫ ― (a) 「男の子はひとりで眠るのを嫌がった。」
dormire「眠る」は自動詞ですが，近過去に助動詞 avere を用います。したがって，「ha＋volere の過去分詞 voluto＋dormire」。

⑬ ― (c) 「エレベーターが動いていなかったので，私たちは歩いて階段を上らなければならなかった。」
直接目的語 le scale「階段を」があるので，salire の助動詞は avere。その場合，過去分詞の語尾は変化しません。

⑭ ― (b) 「マリア，君は日本に一度も行ったことがないの？」
stare の近過去は essere stato/a。「一度も…ない」は mai で，「まだ…，もっと」が ancora です。

⑮ ― (b) 「この絵画の修復には，たくさんのお金がかかった。」
costare「金がかかる，値段が…だ」は助動詞 essere を用います。主語は il restauro（男性名詞単数）なので è costato。主語が女性名詞単数ならば è costata となります。

半過去

半過去で表現される過去には，次のような特徴があります。

①いつ始まって，いつ終わったかが明白でない過去の期間に継続した動作・状態

　Quando ero piccolo, abitavo a Firenze.
　　　小さかったころ，私はフィレンツェに住んでいた。

②過去において並行していた二つ以上の動作・状態

　Mentre mangiavo, guardavo la tv.　　食べながら，テレビを見ていた。

③過去における習慣・反復的な動作・状態

　Durante le vacanze, andavo al mare ogni giorno.
　　　休暇中，私は毎日海へ行った。

④未完了の動作

Pensavo di andare al cinema, ma poi sono rimasto a casa tutto il giorno.
>映画館に行こうかと思ったが，一日中，家にいた。

⑤実現されなかった過去(dovere, potere, volere)

Volevo studiare questo pomeriggio, ma sono uscito con i miei amici.
>今日の午後は勉強したかったが，友達と出掛けてしまった。

Dovevo andare dal dentista, ma ...
>私は歯医者に行かなければならなかったのだが…。

Potevamo cucinare anche la carne, ma alla fine non avevamo più fame.
>肉を料理することもできたが，結局はもう食欲がなかった(それ以上食べられなかった)。

◀変化▶

	essere	avere	-are	-ere	-ire
io	ero	avevo	-avo	-evo	-ivo
tu	eri	avevi	-avi	-evi	-ivi
lui/lei	era	aveva	-ava	-eva	-iva
noi	eravamo	avevamo	-avamo	-evamo	-ivamo
voi	eravate	avevate	-avate	-evate	-ivate
loro	erano	avevano	-avano	-evano	-ivano

＊essere と avere は別にして，-are 動詞，-ere 動詞，-ire 動詞の -vo, -vi, -va ... の部分は共通です。

練習

① Da piccolo, ＿＿＿＿ sempre a letto molto presto.
　(a) sono andato　(b) vadavo　(c) andavo　(d) avevo andato

② Mentre ＿＿＿＿, ＿＿＿＿ un po' di musica.
　(a) mangiavamo / abbiamo sentito
　(b) abbiamo mangiato / sentivami
　(c) mangiavamo / sentivamo

(d) abbiamo mangiato / abbiamo sentito

③ Quanti anni _____ quando hai cominciato a studiare l'italiano ?
　　(a) hai　　　(b) hai avuto　　(c) avevi　　(d) avevi avuto

④ Il mio gatto _____ giocare sempre con mio fratello.
　　(a) voleva　　(b) volge　　(c) è voluto　　(d) ha voluto

⑤ _____ in piscina quasi sempre in bicicletta.
　　(a) Andavo　　　　　　(b) Ho andato
　　(c) Sarò andato　　　　(d) Sarei andato

⑥ Quando tu _____ piccolo ogni tanto _____ che _____ diventare un giocatore di calcio.
　　(a) era / diveva / voleva
　　(b) eri / dicevi / volevi
　　(c) sei stato / hai detto / sei voluto
　　(d) eri / hai detto / volevi

⑦ Luca _____ le pulizie in camera sua ogni mattina.
　　(a) hai fatto　　　(b) faceva
　　(c) facevi　　　　(d) fareva

⑧ Mio padre ogni sera _____ un bicchiere di vino rosso.
　　(a) beveva　　　(b) ha bevuto
　　(c) bereva　　　(d) bevi

⑨ Da studente lui _____ molto per laurearsi.
　　(a) ha studiato　　(b) studiarebbe
　　(c) studia　　　　(d) studiava

⑩ Mentre _____ in aereo, _____ paura ed _____ nervosa.
　　(a) ho viaggiato / ho avuto / ero
　　(b) sono viaggiata / ho avuto / sono stata
　　(c) viaggiavo / ho avuto / ero
　　(d) viaggiavo / avevo / ero

⑪ A quell'epoca _____ per darci notizie.

(a) ci scrivamo (b) ci scrivivamo
(c) ci scrivevamo (d) ci scrivavamo

⑫ Loro _____ sempre di calcio.
(a) hanno discuto (b) sono discussi
(c) discutevano (d) discutivano

⑬ I miei nonni _____ l'abitudine di cenare presto.
(a) avevano (b) hanno avuto
(c) erano (d) sono stati

⑭ Quando _____ piccola _____ spesso a fare la spese con tua madre?
(a) eri / sei andata (b) eri / andavi
(c) sei stata / sei andata (d) sei stata / andavi

⑮ Che cosa tu _____ fuori a quell'ora?
(a) hai fatto (b) favi
(c) facevi (d) facci

解答と解説

① ―(c) 「私は幼かったころ，とても早くに就寝していた。」
da piccolo と sempre がヒントになり，過去の習慣だから半過去を使うことがわかります。andare は現在形のように不規則な活用はしません。andavo, andavi, andava, andavamo, andavate, andavano。

② ―(c) 「食事のあいだ，私たちはちょっと音楽を聞いていた。」
mentre「…のあいだ」の後には，半過去形の動詞がくるパターンが比較的多いといえます。「食事をする」と「音楽を聞く」が過去において同時進行しているので，半過去＋半過去。

③ ―(c) 「イタリア語を勉強し始めたときは，何歳だったの？」
「イタリア語を勉強し始めたとき」は瞬間的な点で表せますが，「そのときに何歳だったか」は未完了の過去なので半過去時制を用います。

④ ―(a) 「私の猫は，いつも弟と遊びたがった。」
sempre があるので，過去の習慣・慣習または繰り返された行為と

わかります。

⑤ — (a) 「私は，ほとんどいつも，自転車でプールに行っていた。」
quasi sempre があるので，過去の習慣・慣習または繰り返された行為とわかります。

⑥ — (b) 「小さかったころ，君はサッカー選手になりたいと，時々言っていたよ。」
「小さかったころ」は，いつ始まって，いつ終わったかが明確でない過去なので，essere の半過去を用います。ero, eri, era, eravamo, eravate, erano。また，ogni tanto「時々」とあるので，繰り返された行為だとわかります。dire の半過去の活用は -ce- が入るという特徴があります。dicevo, dicevi, diceva, dicevamo, dicevate, dicevano。「…になりたいという気持ち」もいつ持ちはじめたのかが明確でないので，半過去となります。

⑦ — (b) 「ルカは毎朝，自分の部屋を掃除していた。」
ogni mattina とあるので，過去の習慣⇒半過去。

⑧ — (a) 「私の父は，毎晩，グラス１杯の赤ワインを飲んでいた。」
ogni sera とあるので，過去の習慣⇒半過去。bere「飲む」の半過去時制の活用は bevevo, bevevi, beveva, bevevamo, bevevate, bevevano。

⑨ — (d) 「学生時代，彼は卒業するためにずいぶん勉強した。」
da studente とあるので，過去の習慣⇒半過去。

⑩ — (d) 「飛行機で飛んでいるあいだ，私は怖くて，落ち着かなかった。」
mentre「…しているあいだ」なので，過去のある時点で不特定期間，継続していた状態です。

⑪ — (c) 「あの時代，お互いの近況を知らせるのに，私たちは文通していた。」
ci scrivevamo の不定詞は scriversi（相互的再帰動詞）です。-ere 動詞一人称複数形の語尾は -evamo。

⑫ — (c) 「彼らはサッカーの話しをいつもしていた。」
sempre「いつも」なので，過去に何度か繰り返された行為，状態⇒半過去。-ere 動詞三人称複数形の語尾は -evano。discutere の過去分詞は discusso です。

⑬ — (a) 「私の祖父母は，早い時間に夕食をとる習慣だった。」
「avere l'abitudine di ...」で「…する習慣がある」。過去の習慣⇒半過去。

⑭—(b) 「君が小さかったとき，お母さんとちょくちょく買物へ行っていた？」
spesso「しばしば」なので，過去の習慣または繰り返された行為⇒半過去。

⑮—(c) 「あんな時間に，外で何をしていたの？」
a quell'ora「あんな時間に」とあるので，過去のある時点で，不特定期間，継続していた行為・状態を表しています。したがって，半過去を用います。

近過去と半過去の組み合わせ

過去を表現する**近過去と半過去を併用**すると，近過去では瞬間的で完了した動作・状態が表され，半過去では継続的で未完了な（いつ始まっていつ終わったかが明確でない）動作・状態が表されます。

・継続的動作・状態⇒半過去
・瞬間的動作⇒近過去

Mentre aspettavo l'autobus, ho incontrato Marco.
　　バスを待っている間に，マルコに会った。

Quando è venuto Marco, ero a casa.
　　マルコが来たとき，私は家にいた。

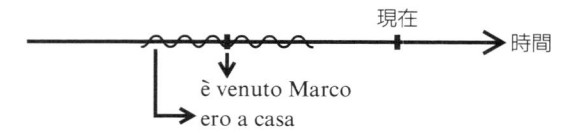

練習
① Ieri mattina, mentre ＿＿＿＿, ＿＿＿＿ Carlo che ＿＿＿＿ lungo il mare.

- (a) ho guidato / vedevo / ha passeggiato
- (b) ho guidato / ho visto / passeggiava
- (c) guidavo / ho visto / è passeggiato
- (d) guidavo / ho visto / passeggiava

② Marco _____ chi portare alla festa e alla fine _____ di andare da solo.
- (a) non sapeva / ha deciso
- (b) non ha saputo / ha deciso
- (c) non sapeva / decideva
- (d) non ha saputo / decideva

③ _____ quella bella notizia mentre _____ a scuola.
- (a) Sapevo / sono stato
- (b) Ho saputo / sono stato
- (c) Ho saputo / ero
- (d) Sapevo / ero

④ Luigi _____ per tutto il giorno, perché _____ arrabbiato con noi.
- (a) non ci parlava / è stato
- (b) non ci parlava / era
- (c) non ci ha parlato / è stato
- (d) non ci ha parlato / era

⑤ — Perché _____ in ufficio ieri ? Non _____ bene ?
— Tutto il giorno _____ un forte mal di testa.
- (a) non sei venuto / stavi / avevo
- (b) non eri venuto / sei stato / avevo
- (c) non sei venuto / sei stato / ho avuto
- (d) non sei venuto / stavi / ho avuto

⑥ Quella sera, quando mio marito _____ a casa, _____ stanchissimo ed _____ subito a letto.
- (a) è tornato / è stato / è andato
- (b) è tornato / era / andava
- (c) è tornato / era / è andato
- (d) è tornato / era / era andato

⑦ — Chi _____ quell'uomo che _____ ?
— Ma che cosa dici ? Non _____ nessuno !
- (a) è stato / salutavi / salutavo

(b) è stato / hai salutato / ho salutato
(c) era / salutavi / salutavo
(d) era / hai salutato / ho salutato

⑧ — Dove _____ ieri per tutto il giorno ?
— _____ una passeggiata sulla spiaggia perché _____ una giornata bellissima.
(a) sei stato / Ho fatto / era   (b) eri / Facevo / era
(c) sei stato / Facevo / è stata   (d) eri / Ho fatto / ha stato

⑨ Mio padre _____ l'abitudine di radersi ogni mattina e _____ molto guardarlo farsi la barba.
(a) ha avuto / mi è piaciuto   (b) aveva / mi piaceva
(c) ha avuto / mi piaceva   (d) aveva / mi è piaciuto

⑩ Non _____ quando _____ quella chiesa. Forse due o tre anni fa.
(a) mi ricordo / ho visitato   (b) mi ricordavo / visitavo
(c) mi ricordo / sono visitato   (d) mi ricordavo / ho visitato

⑪ Perché _____ i capelli, Margherita ? Per me _____ meglio prima.
(a) hai tagliata / sei stata   (b) tagliavi / stavi
(c) ti sei tagliata / stavi   (d) sei tagliata / sei stata

⑫ _____ di fumare tre anni fa. Prima di smettere, _____ più di 2 pacchetti al giorno.
(a) Ho smesso / fumavo   (b) Avevo smesso / ho fumato
(c) Smettevo / fumavo   (d) Ho smetto / fumavo

⑬ — Dove _____ alle cinque del pomeriggio ieri ?
— _____ al cinema. _____ un vecchio film americano.
(a) eri / Ero / Stavo vedendo
(b) sei stato / Sono stato / Vedevo
(c) eri / Ero / Ho visto
(d) sei stato / Sono stato / Ho visto

⑭ — Marco, perché non _____ ieri ?
  — Perché _____ stanco e _____ mal di schiena.
   (a) eri uscito / sono stato / ho avuto
   (b) eri uscito / sono stato / avevo
   (c) sei uscito / ero / avevo
   (d) uscivi / sono stato / avevo

⑮ Mentre _____ in Italia, la mia amica _____ ogni mattina un cappuccino e un cornetto.
   (a) ha fatto un viaggio / ha preso
   (b) è fatta un viaggio / ha preso
   (c) faceva un viaggio / prendeva
   (d) era viaggiando / aveva preso

解答と解説

① — (d) 「昨日の朝，運転中に，海辺を散歩しているカルロを見た。」
  「運転をする」「散歩をする」といった動作は継続的なので半過去になりますが，「彼を見た」のは瞬間的な動作なので近過去を用います。

② — (a) 「マルコは誰をパーティーに連れていったらよいかわからなくて，結局ひとりで行くことに決めた。」
  「いろいろ考えてみてわからなかった」という動作については，いつからその動作が始まったのか，明確にされていないので半過去になります。しかし，「決めた」のは瞬間的な動作です。

③ — (c) 「うれしいあの知らせを知ったとき，私は学校にいた。」
  知らせを「知った」のは瞬間的ですが，そのときに「学校にいた」のは継続している動作です。

④ — (d) 「ルイジは一日中，まったく一言も口をきかなかった。というのは，私たちに対して怒っていたからだ。」
  「一日中」と時間が限定されているので，「口をきかなかった」動作は完了形（＝近過去）になります。一方，「怒っている」態度はいつ始まり，いつ終わったかが明確にされていない未完の動作なので，半過去を用います。

⑤ — (d) 「どうして昨日はオフィスに来なかったの？　具合がよくなかった

の？」「一日中，ひどい頭痛だったんだよ。」

オフィスに来なかったのは「昨日」と時間が限定されているので完了形（＝近過去）です。また，頭痛がしていたのも「一日中」なので近過去になります。

⑥ — (c) 「あの晩，夫は帰ってきたときに疲れきっていて，すぐにベッドへ行った。」

「帰ってきた」および「ベッドへ行った」は瞬間的な動作なので近過去になりますが，「疲れていた」はいつ始まって，いつ終わったかが明確でないので半過去です。

⑦ — (d) 「君が挨拶したあの男は，誰なんだ？」「何を言ってるの？ 私は誰にも挨拶していないわよ！」

「挨拶をする」のは瞬間的な動作です。一方，「誰だったか」は未完了なので半過去になります。

⑧ — (a) 「昨日は一日中，どこにいたの？」「浜辺を散歩したんだ。とても天気がよかったから！」

「一日中」があるときは完了形（＝近過去）を用います。「散歩」という行為は，現在の時点では完了しているので近過去になりますが，昨日がどんな日だったかという場合は未完了になるので，半過去です。

⑨ — (b) 「私の父は毎朝，髭をそる習慣があって，髭をそっている父を見るのが私は好きだった。」

過去の習慣には半過去でしたね。mi piace「私は…が好きだ」の近過去形 mi è piaciuto は「…が気に入った」という場合に使います。

⑩ — (a) 「あの教会をいつ訪ねたか，覚えていない。おそらく二，三年前だ。」

「覚えていない」のは今のことですから現在形です。visitare は助動詞に avere をとります。

⑪ — (c) 「マルゲリータ，どうして髪を切ったの？ 私は，前のほうがよかったと思うよ。」

「髪を切る」のは瞬間的な動作です。が，以前の様子はいつ始まったのかが明らかでないので，半過去になります。

⑫ — (a) 「三年前にタバコをやめた。やめる前は，一日に二箱以上吸っていた。」

「やめた」のは瞬間的な動作です。喫煙は過去の習慣なので，半過

去です。

⑬ ― (a) 「昨日の午後5時に，君はどこにいた？」「映画館にいたよ。古いアメリカ映画を見ていたんだ。」

「昨日の午後5時」の時点での動作は未完了なので半過去になります。stavo vedendo は sto vedendo（「stare＋ジェルンディオ」＝進行形）の半過去です。

⑭ ― (c) 「マルコ，どうして昨日は出かけなかったの？」「疲れていたし，腰が痛かったからだよ。」

「昨日」という時間の限定がある場合は近過去，そのときの状態を述べるには半過去です。

⑮ ― (c) 「イタリアを旅行中，私の友人は毎朝カプチーノとコルネットを食べていた。」

「旅行」は継続した時間です。過去のそのあいだの習慣には，半過去を使います。

大過去＝avere, essere の半過去＋過去分詞

過去のなかに，より奥行きを持たせる大過去という時制を，次に見てみましょう。

大過去は，ある過去を基準にして，それよりも以前に完了した動作・状態を表現します。基準となる過去は，近過去，半過去で表されるほかに，句や副詞で表現されることもあります。

　　Quando siamo arrivati alla stazione, il treno era già partito.
　　　　私たちが駅に着いたとき，列車はもう出発していた。

「列車は出発した」，それから「私たちが着いた」。どちらも完了した過去です。「私たちが着いた」という近過去が「過去のある時点」という基準になり，それ以前に完了している過去「列車が出発した」が，大過去で表されるのです。

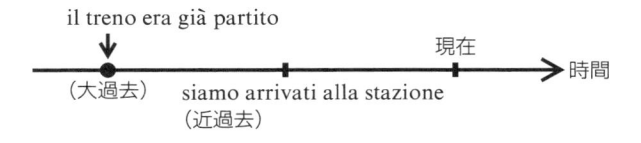

◀活用の規則▶

	mangiare	andare
io	avevo ┐	ero ┐
tu	avevi │	eri ├─ andato/a
lui/lei	aveva │	era ┘
noi	avevamo ├─ mangiato	eravamo ┐
voi	avevate │	eravate ├─ andati/e
loro	avevano ┘	erano ┘

練習

① Ieri sera _____ su quello che mi _____ negli ultimi anni.
　　(a) ho rifletto / è successo　　(b) riflettevo / succedeva
　　(c) ho rifletto / succedeva　　(d) riflettevo / era successo

② Signorina, _____ il messaggio che _____ ?
　　(a) ha mandato / le avevo dato　　(b) mandava / le ho dato
　　(c) aveva mandato / le ho dato　　(d) aveva mandato / le do

③ Non _____ alla notizia che _____.
　　(a) riuscivo a credere / mi avevano comunicato
　　(b) ho creso / mi avevano comunicato
　　(c) avevo riuscito a credere / mi hanno comunicato
　　(d) avero riuscito a / mi avevano comunicato

④ Mio fratello, prima di partire per l'estero, _____ di scrivermi, però ancora _____ nemmeno una cartolina.
　　(a) ha promesso / non avevo ricevuto
　　(b) aveva promesso / non ho ricevuto
　　(c) ha promesso / ho ricevuto
　　(d) aveva promesso / ricevo

⑤ _____ a lavorare subito dopo che _____.
　　(a) Avevo cominciato / mi sono laureato

(b) Cominciavo / mi sono laureato
(c) Ho cominciato / mi ero laureato
(d) Comincio / mi ero laureato

⑥ Ieri sera i miei fratelli _____ stanchi perché _____ e _____ tutto il giorno.
  (a) sono stati / hanno corso / hanno giocato
  (b) sono stati / avevano corso / avevano giocato
  (c) erano / correvano / giocavano
  (d) erano / avevano corso / avevano giocato

⑦ Ho finalmente comprato il libro che tu _____ di leggere.
  (a) mi avrei consigliato   (b) mi avessi consigliato
  (c) mi ha consigliato   (d) mi avevi consigliato

⑧ Quando è tornata in Giappone _____ che in Italia _____ di quasi cinque chili.
  (a) ha accorto / è ingrassata   (b) si è accorta / era ingrassato
  (c) si è accorta / era ingrassata   (d) accorgeva / è ingrassato

⑨ Qualche giorno fa _____ quella ragazza che _____ il mese scorso.
  (a) ho visto / avevo conosciuto
  (b) vedevo / ho conosciuto
  (c) avevo visto / ci eravamo conosciuti
  (d) avevo visto / ci siamo conosciuti

⑩ Ieri _____ mal di testa, perché la sera prima _____ troppo vino.
  (a) avevo / avevo bevuto   (b) ho avevuto / avevo bevuto
  (c) avevo / avessi bevuto   (d) ho avuto / abbia bevuto

⑪ L'altra sera Luca _____ le foto che _____ durante il suo viaggio in Sicilia. Non _____ delle foto così belle !
  (a) mi ha mostrato / aveva fatto / avevo mai visto
  (b) mi ha mostrato / faceva / ho mai visto

    (c) mi mostrava / aveva fatto / vedevo mai
    (d) mi mostrava / faceva / avevo mai visto
⑫ Marco ＿＿＿＿ quello che ＿＿＿＿ .
    (a) non capito / gli dico　　(b) non ha capito / gli avevo detto
    (c) non capirà / gli ho ditto　(d) non capirebbe / gli ho ditto
⑬ ― Tua madre non ＿＿＿＿ le medicine che il medico ＿＿＿＿ ?
    ― No, e per questo ancora ＿＿＿＿ .
    (a) aveva preso / le aveva dato / non aveva guarito
    (b) ha preso / le dava / non guarisce
    (c) aveva preso / le ha dato / non ha guarito
    (d) ha preso / le aveva dato / non è guarita
⑭ Non appena Marco e Anna ＿＿＿＿ quello che ＿＿＿＿ , ＿＿＿＿ a casa mia.
    (a) hanno saputo / mi era successo / sono venuti
    (b) hanno saputo / mi è successo / erano venuti
    (c) avevano saputo / mi era successo / sono venuti
    (d) avevano saputo / mi è successo / vengono
⑮ ― Come ＿＿＿＿ l'esame ?
    ― Male, perché ＿＿＿＿ abbastanza.
    (a) è andata / non ho studiato
    (b) è andato / ho studiato
    (c) andava / non avevo studiato
    (d) è andato / non avevo studiato

解答と解説
①―(d)　「昨晩は，ここ数年，私に起こったことを熟考していた。」
　　　時間的にみると，「私にあることが起こった」，それから「昨晩，振り返っていた」という順番になっています。したがって，「昨晩，熟考していた（未完了の過去⇒半過去）」よりも前にあったことは，大過去で表現します。なお，riflettere の過去分詞は riflettuto。
②―(a)　「お嬢さん，あなたに渡したメッセージをもう送りましたか？」

4　直説法の過去時制 —— 近過去, 半過去, 大過去

　　　　「メッセージを渡した」, それから「送った」ので, 大過去＋近過去
③ — (a)　「彼らが私に告げた知らせを, 私は信じることができなかった。」
　　　　彼らが知らせを告げた (大過去), そして「信じることができなかった (未完了の過去⇒半過去)」。
④ — (b)　「外国に行く前に, 兄は手紙をくれると約束した。けれども, ハガキ一枚も受けとらなかった。」
　　　　外国へ行く前に「約束した (大過去)」, その後「受けとらなかった (完了している過去⇒近過去)」。
⑤ — (c)　「大学を卒業して, すぐに, 私は働きはじめた。」
　　　　「大学を卒業」して「働きはじめた」。両方とも完了している過去なので, 大過去＋近過去。
⑥ — (d)　「昨晩, 弟たちは疲れていた。一日中, 走り, 遊んでいたからだ。」
　　　　per tutto il giorno「一日中」と時間が区切られているので,「走り, 遊ぶ」は完了した過去になります。一方,「昨晩は疲れていた」は, 過去の不特定な期間, 継続した状態なので半過去。時間的な前後は「走り, 遊んだ」, そして「疲れた」です。
⑦ — (d)　「君が読むように勧めてくれた本を, やっと買ったよ。」
　　　　「買う」前に「勧めてくれた」。どちらも完了している動作です。
⑧ — (c)　「日本に帰ってきたとき, イタリアで約5キロも太ったことに彼女は気がついた。」
　　　　「太って」⇒「帰ってきた」,「気がついた」。ingrassare「太る」(自動詞) は, 助動詞に essere を用います。
⑨ — (a)　「何日か前, 先月, 知り合った女の子を見かけた。」
　　　　「先月, 知り合った」⇒「何日か前に見かけた」。どちらも完了している動作です。
⑩ — (a)　「前の晩にワインを飲み過ぎて, 昨日は頭が痛かった。」
　　　　「飲み過ぎた」⇒「昨日は頭が痛かった (不特定期間, 継続した状態⇒半過去)」。
⑪ — (a)　「このあいだの晩, ルカはシチリア島旅行のあいだに撮った写真を私に見せてくれた。こんなに美しい写真は, 今までに見たことがなかった。」
　　　　「旅行中, 写真を撮った」⇒「私に見せた」。昨晩, それらの写真を見る前までは, それほど美しい写真は見たことがなかったので,「見たことがなかった」という状態は完了し, 大過去時制になりま

⑫ — (b) 「マルコは，私が彼に言ったことがわからなかった。」
「私が彼に言った」⇒「わからなかった」。どちらも完了している動作です。
⑬ — (d) 「君のお母さんは，医者が彼女に与えた薬を飲まなかったの？」「飲まなかったのよ，だからまだ治ってないの。」
「医者が薬を与えた」⇒「飲まなかった」。どちらも完了しています。「治っていない」という過去は完了していますが，その結果が現在も続いています（近過去）。guarire「治る」は自動詞なので，助動詞は essere。
⑭ — (a) 「マルニとアンナは，私に何が起きたかを知るとすぐに，私の家へ来た。」
「私に何かが起きた」⇒「それを彼らが知った」，そして「来た」とすべて完了している過去です。「Non appena ..., 〜」は二つの事柄がほぼ同時に起こったことを示すので，この文の場合は両方とも近過去になります。
⑮ — (d) 「試験はどうだった？」「あまり勉強しなかったから，よくなかった。」
試験の前に「勉強する」という行為は完了しています。

助動詞が紛らわしい動詞

近過去や大過去を作るときは助動詞に avere を使うか，essere を使うかが問題となります。「…を」という直接目的語が必要な他動詞には avere，「発生」や「存在」を表す自動詞には essere というのが，おおまかな規則ですが，表現する内容によって avere と essere を使い分けなくてはならない動詞もあります。

走る／跳ぶ／上る／下る
correre（過去分詞は corso）
・「走る」という動作や比喩的表現⇒ avere
　Ieri sera mia sorella ha corso per un'ora nel parco: ha deciso di

dimagrire.　　　昨晩,姉は公園を一時間走った。やせる決心をしたのだ。
Siamo arrivati in ritardo e abbiamo corso il rischio di perdere il treno.　　　私たちは遅れて到着して,列車を逃す危険をおかした。
- 走る方向,目的を表す表現⇒ essere

Eravamo in giardino, ma quando abbiamo sentito il telefono siamo corsi in casa.　　　私たちは庭にいたが,電話が聞こえたとき,家へ走った。

Ieri sera mio cugino è corso all'aeroporto per salutare degli amici.
　　　昨晩,いとこは友達を見送りに,空港へ急いだ。

Quando ha saputo che Marco era all'ospedale, suo padre è corso a trovarlo.　　　マルコが病院にいると知ったとき,父親は彼に面会しようと走った。

saltare

- 「…を(直接目的語)跳ぶ」という動作や比喩的表現⇒ avere

L'atleta ha saltato l'ostacolo con stile perfetto.
　　　選手は完璧な方法で,障害を跳んだ。

Ieri sera non avevo fame : ho saltato la cena.
　　　昨夜はおなかがすいていなかった。夕食を抜いた(飛ばした)。

- 跳ぶ方向を表す表現⇒ essere

Dopo aver mangiato una nocciolina, lo scoiattolo è saltato sull'albero.　　　クルミを食べたあと,リスは木の上へ跳んだ。

salire

- 「…を(直接目的語)上る」という動作を表現⇒ avere

Il vecchio ha salito i gradini con il bastone.
　　　老人は杖をつきながら階段を上った。

Mi è venuto il fiatone perché ho salito le scale.
　　　階段を上ったので,息が切れた。

- 上る方向を表現⇒ essere

L'ascensore era rotto, così noi siamo saliti a piedi.
　　　エレベーターが壊れたので,私たちは歩いて上った。

scendere

- 「…を(直接目的語)降りる,下る」という動作を表現⇒ avere

L'ubriaco ha sceso le scale barcollando.

酔っ払いは，ふらふらしながら階段を降りた。
- 下る方向を表現⇒ essere

L'ubriaco è sceso per le scale barcollando.
酔っ払いは，ふらふらしながら階段で降りた。

Il gatto è sceso dalla poltrona, quando mi ha sentito.
猫は，私の物音を聞いたとき，ソファから降りた。

Abbiamo visto l'incidente dalla finestra e siamo immediatamente scesi in strada.
私たちは窓から事故を目にし，すぐに道へ降りた。

他動詞のときもあれば自動詞のときもある動詞は，他動詞（直接目的語「…を」がある）⇒ avere, 自動詞（直接目的語がない）⇒ essere となります。

aumentare
- 「…を（直接目的語）増やす，上げる」他動詞⇒ avere

I negozianti hanno aumentato il prezzo della carne.
商店主たちは，肉の値段を上げた。

- 「…が増える，上がる」自動詞⇒ essere

Ultimamente i prezzi sono aumentati.　　最近，物価が上がった。

cambiare
- 「…を（直接目的語）替える，変える」他動詞⇒ avere

Ieri ho cambiato le ruote della macchina.
昨日，僕は車のタイヤを替えた。

- 「…が変わる」自動詞⇒ essere

Il suo numero di telefono è cambiato.　　彼(彼女)の電話番号が変わった。

bruciare
- 「…を（直接目的語）燃やす，焼く」他動詞⇒ avere

Dopo aver lasciato il fidanzato, Anna ha bruciato tutte le sue lettere.　恋人と別れた後，アンナは手紙を全部燃やしてしまった。

- 「…が燃える，焼ける」自動詞⇒ essere

Purtroppo la casa è bruciata completamente.
残念なことに，家は完全に焼けてしまった。

affondare

- 「…を(直接目的語)沈める」他動詞⇒ avere

  Per non cadere in mano ai nemici, il capitano ha affondato la nave.

  敵の手に落ちないように，船長は船を沈めてしまった。

- 「…が沈む」自動詞⇒ essere

  Il Titanic è affondato nel 1912 con mille passeggeri a bordo.

  タイタニック号は1912年に，千人もの旅客を乗せたまま，沈んでしまった。

affogare/annegare

- 「…を(直接目的語)溺れさせる」他動詞⇒ avere

  Ho visto una scena crudele: un bambino ha affogato un gatto nell'acqua del lago.

  悲惨な場面を見てしまった。子どもが湖に猫を溺れさせたのだ。

- 「…が溺れる」自動詞⇒ essere

  L'anno scorso è successo un fatto tragico: dodici bambini sono affogati in un fiume durante un viaggio in canoa.

  昨年，悲劇が起こった。子どもたちが12人，カヌー下りの最中に川で溺れたのだ。

trascorrere

- 「時を過ごす」他動詞⇒ avere

  Abbiamo trascorso una notte in montagna.

  私たちは山で一夜を過ごした。

- 「時が経つ」自動詞⇒ essere

  Gli anni dell'università sono trascorsi velocemente.

  学生時代は，すばやく過ぎてしまった。

passare

- 「渡る，過ごす」他動詞⇒ avere

  L'estate scorsa abbiamo passato una bella vacanza.

  去年の夏，私たちはすてきなヴァカンスを過ごした。

- 「過ぎる，通る，立ち寄る」自動詞⇒ essere

  Il tempo è passato velocemente.　時間は速く経ってしまった。

  Per andare da Ancona a Milano, i viaggiatori sono passati da Bologna.　アンコーナからミラノへ行くのに，乗客はボローニャを通った。

Ti è passata l'influenza ?　　インフルエンザは(君に)通り過ぎた(治った)？
Siamo passati da casa tua, ma tu non c'eri.
　　(私たちは)君の家へ立ち寄ったが，君はいなかった。

前置詞とも組み合わせてマスターしましょう。
cominciare
・「…を(直接目的語)始める」他動詞⇒ avere
　Ieri il professore ha cominciato la lezione in ritardo.
　　昨日，教授は授業を遅れて始めた。
※cominciare＋a＋不定詞
　La settimana scorsa il professore ha cominciato a spiegare l'uso degli ausiliari.
　　先週，教授は助動詞の使い方について説明を始めた。
・「…が始まる」自動詞⇒ essere
　Questa mattina la lezione è cominciata in ritardo.
　　今朝，授業に遅れて始まった。

continuare
・「…を(直接目的語)続ける」他動詞⇒ avere
　Marco non si è lasciato interrompere e ha continuato tranquillamente il suo lavoro.
　　マルコは介入に妨げられず，仕事を落ち着き払って続けた。
※continuare＋a＋不定詞
　Io gli ho chiesto di smettere, ma lui ha continuato a fumare tutta la sera.　彼にやめてくれるように頼んだが，彼は一晩中，タバコを吸い続けた。

finire
・「…を(直接目的語)終える」他動詞⇒ avere
　Anna ha finalmente finito la tesi.　アンナはとうとう論文を(書き)終えた。
※finire＋di＋不定詞
　Abbiamo finito di mangiare molto tardi ieri sera.
　　(私たちは)昨夜，とても遅くに食事を終えた。
・「…が終わる」自動詞⇒ essere
　I lavori in casa sono finiti la settimana scorsa.

家の工事は，先週終わった。

> とくに注意すべき動詞

「移動」を示すようでも，助動詞に avere を用いる動詞があります。目的語の有無に注意しましょう。

frequentare「…へ通う」（他動詞。「…へ」は直接目的語となる）
 Adesso frequento l'università per studiare filosofia.
  今は，哲学を学びに私は大学へ通っている。
 Ho frequentato l'università per 4 anni. 私は四年間，大学へ通った。
・frequentare＋人
 Frequento Marco da tanti anni.
  私は何年も前からよくマルコとつきあっている。

passeggiare「散歩する」（avere を用いる自動詞）
 Abbiamo passeggiato nel parco prima di andare in centro.
  私たちは中心街へ行く前に，公園を散歩した。

そのほか camminare「歩く」viaggiare「旅行する」nuotare「泳ぐ」なども助動詞に avere を用います。

> 練習

① Quella notte quando ho sentito la voce di Luca, _____ alla porta per accoglierlo.
 (a) sono corsa   (b) ho corso
 (c) abbiamo corsi   (d) siamo corso

② _____ tanto per prendere il treno.
 (a) Ha corsa   (b) Ho corso
 (c) Siamo corso   (d) Siete corso

③ I bambini _____ la corda.
 (a) sono saltate   (b) sono saltati
 (c) hanno saltato   (d) hanno saltati

④ _____ le lezioni d'italiano due volte.
   (a) Siamo dovuto saltare   (b) Siamo dovuti saltare
   (c) Abbiamo dovuti saltare   (d) Abbiamo dovuto saltare

⑤ Il gatto _____ sul divano.
   (a) ha saltato   (b) è saltato
   (c) ha salto   (d) è salto

⑥ _____ i gradini dell'autobus con molta attenzione, perché sentivo un dolore forte alla schiena.
   (a) Ho salito   (b) Sono salito
   (c) Abbiamo salitato   (d) Siamo salitati

⑦ _____ fino al quinto piano correndo.
   (a) Siamo dovuto salire   (b) Abbiamo dovere salire
   (c) Siamo dovuti salire   (d) Abbiamo dovuti salire

⑧ _____ dall'autobus davanti a quel palazzo.
   (a) Siamo sceso   (b) Abbiamo sceso
   (c) Sono sceso   (d) Ho sceso

⑨ _____ le colline con i cani durante la notte.
   (a) Siamo sceso   (b) Siamo scesi
   (c) Ho scese   (d) Ho sceso

⑩ Come _____ le vacanze ?
   (a) sei trascorso   (b) hai trascorso
   (c) siete trascorse   (d) avete trascorse

⑪ La mia vacanza _____ troppo velocemente.
   (a) è trascorso   (b) è trascorsa
   (c) ha trascorso   (d) ha trascorsa

⑫ _____ il sale a mia madre.
   (a) Sono passato   (b) Sono passata
   (c) Ho passato   (d) Ho passata

⑬ _____ una settimana sull'isola a causa di un tifone fortissimo.

(a) Siamo dovuto passare　　(b) Siamo dovuti passare
　　(c) Abbiamo dovuto passare　　(d) Abbiamo dovuti passare

⑭ ＿＿＿＿ da Anna tornando dalla scuola.
　　(a) Ho passato　　(b) Ho passata
　　(c) Sono passata　　(d) Siamo passato

⑮ Ieri ＿＿＿＿ il mal di testa anche se avevo preso un forte antidolorifico.
　　(a) non mi è passata　　(b) non mi è passato
　　(c) non mi ha passata　　(d) non mi ha passato

解答と解説

① — (a)　「あの晩，ルカの声を聞いたとき，私は彼を迎えにドアへ走っていった。」
　「ドアへ」と方向が示されているので，essere を使います。なお，correre の過去分詞 corso の語尾は主語の性・数に応じて -o / -a / -i / -e と変化するので，siamo cors**i** / cors**e** となります。

② — (b)　「電車に乗るために，とても走った。」
　方向が示されていないため，助動詞は avere です。その場合，過去分詞の語尾は変化しません。

③ — (c)　「子どもたちは縄跳びをした。」
　「縄を」という直接目的語があるので，助動詞は avere です。その場合，過去分詞の語尾は変化しません。

④ — (d)　「私たちは二回，イタリア語の授業を飛ばさなければならなかった（欠席しなければならなかった）。」
　le lezioni d'italiano が直接目的語になっています。助動詞に avere を用いた場合，dovere の過去分詞 dovuto の語尾は変化しません。

⑤ — (b)　「猫はソファの上に飛び上がった。」
　「ソファの上に」と方向が示されているので，助動詞は essere。saltare の過去分詞は saltato で，salto は「跳躍」（名詞）です。

⑥ — (a)　「腰がひどく痛かったので，私はバスのステップをとても注意深く上がった。」
　i gradini dell'autobus が直接目的語なので，avere を用います。過

去分詞 salito の語尾は変化しません。

⑦ ─ (c) 「私たちは五階まで，走って上がらなければならなかった。」
「五階まで」と方向が示されているので，essere。dovere の過去分詞 dovuto の語尾は，主語の性・数に応じて変化します。

⑧ ─ (c) 「あの建物の前で，私はバスから降りた。」
乗り物から降りる場合，助動詞は essere です。

⑨ ─ (d) 「夜に，私は犬たちと丘を降りた。」
le colline「丘を」が直接目的語なので，助動詞は avere。過去分詞は変化しません。

⑩ ─ (b) 「休暇をどう過ごした（休暇はどうだった）？」
le vacanze「休暇」という直接目的語があるので，助動詞は avere。過去分詞は変化しません。

⑪ ─ (b) 「私の休暇は，とても早く過ぎてしまった。」
直接目的語がないので，助動詞は essere。主語 la mia vacanza は女性名詞単数なので，過去分詞の語尾は -a です。

⑫ ─ (c) 「私は塩を母へ渡した。」
il sale「塩」という直接目的語があるので，助動詞は avere。過去分詞は変化しません。

⑬ ─ (c) 「大型の台風のせいで，私たちは島で一週間過ごさなければならなかった。」
una settimana「一週間」が直接目的語になり，助動詞は avere。過去分詞は変化しません。

⑭ ─ (c) 「学校から帰る途中，私はアンナのところに寄った。」
直接目的語がないので，助動詞は essere。「da＋人の名前」で「…さんのところに」です。過去分詞の語尾に注意してください。

⑮ ─ (b) 「よく効く鎮痛剤を飲んだのに，昨日は頭痛が消えなかった。」
non mi è passato il mal di testa の主語は il mal di testa（男性名詞単数）。直接目的語がないので，助動詞は essere。過去分詞の語尾に注意してください。

第5章 直説法の未来時制
── 単純未来，前未来

未来には，**単純未来**と**前未来**があります。

単純未来は，未来の動作・状態を表すのはもちろんのこと，現在のことでも推測の域を出ないことを表現するのに使われます。

前未来は，未来のある時期より前に完了してしまっていると考えられる動作・状態を表現します。「未来のある時期」という基準点は，単純未来や副詞，前後の文のニュアンスで表されます。

前未来＝avere, essere の単純未来＋過去分詞

◀変化▶

	mangiare		andare	
io	avrò		sarò	
tu	avrai		sarai	andato/a
lui/lei	avrà	mangiato	sarà	
noi	avremo		saremo	
voi	avrete		sarete	andati/e
loro	avranno		saranno	

① 単純未来と前未来の組み合わせ

　Usciremo quando avrà smesso di piovere.

　　　雨がやんだら，出かけよう。

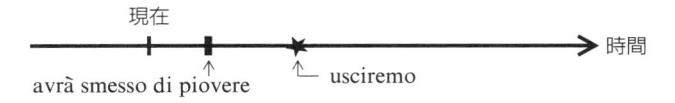

```
                 現在
  ─────┼──────┼────★─────────────→ 時間
              ↑     ↑─ usciremo
       avrà smesso di piovere
```

Appena sarò arrivato a Milano, ti telefonerò.
    ミラノへ着いたらすぐに，電話するよ．

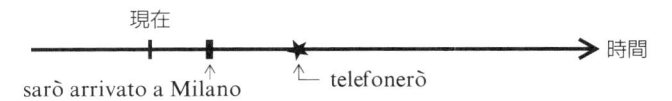

```
              現在
    ├─────────┼───┼──────★─────────────────→ 時間
         sarò arrivato a Milano    ↑
                              telefonerò
```

②憶測・想像の域を出ない過去のこと（通常は近過去）

Saranno usciti : al telefono non risponde nessuno.
    彼らはきっと出かけたのだろう。電話には誰も出ない。

Sarò andato via da casa di Marco verso le dieci.
    私がマルコの家を出たのは，10時頃だっただろう．

Forse avrò sbagliato io.
    おそらく私が間違えたのでしょう．

③過去の明白な事実や確信のあることについて，断定的でなく，語調を緩和して表現（通常は近過去）

— Non mi hai detto così ?
    私にそう言わなかった？

— No. Mi sarò spiegato male.
    いや．私の説明不足だったかもしれない．

> 練習

① Anna, quando _____ di guardare il telegiornale, _____ a fare le valigie, va bene ?
    (a) avevo finito / ti aiuterò   (b) ho finito / ti aiuterò
    (c) avrò finito / ti aiutavo   (d) avrò finito / ti aiuterò

② _____ sicuramente la sua mancanza dopo che Federica _____ per la Spagna.
    (a) Sentivo / partirà   (b) Ho sentito / partirà
    (c) Sento / sarà partita   (d) Sentirò / sarà partita

③ _____ veramente convinti quando _____ il problema.
    (a) Saranno / gli avrete spiegato
    (b) Sarebbero / gli avevate spiegato

    (c) Sono / gli aveste spiegato
    (d) Erano / gli avreste spiegato

④ Dopo che _____ a casa tua _____ bene la situazione.
    (a) siamo arrivati / ti avevo spiegato
    (b) siamo arrivati / ti avrò spiegato
    (c) saremo arrivati / ti spiegherò
    (d) saremo arrivati / ti spiegerò

⑤ Quando _____ la macchina _____ una motocicletta.
    (a) vendo / mi ho comprato   (b) venderò / mi comprerò
    (c) avrò venduto / mi comprerò (d) vendevo / mi compravo

⑥ Solo quando _____ questo tuo piatto _____ se sei un bravo cuoco.
    (a) assaggerò / potrò dirti   (b) assaggevo / potevo dire
    (c) avevo assaggiato / ti dicevo (d) avrò assaggiato / potrò dirti

⑦ _____ tranquilli solo dopo che _____ con l'avvocato.
    (a) Saremo / avremo parlato   (b) Saremo / avremmo parlato
    (c) Siamo / avevamo parlato   (d) Siamo / avessimo parlato

⑧ _____ appena _____ ?
    (a) Ci telefoniamo / sareste arrivati
    (b) Ci telefonerete / sarete arrivati
    (c) Ci avete telefonato / sarete arrivati
    (d) Ci telefoneremo / sareste arrivati

⑨ Dopo che _____ la spesa, _____ al cinema insieme.
    (a) avrò fatto / andremo   (b) ho fatto / saremo andati
    (c) faccio / siamo andati   (d) facevo / andiamo

⑩ I tuoi genitori _____ molto contenti dopo che _____.
    (a) sono stati / ti abbia laureato (b) erano / avessi laureato
    (c) saranno / ti sarai laureato   (d) sono / ti avevi laureato

⑪ Non c'è più vino ?   Allora _____ mio padre.

  (a) l'avessi bevuto   (b) l'avrà bevuto
  (c) l'abbia bevuto   (d) l'beveva

⑫ ― Ieri sera ti ho visto in centro.
  ― No, _____. Sono stato a casa tutta la sera.
  (a) ti sbagliassi   (b) ti sbagliavi
  (c) ti avrai sbagliato   (d) ti sarai sbagliato

解答と解説

① ― (d) 「アンナ，テレビニュースを見終わったら，荷造りを手伝うからね。いい？」
  「見終わって（完了する行為）」から「手伝う」という文意なので，前未来＋単純未来の組み合わせです。前未来は単純未来を基準にして，その前に完了する行為，動作を表します。

② ― (d) 「フェデリーカがスペインに旅立ってから，彼女がいないのを寂しく感じるだろう。」
  「彼女が旅立つ（完了する行為）」⇒「寂しくなるだろう」。前未来と単純未来を組み合わせます。(c)は単純未来で表されるべき基準が現在になってしまっているので，誤りです。

③ ― (a) 「あなたたちが彼らにその問題について説明すれば，彼らはほんとうに納得するでしょう。」
  時間的な前後関係は「問題を説明する」⇒「彼らが納得する」。avere の未来形は avrò, avrai, avrà, avremo, avrete, avranno。

④ ― (c) 「君の家に私たちが着いたら，よく状況を説明するよ。」
  「家に着く」⇒「説明する」。spiegare の未来形には spiegherò, spiegherai, spiegherà, spiegheremo, spiegherete, spiegheranno と，-h- が入ることに注意しましょう。

⑤ ― (c) 「車を売ったら，バイクを買おう。」
  「車を売る（前未来）」⇒「バイクを買う（単純未来）」。mi comprerò の不定詞は comprarsi（強意の再帰動詞）。

⑥ ― (d) 「あなたのこの料理を味見してからでないと，あなたが料理上手かどうかはいえないわ。」
  「味見する（完了する行為＝前未来）」⇒「意見を述べる（単純未来）」。solo quando「…してから，やっと」が，物事の起こる順番

を明らかにしています。
- ⑦ ― (a) 「弁護士と話した後で，ようやく私たちは落ちつくでしょう。」
solo dopo che ...「…した後でようやく」。
- ⑧ ― (b) 「あなたたちが到着したら，すぐに私たちに電話してくれる？」
- ⑨ ― (a) 「私が買物をすませてから，一緒に映画へ行きましょう。」
dopo che ...「…の後で」がポイントです。この文を過去にすると，
Dopo che avevo fatto la spesa, siamo andati al cinema insieme.
「私が買物をすませた後で，私たちは一緒に映画へ行った。」
- ⑩ ― (c) 「君が大学を卒業したら，ご両親はとても満足するでしょう。」
- ⑪ ― (b) 「ワインはもうない？ じゃあ，(おそらく)私の父が飲んだのだわ。」
通常なら近過去で表現できるところを，前未来にすると推測のニュアンスが入ります。
- ⑫ ― (d) 「昨日の晩，中心街で君を見かけたよ。」「いや，それは間違いだろう。僕は昨日の晩はずっと家にいたよ。」
断定を避けるために，通常ならば近過去で表現できるところを前未来にして，婉曲表現にします。

第6章 命令法

命令法とは，話し手が聞き手に命令しているという意味を表す動詞の形です。

◀直説法▶　Tu accetti il loro invito.　　　君は彼らの招待を受け入れる。
◀命令法▶　Accetta il loro invito !
　　　　　（君は）彼らの招待を受け入れろよ。（これは，親しい間柄で使う tu に対する命令です。-are 型動詞 accettare の二人称単数形）

このように，直説法とは異なる動詞の形を使って命令の意味を表します。この命令のための特別な形をまずしっかり覚えてください。さらに，実際に命令法を使うにはどのような点に注意しなければならないのかを見ていきましょう。

命令法の活用

まず規則的な活用から見ていきます。確実に覚えましょう。

◀命令法の規則活用▶

		-are	-ere	-ire	-ire (-isc- 型)
		accettare 受け入れる	scrivere 書く	sentire 聴く	finire 終える
単数	二人称(**tu**)	accett**a**	scrivi	senti	finisci
単数	三人称(**Lei**)	accetti	scriva	senta	finisca
複数	一人称(**noi**)	accettiamo	scriviamo	sentiamo	finiamo
複数	二人称(**voi**)	accettate	scrivete	sentite	finite

※命令法に三人称複数を入れることもありますが，3級のレベルではまず必要ないので，上の表で十分です。

複数(noi, voi)は，すでに覚えた直説法と同じですから簡単ですね。注意しなければならないのは，単数形です。-are 型動詞では二人称が **-a**，三人称が **-i** となるのに対して，他の型の動詞ではそれが逆になります。

　Scriv**a** più chiaramente, per favore !
　　もう少しはっきり書いてください。(Lei に対する命令)

※命令形である，ということを分かりやすくするために，感嘆符「!」を使ってありますが，これは必ず使わねばならぬものではありません。

　Sent**i**, che cos'è questo ?　　ねえ，ちょっと，これは何なの？(tu に対する命令)

直訳すると，「聞いてくれ」ですが，相手に話しかけるときに使う表現です。Lei に対して丁寧に言うなら Senta, ... となり，「ちょっとすみませんが，...」といった感じです(二人称複数 sentite は「みんな聞いてくれ」となります)。実際の会話で非常に頻度が高いし，活用をマスターすることにもなりますから，反射的に言えるようにこのまま覚えこむのがいいでしょう。

　Accettiamo il loro invito.　　彼らの招待を受け入れよう。(noi に対する命令)

これは noi に対する命令というよりは，むしろ勧誘といったほうが自然かもしれません。話し手と聞き手が一緒にやろう，ということです。

　Finite prima delle nove, per piacere.
　　どうか9時までに終えてください。(voi に対する命令)

このように，丁重に言うには per piacere または per favore などをつけます。こうなると，命令というよりは依頼と言ったほうがいいでしょう。

命令法は次のように強調のために主語を伴うことがあります。通常は主語を動詞の後に置きます。

　Decida Lei.　　　　　　あなたが決めてください。(decidere の三人称単数命令)
　Entrate anche voi !　　君たちも入りなよ。(entrare の二人称複数命令)

◀重要な不規則活用▶

	avere	essere
tu	abbi	sii
Lei	abbia	sia
noi	abbiamo	siamo
voi	abbiate	siate

3級のレベルで必要な不規則変化を挙げておきます。avere, essere については，直説法と同じ形になるのは一人称複数(noi)のみです。

	venire	andare	dare	fare	stare	dire
tu	vieni	va'(vai)	da'(dai)	fa'(fai)	sta'(stai)	di'
Lei	venga	vada	dia	faccia	stia	dica
noi	veniamo	andiamo	diamo	facciamo	stiamo	diciamo
voi	venite	andate	date	fate	state	dite

ここにあげた六つの動詞については，複数(noi, voi)は直説法と同じ形になります。(他に，vieni も直説法と同じ形です。)マークされている五つの欄の1音節となっている形に注目しておいてください(後で説明します)。

※命令法の不規則活用で重要なものはこれら以外にも数多くありますが，3級合格のために最低限必要なものを選んであります。絶対に覚えてください。

例題 I

Renato, _____ più lentamente. Non riusciamo a seguirti.
　(a) cammina　　(b) cammini　　(c) cammine　　(d) cammino

解答　(a)「レナート，もっとゆっくり歩いてくれ。(私たちは)君についていけないよ。」

Renato と名前で呼びかけていますから，二人称の tu に対応する形を使います。仮に，signor ... などの敬称で呼びかけているなら，下のように丁寧な Lei に対応する形を使います。

Signor Sellani, **cammini** più lentamente.
　　セッラーニさん，もっとゆっくり歩いてください。

6 命令法

> **例題 2**
>
> Vuole andare alla stazione ? Allora _____ l'autobus, è meglio.
>   (a) Prenda   (b) Prende   (c) Prendi   (d) Prendesi

解答 (a) 「(あなたは)駅に行きたいのですか？ ではバスにお乗りなさい。その方がいい。」

まず最初に Vuole ... ? という Lei に対応する形で相手に問いかけていますから，prendere の命令形も三人称単数にします。

目的語代名詞との組み合わせ

代名詞と共に使うときには語順に注意しなければなりません。この規則もしっかり覚えてください。

> **代名詞をつけるとき：三人称単数(Lei)のときのみ動詞の前に置き，それ以外は動詞の後に直接くっつける。**

動詞 scusare「許す」の例で見てみましょう。命令形にすると，「許せ」＝「ごめんなさい」の意味になります。直接目的語の代名詞 mi をつけて，「私を許せ」という形にしてみましょう（もちろん，scusare は，mi をつけてもつけなくても「ごめんなさい」の意味で使えます）。

 Scusa**mi**.   (tu に対する命令，tu で話す親しい相手に謝るとき)
 Mi scusi.   (Lei に対する命令，Lei で話す間柄の相手に謝るとき)
 Scusate**mi**. (voi に対する命令，複数の人に謝るとき)

一人称複数(noi)の例は別の動詞で補っておきましょう。

  Aspettiamo**lo** ancora un po'. 彼をもう少し待とうよ。

三人称単数(Lei)を除いて，すべて代名詞を動詞に直接くっつけることを忘れないでください。Scusa mi. のように間をあけるのは誤りです（上の scusare の例は丸暗記してしまうのがいいでしょう。イタリア語会話の必須表現です）。

再帰代名詞や目的語代名詞の複合形でも同じ規則が当てはまります。

◀再帰代名詞▶ Svegliate**vi**!　　　目を覚まして！(voi に対する命令)
　　　　　　　Si svegli !　　　　目を覚ましてください！(Lei に対する命令)
◀複合形▶　　Presenta**mela**, per piacere.
　　　　　　　　どうか彼女を私に紹介してくれ給え。(tu に対する命令)
　　　　　　　Me la presenti, per favore.
　　　　　　　　どうか彼女を私に紹介してください。(Lei に対する命令)

代名詞的小詞 ne, ci, vi がある場合も同様です（ne は「di＋名詞」「…（場所）から」などの意味を表し，ci, vi は「a＋名詞」「…（場所）において」などの意味を表します）。再帰代名詞にさらに ne がついた andarsene「立ち去る，出て行く」で見てみましょう。

　　Se **ne** vada !　　　　出ていってください（帰ってください）！(Lei に対する命令)
　　Andiamo**cene**.　　　立ち去ろう（行ってしまおう）。(noi に関する命令・勧誘)

ここでもうひとつ覚えるべき重要な規則があります。先ほど不規則変化のところで見た，1音節になる形を思い出してください。

	andare	dare	fare	stare	dire
二人称単数(tu)	va'	da'	fa'	sta'	di'

この五つに代名詞・代名詞的小詞がつく時は，次のように語頭の子音を重ねます。実際の発音も当然長い子音になります（この五つは二人称単数ですから，動詞の後につけるのでしたね）。

　　Vattene !　　　出ていけ（帰ってくれ）！(tu に対する命令)
　　Dimmi.　　　　私に言いなさい（＝何だい？）！(tu に対する命令)
　　　　　　　　　　　（この表現は，友人に話しかけられた時の返事としてよく使います）

二重子音にならぬ例外が，間接目的語の gli です（gli は母音の間に挟まれているときは，二重に表記しなくても長い子音として発音されるからです）。

　　Da**gli**elo.　　　彼にそれをあげなさい。(tu に対する命令)

> 1音節になる上記の動詞5個（二人称単数）の後にくっつけるときは代名詞・代名詞的小詞の語頭の子音を二重にする（gli を除く）。

例題 3

Gianni, _____ quel foglietto lì, per piacere.
　(a) passa mi　　(b) passimi　　(c) passami　　(d) mi passa

解答　(c)「ジャンニ，どうか，そこにあるその紙を私に渡してくれ。」
ここは，Gianni と呼びかけていますから，tu に対する命令を使います（per piacere があるから Lei に対する丁寧な命令だ，と勘違いしている人はいませんか？）。仮に，signor ... などの敬称で呼びかけているなら，丁寧な Lei に対応する形を使います。
Signor Basso, mi **passi** quel foglietto lì, per piacere.

例題 4

— Signora, quanto formaggio vuole ?
— _____ due etti.
　(a) Mi danne　　(b) Dammine　　(c) Me ne dia　　(d) Diamene

解答　(c)「奥さん，チーズをどれくらいお望みですか？」「200 g ください。」
相手が Signora と呼びかけているので，こちらも Lei に対応する形を使うのが自然です。etto は100 g のことです。ここでは ne は「di formaggio」である，と考えるとわかりやすいでしょう。due etti di formaggio「チーズの200 g」仮に，tu に対応する形を使うなら，Dammene となります。

例題 5

Giovanna, che cos'è successo ? _____, per favore.
　(a) Dicimi　　(b) Dicimelo　　(c) Dimmelo　　(d) Me lo dici

解答　(c)「ジョヴァンナ，何が起こったんだ？　どうか，私にそれを言ってくれ。」
Giovanna と呼びかけていますから，tu に対する命令を使います。丁寧な Lei に対応する形を使うなら，Me lo dica となります。

否定の命令文

命令文の否定「…するな」にはnonを前につければいいのですが，注意することがあります。

> 二人称単数(tu)の否定命令文は「non＋不定詞」
> それ以外は，nonを肯定命令文の前につければよい。

順に見ていきましょう。まず二人称単数から。

　　Non aspettare !　　　待つな！(tuに対する命令　Non aspetta. は誤り)

代名詞・代名詞的小詞がある場合は，不定詞の前にも後にも置けます。

　　Non lo aspettare ! Non aspettarlo !
　　　　彼を待つな！(tuに対する命令　Non aspettalo は誤り)

このように不定詞の後に代名詞を続けるときはもちろん不定詞に結合します。
二人称単数(tu)以外(Lei, noi, voi)は，ただnonを前につければ否定の命令文になります。

　　Non lo aspetti.　　　彼を待たないでください。(Leiに対する命令)
　　È tardi. Non aspettiamolo.
　　　　もう遅い。彼を待つのはやめよう。(noiに関する命令・勧誘)
　　È tardi. Non aspettatelo.
　　　　もう遅い。彼を待つのはやめなさい。(voiに対する命令)

複数(noi, voi)の場合は，代名詞・代名詞的小詞を動詞の前に置くこともできます。

　　Non lo aspettiamo. / Non lo aspettate.

例題 6

Senta, _____ ancora a nessuno. Prima dobbiamo sapere le intenzioni del direttore.
　(a) non lo dica　　　　　　(b) non dicelo

(c) non dicalo   (d) non Lei lo dica

解答 (a)　「あの(ちょっと聞いてください)，それはまだ誰にも言わないでください。まず(私たちは)支配人の考えを知らなくてはなりません。」Senta という命令法の形を見て，これが Lei に対する命令の形である，と正確に把握することがまず必要です。(d)は語順が不自然です。

例題 7

Carla, non _____ Federico. Lui dice sempre sciocchezze.
  (a) ascolti   (b) ascolta   (c) ascoltare   (d) ascolte

解答 (c)　「カルラ，フェデリーコの言うことを聞かないように。彼はいつも馬鹿なことを言うんだから。」
これは Carla と呼びかけていますから，tu に対する否定命令の形を使います。

練習

① Mario, Gianni ha dimenticato di consegnare questo documento a Gina. Per favore _____ subito.
  (a) portaglielo   (b) portalelo   (c) gielo portare   (d) portarglielo

② Tiziana, _____ la borsa che ho messo sul tavolo !
  (a) mi da'   (b) mi dia   (c) da' mi   (d) dammi

③ Questo regalo non è per te. _____ !
  (a) Non toccalo   (b) Non lo tocchi
  (c) Non toccarlo   (d) Non toccarcelo

④ È tardi ! _____ !
  (a) Ti sbrigare   (b) Sbrighiti   (c) Sbrigiti   (d) Sbrigati

⑤ _____ calmo ! Bisogna agire a sangue freddo.
  (a) Sta   (b) Sti   (c) Stiamo   (d) Sta'

⑥ Signorina, se Lei sa la verità, _____ !
  (a) me la dici   (b) me la dica
  (c) dicamela   (d) me la dire

⑦ Come ? Non hai ancora lavato la macchina ? _____ subito !
   (a) Fa' lo   (b) Fallo   (c) Lo fare   (d) Lo fa'

⑧ Ragazzi, _____ i compiti entro questa settimana !
   (a) finisci   (b) finiscano   (c) finisciate   (d) finite

⑨ Gino, Antonella ha bisogno del libro che ti ha dato in prestito. _____ subito.
   (a) Restituiscaglielo   (b) Restituisciglielo
   (c) Glielo restituisci   (d) Le lo restituisci

⑩ Signorina, _____ bene ciò che Le dico.
   (a) ascolti   (b) ascolta   (c) ascoltare   (d) ascolte

⑪ _____ una domanda, professore ?
   (a) Permetta   (b) Permette   (c) Permesso   (d) Permetti

⑫ Se vuole, può prendere anche questo libro. Ma _____, per favore, perché ci tengo molto.
   (a) non lo perda   (b) non perdalo
   (c) non lo perdere   (d) non lo perde

⑬ Ragazzi, _____. Qui passa gente.
   (a) spostate voi   (b) vi spostate
   (c) spostavi   (d) spostatevi

⑭ Giovanna e Elena arrivano alla stazione alle 14.30. _____ a prenderle con la macchina.
   (a) Vada le   (b) Vagli   (c) Valle   (d) Vale

⑮ _____ quella piazza là, poi _____ la seconda traversa a sinistra.
   (a) Attraverse / prenda   (b) Attraversi / prenda
   (c) Attraversa / presa   (d) Attraverse / prende

⑯ Gianni, _____ anche la giacca. Fuori fa freddo.
   (a) ti metti   (b) mettiti   (c) mettati   (d) ti metta

⑰ Gianni, _____ a mano. È meglio usare il computer.
　　(a) non scrivi　(b) non scrivere　(c) scrivi　(d) non scriva

⑱ Se hai sonno, puoi andare a dormire, ma _____ prima delle 6. 30. Alle 7 arrivano gli ospiti.
　　(a) svegliarti　(b) svegliati　(c) ti sveglia　(d) ti svegli

⑲ _____ pazienza, non _____ !
　　(a) Abbia / arrabbiarti　　(b) Hai / ti arrabbi
　　(c) Abbi / ti arrabbiare　　(d) Hai / arrabbiti

⑳ Signora, _____ qui, prego.
　　(a) si accomodi　(b) si accomoda　(c) accomodati　(d) accomodasi

㉑ Maria, ho dimenticato il passaporto. _____ all'aeroporto, per favore.
　　(a) Me lo porta　(b) Portamelo　(c) Melo porti　(d) Portimelo

㉒ Signora, se è libera stasera, perché non _____ da noi ?
　　(a) viena　(b) vieni　(c) viene　(d) venga

㉓ Qui non possiamo parlare tranquillamente. _____ in un altro posto.
　　(a) Andiamone　　(b) Andiamoci
　　(c) Ce ne andiamo　　(d) Andiamocene

㉔ Signorina, _____ qui il suo numero di telefono, per favore.
　　(a) scrivere　(b) scriversi　(c) scrivi　(d) scriva

㉕ Oggi arriva lo zio a Fiumicino, ma io sono troppo impegnato. _____ a prenderlo al posto mio.
　　(a) Vai ci tu　(b) Vallo tu　(c) Ci va' tu　(d) Vacci tu

㉖ Signor Bianchi, non _____ di impostare questa lettera.
　　(a) dimenticare　(b) dimenticarsi　(c) si dimentica　(d) si dimentichi

㉗ Sono sempre a vostra disposizione. _____ il giorno che _____ conviene.

(a) Scegliate / voi　　　　　(b) Scelgiete / voi
　　(c) Scelgate / vi　　　　　　(d) Scegliete / vi

㉘ Marco, non vedi che la signora ha una valigia pesantissima ?
　　_____ una mano !
　　(a) Dagli　　(b) Le da'　　(c) Dalle　　(d) Gli dia

解答と解説

① ― (a)　「マリオ，ジャンニはこの書類をジーナに渡すのを忘れてしまったんだ。どうか，すぐに彼女にそれを持っていってくれ。」
　　Mario と呼びかけていますから，tu に対応する形を選びます。「彼女にそれを」は glielo で表します。

② ― (d)　「ティツィアーナ，（僕が）テーブルの上に置いたそのカバンをとってくれ。」

③ ― (c)　「これは君へのプレゼントではないよ。それにさわらないで。」
　　per te とあるので，tu に対する否定命令だとわかります。(b)は Lei に対応する形としては文法的に正しいのですが，ここでは不適切です。

④ ― (d)　「遅くなった。急げ！」
　　再帰動詞 sbrigarsi の二人称単数(tu)に対する命令。

⑤ ― (d)　「落ち着きなさい。冷静に行動する必要があります。」
　　ここでは，tu に対する命令 Sta' を使います。Lei に対応する正しい形 Stia は選択肢の中にありません。ここでは動詞 bisognare は不定詞句 agire a sangue freddo「冷静に行動すること」を主語としています(Lei が主語で「あなたは…する必要がある」という意味だ，と勘違いした人はいませんか？)。

⑥ ― (b)　「お嬢さん，もしあなたが真実を知っているなら，私にそれを言ってください。」
　　Signorina という敬称を使っていますから，Lei に対応する形にします。

⑦ ― (b)　「何だって？　まだ車を洗っていないのか？　すぐにそれをやれ！」

⑧ ― (d)　「みなさん，宿題を今週中に終わらせなさい。」

⑨ ― (b)　「ジーノ，アントネッラは，（彼女が）君に貸してあげた本を必要としている。すぐに彼女にそれを返しなさい。」

restituire「返す」は -isc- 型の -ire 動詞です。
⑩ ― (a) 「お嬢さん，(私が)あなたに言うことをよくお聞きなさい。」
⑪ ― (b) 「質問をひとつお許しいただけますか，先生？」
これは意地悪問題です。命令法ではなく，直説法の疑問文なのです (動詞 permettere)。文末の疑問符「？」を見落とさないようにしてください。仮に，疑問符をとり除いて，Lei に対する命令文を作るとすれば，(a)の形が正しくなります。
Permetta una domanda, professore.
　　「先生，質問をひとつお許しいただきたい。」
⑫ ― (a) 「もしお望みなら，この本も持っていっていいですよ。しかしどうかそれをなくさないでください。なぜなら，(私は)それを非常に大切にしていますから。」
Se vuole ... と言っているので，丁寧な Lei に対応する形を使います。tenerci は代名詞的小詞 ci を使った重要表現で，「大事にする」ということです。
⑬ ― (d) 「みんな，どきなさい。ここは人が通るから。」
再帰動詞 spostarsi「動く，どく」。
⑭ ― (c) 「ジョヴァンナとエレナは午後2時半に駅に着く。(君は)彼女たちを車で迎えに行きなさい。」
andare a prendere ...「…を迎えに行く」。この言い方では，直接目的語の代名詞を置くときに二通りのやり方があります(すでに第2章「目的語になる代名詞」で扱いましたが，もう一度繰り返しておきます)。
(I) Vai a prender**le**. ＝ (II) **Le** vai a prendere.
　　「(君は)彼女たちを迎えに行く。」
この問題の解答では(II)のやり方を命令形にしているわけです。(I)のやり方を命令形にすると，Va' (Vai, Va) a prenderle. となります。すべての言い方で(II)のような代名詞の位置が可能なわけではありませんが，この andare a＋不定詞「…しに行く」という言い方ではほぼ常に(I)と(II)の両方が可能です。間違いのない安全なやり方はもちろん(I)です。
⑮ ― (b) 「あそこにある広場を横切りなさい。そして二番目の道を左に曲がりなさい。」
tu に対する命令にするか，Lei に対する命令にするか，統一しなけ

ればなりません。ここでは(b)にするとLeiに対する命令で統一できます。attraversare＝-are動詞。prendere＝-ere動詞。

⑯ ― (b) 「ジャンニ，ジャケットも着なさい。外は寒いから。」
再帰動詞 mettersi「着る」。

⑰ ― (b) 「ジャンニ，手で書くなよ。パソコンを使ったほうがいい。」
scrivere a mano「手書きで書く」。

⑱ ― (b) 「もし君が眠いなら，眠りに行ってもいいよ。でも6時半までには起きなさい。7時にお客さんたちが着くから。」
Se hai sonno というtuに対応する形を使っています。再帰動詞 svegliarsi「起きる」。

⑲ ― (c) 「我慢してくれ(＝忍耐力を持ってくれ)。怒らないでくれ。」
全体を二人称単数(tu)に対する命令にします。avereの命令形は重要です。

⑳ ― (a) 「奥さん，どうぞ，こちらにお座りください。」
再帰動詞 accomodarsi「座る」。

㉑ ― (b) 「マリア，（私は）パスポートを忘れた。空港まで私にそれをどうか持ってきてくれ。」

㉒ ― (c) 「お嬢さん，あなたが今夜おひまなら，なぜ私たちのところに来ないのですか？（＝私たちのところにいらっしゃい）」
これはちょっと意地悪な問題です。perché non ... という形式の誘い方もあります。「なぜ…しないのですか？」＝「…しましょうよ」。これは文法的には命令文ではなく疑問文です。だから当然命令形は使いません。

㉓ ― (d) 「ここでは（私たちは）落ち着いて話せない。どこか別のところへ行こう。」
再帰代名詞と，代名詞的小詞 ne がついた動詞 andarsene「出発する，立ち去る」は非常によく使われます。

㉔ ― (d) 「お嬢さん，ここにあなたの電話番号をお書きなさい。」

㉕ ― (d) 「今日叔父がフィウミチーノ空港に着くが，私はあまりに忙しい。君が私の代わりにそこに彼を迎えに行きなさい。」
andare a prendere ...「…を迎えに行く」という構文については上の⑭ですでに説明しました。(b)については Vallo a prendere tu という形なら正しいのですが，直接目的語の代名詞 lo「彼(叔父)を」が prenderlo にも現れているので重複してしまいますから不適当。

Vallo a prendere al posto mio. とすると正しくなります。(a)(b)(c) は vai と ci (代名詞的小詞「そこに」)を一緒に使っています。命令形にするなら Vacci という語順でなければなりませんし、直説法なら Ci vai でなければなりませんから、唯一正しいのは(d)になります。

㉖ — (d) 「ビアンキさん、この手紙を投函するのを忘れないでください。」
再帰動詞 dimenticarsi の三人称単数 (Lei) 否定命令。Dimenticarsi di ＋不定詞「…するのを忘れる」。

㉗ — (d) 「(私は)いつでもあなた方のお役に立ちますよ。あなた方にとって都合のよい日を選んでください。」
essere a disposizione di ... 「…の意思にしたがう、…の思い通りになる」。ここでは di ＋名詞ではなく vostra disposizione という形にしています。よく使う表現ですからぜひ覚えましょう。scegliere の命令形は不規則で、(tu) - scegli, (Lei) - scelga, (noi) - scegliamo, (voi) - scegliete となります。つまり、(Lei) - scelga 以外は直説法と同じです。convenire は間接目的語をとり、「…にとって都合がよい」という意味です。

㉘ — (c) 「マルコ、奥さんが非常に重いカバンを持っているのが見えないのか？ 彼女に手を貸しなさい。」
dare una mano「手を貸す、手伝う」。これにさらに「a＋名詞」または間接目的語の代名詞を加えて、誰に手を貸すのか、を示すことができます。ここでは奥さんに手を貸すのですから le「彼女に」とするべきです。

第 7 章　条件法

条件法

今までに，直説法・命令法という二つの動詞の形をみてきました。ここではもうひとつの形「条件法」を学びましょう。条件法は，事実として述べるのではなく，可能性として述べるときに使います。

◀直説法▶　　　Tu **fai** questo.　　君はこれをする。
◀命令法▶　　　Fai questo !　　（君は）これをやりなさい。
◀条件法▶　　　Al tuo posto io **farei** in un altro modo.
　　　　　　　　　君の立場だったら私は別の方法でやるだろう。

このように，「私は別の方法でやる」というのは，あくまで「私が君の立場だったら」という仮定を前提とした「可能性」を意味しており，現実を述べているのではありません。上で見たのは，条件法現在形ですが，次のように過去形もあります（形は近過去 ho fatto, ... によく似ています）。

◀条件法過去▶　Al mio posto cosa **avresti fatto** ?
　　　　　　　　　私の立場だったら君はどうしていたかね？
◀条件法過去▶　Io **avrei fatto** così.　　私ならこうしていたでしょう。

質問された方もこのように条件法過去形を使って説明することになります。しかし，タイムマシンでもない限り，時間を過去にさかのぼってそうやってみるわけにもいきませんから，この条件法過去形は「可能性」というよりは過去の「非現実」を表している，というべきでしょう。また，条件法過去形が現在・未来に関して使われると，それは実現「不可能」であることを表します。

◀条件法過去▶　Domani devo andare da mia madre, altrimenti **avrei fatto** volentieri questa gita con voi.
　　　　　　　　　明日は母のところに行かなければならないんだ。そうでなければ

喜んで君たちとこのピクニックに行くんだけど。

> **条件法現在** ─ 現在・未来における可能性
> **条件法過去** ─ 現在・未来における不可能，または過去における非現実

条件法の現在と過去の使い分けには難しい面もあり，もちろんこれだけで説明し尽くしているわけではありませんが，とりあえずのまとめとして，まずこのように覚えておきましょう。意味が大体わかったところで，今度は形をみてみます。

条件法の活用

条件法の活用は，未来形の活用に似ているところがあります。ですから，未来形をしっかりと覚えていれば覚えやすいのですが，逆にいえば，未来形と混同しやすくもあります。気をつけてください。

◀条件法の規則活用▶

		-are	-ere	-ire
		comprare 買う	prendere 取る	preferire より好む
単数	一人称(**io**)	comprerei	prenderei	preferirei
	二人称(**tu**)	compreresti	prenderesti	preferiresti
	三人称(**lui/lei**)	comprerebbe	prenderebbe	preferirebbe
複数	一人称(**noi**)	compreremmo	prenderemmo	preferiremmo
	二人称(**voi**)	comprereste	prendereste	preferireste
	三人称(**loro**)	comprerebbero	prenderebbero	preferirebbero

-are 型と -ere 型の語尾は同じになります(未来形の活用と同様です)。
-care, -gare, -ciare, -sciare, -giare で終わる動詞の場合は，綴り字に少し変更を加えます(この点も未来形の活用と同様です)。
例えば，動詞 giocare「遊ぶ」であれば，[ジョカーレ]という音を保つ

めに，綴り字 h を入れます：
　giocare ⇨ giocherei, giocheresti, giocherebbe, giocheremmo,
　　　　　　giochereste, giocherebbero
　（ここで，綴り字 h を入れないと，giocerei［ジョチェレイ］になってしまいます）
他の例：
pagare	支払う	⇨ pagherei, pagheresti, pagherebbe, ...
cominciare	始める	⇨ comincerei, cominceresti, comincerebbe, ...
lasciare	放置する	⇨ lascerei, lasceresti, lascerebbe, ...
mangiare	食べる	⇨ mangerei, mangeresti, mangerebbe, ...

もう気づいたかもしれませんが，条件法現在と未来形の違いは活用語尾だけです。規則動詞だけでなく，次に見るように不規則動詞でも，未来形の活用語尾を条件法の語尾に変えればよいのです。
例えば，一人称単数(io)では：

　　　　　　未来形　　　条件法　　　　　　　　　　　　未来形　　　条件法
avere　⇨　avrò　⇨　avrei　　　　　essere　⇨　sarò　⇨　sarei

このように，未来形と条件法は密接に関わっていますから，未来形の復習も忘れないでください。

◀重要な不規則活用▶

	avere	essere	andare 行く	venire 来る	stare いる
io	avrei	sarei	andrei	verrei	starei
tu	avresti	saresti	andresti	verresti	staresti
lui/lei	avrebbe	sarebbe	andrebbe	verrebbe	starebbe
noi	avremmo	saremmo	andremmo	verremmo	staremmo
voi	avreste	sareste	andreste	verreste	stareste
loro	avrebbero	sarebbero	andrebbero	verrebbero	starebbero

① potere のように，語尾の最初の母音がないパターンの動詞
（poterei としないように！）：

		io	tu	lui / lei	noi	voi	loro
potere	…できる	potrei	potresti	potrebbe	potremmo	potreste	potrebbero
dovere	…せねばならぬ	dovrei	dovresti	dovrebbe	dovremmo	dovreste	dovrebbero
vedere	見る	vedrei	vedresti	vedrebbe	vedremmo	vedreste	vedrebbero
vivere	生きる	vivrei	vivresti	vivrebbe	vivremmo	vivreste	vivrebbero
cadere	落ちる	cadrei	cadresti	cadrebbe	cadremmo	cadreste	cadrebbero
sapere	知っている	saprei	sapresti	saprebbe	sapremmo	sapreste	saprebbero

② venire のように，語尾を -rr- とするパターンの動詞：

volere	…したい	vorrei	vorresti	vorrebbe	vorremmo	vorreste	vorrebbero
tenere	保持する	terrei	terresti	terrebbe	terremmo	terreste	terrebbero
rimanere	とどまる	rimarrei	rimarresti	rimarrebbe	rimarremmo	rimarreste	rimarrebbero
porre	置く	porrei	porresti	porrebbe	porremmo	porreste	porrebbero
condurre	導く	condurrei	condurresti	condurrebbe	condurremmo	condurreste	condurrebbero

③ stare のように，-are 型動詞のようでありながら，語尾の母音を -e- に変えないパターンの動詞（sterei としないように！）：

stare	いる	starei	staresti	starebbe	staremmo	stareste	starebbero
dare	与える	darei	daresti	darebbe	daremmo	dareste	darebbero
fare	する	farei	faresti	farebbe	faremmo	fareste	farebbero

条件法過去の作り方

avere または essere の条件法現在＋過去分詞

これは近過去の作り方の原理と基本的に同じです。例えば，動詞 fare なら，助動詞として avere をとりますから，io avrei fatto, tu avresti fatto, ... となります。では動詞 venire ならどうなりますか？　助動詞として essere をとりますね。ですから過去分詞を主語に一致させねばなりませ

ん(近過去の場合と同様です)。io sarei venuto (venuta), tu saresti venuto (venuta), ... noi saremmo venuti (venute), ... となります。

例題 1

Mi piace moltissimo andare al cinema, ci _____ ogni sera.

 (a) andrei (b) anderei (c) andero (d) andaro

解答 (a)「私に映画を見に行くのが大好きだ。毎晩でも行きたいくらいだ。」
本当に毎晩映画に行くわけではありません。「できれば毎晩行きたい(くらい映画が好きだ)」というのです。ですからこのように条件法を使います。動詞 volere も入れて vorrei andare としても OK です。ci は「a＋名詞」ですから，ここでは al cinema を受けています。
ここでちょっと条件法以外のほかの形との比較をしてみましょう。
直説法現在▶ ci vado ogni sera.
   ⇨これは，実際に毎晩映画に行っている，ということです(現在の習慣を表します)。
直説法未来▶ ci andrò ogni sera.
   ⇨これから毎晩映画に行くぞ，という決意表明です。

例題 2

Scusa, mi _____ l'indirizzo di Carlo ?

 (a) daresti (b) deresti (c) avresti dato (d) darebbe

解答 (a)「ちょっと，カルロの住所を僕に教えてくれるかい？」
条件法の疑問文によって「…してくれますか？」という依頼をする言い方は非常によく使います。ここでは，直説法の疑問文 Mi dai ...? などももちろん使えます。条件法にしても意味はほとんど同じなのですが，条件法にすると，より間接的なやわらげた言い方になります。「(もし可能なら)…してくれるかい？」といった感じです。
ここでは冒頭で Scusa, と tu に対する呼びかけをしていますから，三人称の(d) darebbe は不適切です。

7 条件法

> **条件法現在** ― 口調がやわらげられる。
> （特に，相手に依頼するときによく使う）

3級検定のレベルでは，上のように「条件法現在は丁寧に依頼するときによく使う」と把握しておけば十分対応できます。さらによく似た条件法の用例を見ておきましょう。

　　Vorrei chiederti un favore.　　（僕は）君に頼みたいことがあるんだけど。

条件法を使うことにより，「もし許されるならば…」といったニュアンスが加わり，丁寧な感じになります。特に volere「…したい」の場合，直説法 (voglio) を使うと，自分の意思を強く主張する感じになってしまいます。

　　Dovresti studiare di più.　　（君は）もっと勉強しなければならないだろうね。

ここで直説法 (Devi) を使うと，「もっと勉強すべきだ！」という，ほとんど「命令」に近い強い言い方になります。条件法だと「助言」といったところでしょうか。

例題 3

_____ volentieri anch'io domenica scorsa, ma ero davvero molto impegnato.

(a) Sarei venuto　　　　(b) Avrei venuto
(c) Verrei　　　　　　　(d) Vorrei venuto

解答　(a)「前の日曜日には僕も喜んで来たかったのだけれども，本当に（僕は）すごく忙しかったんだよ。」
　　　これは上で説明した「過去における非現実」を表す条件法過去で，実際には来なかった，ということです。「…したかったんだけれども〜」というときは volere を入れることもできます（Avrei voluto … は非常によく使う表現です。覚えておきましょう）。過去の話なので (c) Verrei は不適当です。

例題 4

_____ anch'io un caffè con voi, ma ora non ho tempo.

(a) Prenderei　　(b) Prenderò　　(c) Avrei preso　　(d) Prendere

解答　(a) 「僕も君らと一緒にコーヒーを飲みたいのだけれども，いま時間がないんだ。」

例題 5

— Che ore sono ?
— Non lo so, perché non ho l'orologio, ma _____ le cinque.
　　(a) sarebbero　　(b) sono　　(c) sarà　　(d) saranno

解答　(d) 「今何時ですか？」「時計を持っていないので正確にはわかりませんが，（多分）5時ごろでしょう。」
　　　条件法の(a) sarebbero は不正解です。これは少し難しかったかもしれませんが，条件法と直説法未来形の意味を考えるにはいい問題です。ここでは直説法未来形でなければなりません。
　　　逆の考え方をしてみましょう。どのようなときに条件法 sarebbero le cinque. が使えるのでしょうか？
　　　例えば次の文脈です。「今は夏だけれども，**仮に冬だとすれば**，この太陽の傾き具合からしてもう**5時ごろだろう**。」このように，何らかの前提を仮定してそれに対する帰結（または可能性）を述べるのが条件法なのです。問題文の内容はそのようなものではなく，「恐らく今5時ごろだろう」という単なる推測を述べていますから，この場合は未来形を使います。また，「正確にはわかりませんが」とあるので，直説法の(b) sono は不適切です。

最後に，3級では過去にほとんど問題となっていないようですが，イタリア語をマスターするためには重要な条件法の用法を二つ挙げておきます（この二つについては 練習 に含めていませんが，一応理解しておいてください）。

伝聞を表す条件法 — 不確実な内容を伝える

この条件法は非現実を表しているというわけではなく，伝聞に基づいた確実ではない事柄を表しています（この例文では過去のことですからもちろん条件法過去が使われています）。

Secondo i giornali, ci sarebbero state molte vittime.
新聞報道によれば，多くの犠牲者が出たということだ。

過去未来を表す条件法過去

「過去未来」とは何でしょうか。例文を見ながら考えていきましょう。

Mario **dice** che Giulia **arriverà** alle due.
マリオは，ジュリアは2時に着く，と言っている。

```
          過去              現在              未来
    ────────┼───────────────┼───────────────┼────────→
                           dice           arriverà
                                          alle due
```

二つの動詞が出てきますね。**dice** は「今，マリオが言っている」ということで現在を表しています。そして「(2時に)着く」ということですから未来形の **arriverà** が使われています(ごく近い未来のことですから現在形 arriva でもいいでしょう)。では次の文はどうでしょうか。

Mario **ha detto** che Giulia **sarebbe arrivata** alle due.
マリオは，ジュリアは2時に着く，と言った。

```
          過去              現在              未来
    ────┼──────┼────────────┼───────────────┼────────→
     ha detto sarebbe arrivata
              alle due
```

ha detto が過去のことを表している，というのはいいでしょう。「2時に着く」というのは，**ha detto** の時点から見れば未来のことですが，現在(つまりこの文が発話された時点)から見ればすでに過去のことでしょうから，単純に，未来に属する，とはいえません。もうおわかりのように，**sarebbe arrivata** は「過去から見た未来」に属するのです。これが過去未来を表す条件法過去です。

仮に，マリオがそう言ったのがほんの少し前のことならば，「2時に着く」というのは現在から見ても未来のことかもしれません。その場合は未来形を使います。

Mario **ha detto** che Giulia **arriverà** alle due.

マリオは，ジュリアは2時に着く，と言った。

```
   過去        現在              未来
────┼──────────┼──────────────────┼──────────→
  ha detto                    arriverà
                              alle due
```

練習

① Scusi signora, mi _____ dov'è l'ufficio postale ?
 (a) diresti   (b) direi   (c) direbbero   (d) direbbe

② Secondo me, _____ meglio parlare subito con il direttore.
 (a) sarebbe   (b) saresti stato   (c) farebbe   (d) avresti fatto

③ Non _____ superare l'esame senza il tuo aiuto.
 (a) sarei potuto   (b) avrei potuto   (c) avrò   (d) sarò

④ _____ telefonarle stasera, ma non ho il suo numero.
 (a) Doverei   (b) Sarei dovuto   (c) Dovrei avuto   (d) Dovrei

⑤ _____ volentieri con te, ma sono arrivati i miei parenti da Napoli.
 (a) Avrei cenato   (b) Sarei cenato
 (c) Cenererei   (d) Avrò cenato

⑥ — Sono già venuti i tuoi parenti ?
 — No, _____ arrivare oggi, ma hanno rimandato la partenza.
 (a) doverebbero   (b) sarebbero dovuti
 (c) sarebbe dovuto   (d) dovremmo

⑦ Al posto tuo, non _____ con Claudio.
 (a) andare   (b) andrei   (c) andarei   (d) vai

⑧ La primavera scorsa _____ a Parigi in aereo, ma non avevo abbastanza soldi, quindi ho preso il treno.
 (a) vorrei andare   (b) andrei   (c) sarei andato   (d) avrei andato

⑨ Mi sono stufato dell'aria pesante di questa città. Mi _____

trasferirmi in campagna.
  (a) piacerei (b) piaccio (c) piacere (d) piacerebbe

⑩ Stasera _____ studiare, ma preferisco andare a cena fuori.
  (a) dovrei (b) doverei (c) sarei dovuto (d) ho dovere

⑪ — Ho sentito che hai cambiato casa.
  — No, _____, ma ci vogliono troppi soldi.
  (a) la cambiarei   (b) avrei voluto cambiarla
  (c) l'averei cambiata   (d) la vorrei cambiato

⑫ Questo appartamento è troppo rumoroso. _____ casa volentieri, ma non ho abbastanza soldi.
  (a) cambiererei (b) cambierò (c) cambieresti (d) cambierei

⑬ Enrico non può venire ? Peccato ! _____ cenare insieme.
  (a) Potremmo   (b) Avremmo potuto
  (c) Possiamo   (d) Poteremo

⑭ Quasi quasi _____.
  (a) me ne andrei   (b) me ne andassi
  (c) me ne sarò andato   (d) me ne andò

⑮ Ieri avevo già un impegno, altrimenti _____ con te.
  (a) sarei venuto (b) verrei (c) voglio venire (d) venirei

⑯ Domani _____ restare a casa, perché questa settimana ho lavorato troppo.
  (a) preferei   (b) preferirei
  (c) sarei preferito   (d) vorrei preferito

⑰ — A che ora arriva Paolo ?
  — Non lo so di preciso. _____ verso le tre.
  (a) Arriverebbe (b) Arriverà (c) Sarà arrivato (d) Arriva

⑱ — Quando è arrivato Paolo ?
  — Non lo so di preciso. _____ verso le tre.
  (a) Sarebbe arrivato   (b) Sarà arrivato

(c) È arrivato　　　　　　　(d) Arriverebbe
⑲ Alessandro, se sei libero domani, _____ tu a prendere lo zio alla stazione ?
　　(a) poteresti andare　　　　(b) potresti andresti
　　(c) avresti potuto andare　　(d) potresti andare

解答と解説

①―(d)「すみませんが，奥さん，郵便局がどこにあるか私に教えていただけませんか？」
　　Scusi signora と呼びかけていますから，Lei に対応する三人称単数の形を選びます。
　　このように条件法を使うと語調がやわらげられて丁寧な言い方になります。
②―(a)「私に言わせれば，すぐに支配人と相談したほうがいいだろう。」
　　「私の意見によれば」ということで，語調を緩和しています。Sarebbe meglio ... はよく使う表現です。
③―(b)「君の援助なしでは(私は)試験に合格しなかっただろう。」
　　過去の現実の反対を述べています。
④―(d)「(私は)今夜彼女に電話しなければならないのだが，彼女の電話番号を知らないのだ。」
　　この dovere の条件法現在は「本当は～しなければならないところだが…」という意味です。
⑤―(a)「君と喜んで夕食をとりたいところだが，今日はナポリから親戚が来ているんだ。」
　　cenare は avere をとりますから，(b)は不可。(c)は形が間違っています。(d)の前未来はこの文脈では使えません。
⑥―(b)「君の親戚たちはもう来たのかい？」「いいや，(彼らは)今日着くはずだったのだが，出発を延ばしたんだ。」
　　「本当は今日着くはずだったのだが(実際は着かなかった)」というのですから，条件法過去が適切です。この dovere は「…すべきだ」という意味ではなく，「…のはずだ」という意味です。
⑦―(b)「私が君の立場だったら，クラウディオと一緒には行かないだろうね。」

7 条件法

正しい条件法現在の形は(b)です。

⑧ ― (c) 「この前の春に飛行機でパリに行きたかったんだけれども，十分なお金がなかったので，電車に乗った。」
過去の現実の反対を表す条件法過去(c)を使います。

⑨ ― (d) 「(私は)この街のひどい空気にはうんざりした。田舎に引っ越せたらいいのになあ。」
実際にいま田舎に住んでいるわけではないので，あくまで可能性としての話です。

⑩ ― (a) 「(私は)今夜は勉強しなければならないが，でも外に夕食に行くほうがいい。」

⑪ ― (b) 「君は引っ越した，と(私は)聞いたよ。」「いいや，引っ越したかったんだけれども，それにはお金がかかりすぎるからね。」
(a)(c)は条件法の形が間違っています。(d)は，volere に過去分詞をつけてしまっています。
「…したかったんだけれども(実際はしなかった)」という意味の avrei voluto ... はぜひ覚えてください。

⑫ ― (d) 「このアパートはうるさすぎる。引っ越したいのはやまやまだけれども，(私には)十分なお金がない。」
正しい条件法一人称単数の形は(d)です。(b)の未来形は「引っ越すぞ！」ということですからもちろんここでは使えません。

⑬ ― (b) 「エンリーコは来られないんだって？ 残念だ。(私たちは)一緒に夕食をとることができただろうに。」
これは難しい問題です。(d)の形が間違っていることと，(c)の直説法がこの文脈では使えないことは簡単にわかると思いますが，(a)の条件法現在がなぜいけないのか，と思う人がいるかもしれません。エンリーコが来られないことはすでに明らかになったのですから，どうしても一緒に食事ができないことは完全に確定してしまっているわけです。ですから不可能を表す条件法過去(b)がここでは適切なのです。「…できるはずだったのだけれども(実際はできなかった)」という意味の avrei (avresti, ... avremmo, ...) potuto ... はよく使う表現です。

⑭ ― (a) 「(私は)そろそろ帰るとするか(立ち去ることにするか)。」
熟語 quasi quasi はよく条件法とともに使います。「…しようかな」という意味です。

⑮ — (a) 「昨日私にはすでに用事があった。さもなければ君と一緒に行っただろう。」
過去の現実の反対を表す条件法過去です。

⑯ — (b) 「(私は)明日には家にいるほうがいいんだけど，というのも今週は働き過ぎたからね。」
preferire は他動詞ですから，ここで助動詞に essere を使う(c)は間違いです。この preferire やあるいは volere のように，自分の希望・意思を述べる動詞は条件法にしてやわらげていうことがあります。

⑰ — (b) 「パオロは何時に着きますか？」「正確にはわかりませんが，(多分) 3 時ごろでしょう。」
これは例題 5 とほぼ同じパターンです。条件法と直説法未来形の意味の違いを把握するために，どのような文脈であれば条件法が使えるのかを考えてみましょう。つまり，何らかの前提条件がある場合です。例えば，「今は道路がすいている時期だからいいけれど，**仮に帰省ラッシュの時期だったら，着くのは 3 時ごろになるだろう。**」このような文脈であれば条件法 Arriverebbe を使います。

⑱ — (b) 「パオロは何時に着きましたか？」「正確にはわかりませんが，(多分) 3 時ごろでしょう。」
これは 3 級のレベルでは少し難しすぎるかもしれません。過去の事実に関する単なる推測を表す前未来です。上の問題と同じように，仮に何らかの前提条件があるのならば条件法過去(a)を使うことになります(92ページ参照)。

⑲ — (d) 「アレッサンドロ，もし明日用事がないなら，君が叔父さんを迎えに駅へ行ってくれないか？」
明日の件に関する依頼ですから，非現実を表す条件法過去の(c)はもちろん使えません。

第 8 章　関係代名詞

主語・直接目的語を表す che の用法

次のような二つの文①②を，関係代名詞 che を用いてひとつの文にまとめてみましょう。

① Ieri ho conosciuto un ragazzo. ＋ ② Lui suona molto bene la chitarra.
　　　昨日(私は)男の子と知りあった。　　　　　　彼は非常に上手にギターを弾く。

⇒ ③ Ieri ho conosciuto un ragazzo **che** suona molto bene la chitarra.
　　　　　　　　　　　　　　　　　　└─────── 関係詞節 ───────┘
　　　昨日，(私は)非常に上手にギターを弾く男の子と知りあった。

③の文全体の基本的な構造も①と同様に (io) ho conosciuto un ragazzo. です。直接目的語の ragazzo を修飾する関係詞節が加わって③になっています。関係詞節の中の構造は (un ragazzo) suona la chitarra. です。つまり，ここでは関係代名詞 **che** は関係詞節の中で主語を示す働きをしています。

上では，①の文を基本的な構造として，①②二つの文をつないでみました。今度は同じことを②の文を基本的な構造としてやってみましょう。すると④の文ができます。

⇒ ④ Il ragazzo **che** ho conosciuto ieri suona molto bene la chitarra.
　　　　　　　└──── 関係詞節 ────┘
　　　昨日，(私が)知りあった男の子は非常に上手にギターを弾く。

文全体の基本的な構造は②と同様に il ragazzo suona la chitarra. です。主語の ragazzo を修飾する関係詞節が加わって④になっています。関係詞節の中では関係代名詞 che は (io) ho conosciuto の直接目的語を示す働きをしています。

このように che は関係詞節の主語にも直接目的語にもなることができます。

これらの例文における ragazzo のように，関係代名詞の前にたち，関係

代名詞によって引き継がれる名詞(代名詞)のことを先行詞といいます。

主語・直接目的語を表す il quale (i quali, ...)の用法

前項では関係代名詞 che の用法を見ましたが，まったく同じことを関係代名詞 **quale** を用いて行うことができます。ただし，quale は文語的で硬い表現で，会話にはほとんど使われません。**quale** には定冠詞がつきます(次の例③′④′では男性単数の il がついています)。ご覧のように①②は上とまったく同じで，③′④′が少しだけ③④と違いますが，che が il quale に入れ替わっただけで，それ以外はまったく同じです。意味も変わりません。

① Ieri ho conosciuto un ragazzo. ＋ ② Lui suona molto bene la chitarra.
　　　　昨日(私は)男の子と知りあった。　　　　　彼は非常に上手にギターを弾く。

　　　　　　　　　　　　　　　　　　　　　── 関係詞節 ──
⇒ ③′ Ieri ho conosciuto un ragazzo **il quale** suona molto bene la chitarra.
　　　　昨日，(私は)非常に上手にギターを弾く男の子と知りあった。

　　　　　　　── 関係詞節 ──
⇒ ④′ Il ragazzo **il quale** ho conosciuto ieri suona molto bene la chitarra.
　　　　昨日，(私が)知りあった男の子は非常に上手にギターを弾く。

③′④′では関係詞節は男性単数名詞 ragazzo を修飾しています(つまり ragazzo は先行詞です)。実は **il quale** はそれにあわせて男性単数の形になっています。**修飾される名詞(先行詞)の性・数に合わせて下の表のように変化させねばならないのです。**

男性単数	男性複数	女性単数	女性複数
il quale	i quali	la quale	le quali

③′④′を少し変えてみましょう。

　　　　　　　　　　　　　　　　　　── 関係詞節 ──
⇒ ③″ Ieri ho conosciuto dei ragazzi **i quali** suonano molto bene la chitarra.
　　　　昨日，(私は)非常に上手にギターを弾く男の子たちと知りあった。(男性複数)

⇒ ④″ La ragazza **la quale** ho conosciuto ieri suona molto bene la chitarra.
　　　　　　　┗━━ 関係詞節 ━━┛
　　　昨日，（私が）知りあった女の子は非常に上手にギターを弾く。　　（女性単数）

> 主語・直接目的語としての che, il quale（i quali, ...）の用法のまとめ
> che は変化せず，定冠詞もつかない。
> quale は先行詞の性・数にしたがって変化し，常に定冠詞がつく。

ただし，quale は次のように先行詞があいまいな場合に使われるのがふつうなので，③′③″④′④″のような使い方は実際はまれです。

Ieri ho conosciuto il ragazzo di Maria **il quale** suona molto bene la chitarra.
　　　昨日私は非常に上手にギターを弾くマリーアのボーイフレンドと知りあった。
　　　（quale を使えば il quale となり，先行詞が Maria ではなく，il ragazzo だとはっきりわかる）

※英語では，「関係代名詞 who は人間についてのみ使用する」といった規則がありますが，イタリア語の che, quale にはそのような規則はありません。先に挙げた例では先行詞はすべて人間ですが，物であってもかまいません。

※日常的によく使われるのは che のほうです。quale は先に述べたように書き言葉向きの硬い言い方です。

※冠詞をつけない quale の用法も実はあるのですが，3級のレベルでは必要ないでしょうから省略します。

例題 1

Non voglio stare insieme alle persone ＿＿＿＿ parlano sempre male degli altri.

　(a) le quale　　(b) quali　　(c) che　　(d) i quali

解答　(c)　「（私は）いつも他の人たちの悪口をいう人たちと一緒にいたくない。」
　　　ここでは主語を示す関係代名詞を選びます。主語を示せるのは che です。quale も主語を表せますが，quale を使うときは定冠詞が必要ですから，(b)はいけません。また，先行詞は女性複数の persone ですから，(a)(d)は誤りです。

125

例題2

Il signore _____ ho salutato per strada mentre andavamo a scuola, è un vecchio amico di mio padre.

 (a) al quale (b) con quale (c) il quale (d) quale

解答　(c)　「(私たちが)学校に行く途中で(私が)挨拶した男性は，私の父の古い友人だ。」
　　　　動詞 salutare「挨拶する」は直接目的語をとります。ですから，まず前置詞がついている(a)(b)は使えません。また，(d) quale は，先行詞 signore(男性単数)に一致する定冠詞がついていないのでここでは不適当です。正解は直接目的語を示す il quale となります。選択肢にはありませんが che も正しい形です。

前置詞がある場合1 — il quale (i quali, ...) の用法

前項では，主語・直接目的語を示す関係代名詞の用法を見ました。ここでは前置詞がある場合を考えてみましょう。⑥の文には，parlare di ... 「…について話す」という前置詞を含む動詞句があります。⑤と⑥をあわせると⑦になります。

⑤ Ieri ho conosciuto una ragazza. ＋ ⑥ Tu mi avevi parlato di quella ragazza.
　　　昨日(私は)女の子と知りあった。　　　　　君はその女の子について私に話してくれた。

　　　　　　　　　　　　　　　　　├──────関係詞節──────┤
⇒ ⑦ Ieri ho conosciuto la ragazza **della quale** mi avevi parlato.
　　　昨日(私は)君が私に話してくれた女の子と知りあいになった。

⑦では関係代名詞 quale は例によって先行詞 ragazza にしたがって女性単数 la quale になっています。しかし，la quale としただけでは主語か直接目的語を示すことになってしまうので，前置詞の di が加わって **della quale** となっています(このように前置詞がある場合は che は使えません)。

別の前置詞が出てくる例を見ましょう。⑨の文には，con ... 「…から(習う)」という前置詞を含む表現があります。⑧と⑨をあわせると⑩に

なります。

⑧ Ieri ho incontrato un professore. ＋ ⑨ Io imparo l'italiano con quel professore.
　　昨日(私は)先生と出会った。　　　　　　私はその先生からイタリア語を習っている。

　　　　　　　　　　　　　　　　├──────── 関係詞節 ────────┤
⇒ ⑩ Ieri ho incontrato il professore **con il quale** imparo l'italiano.
　　　　昨日(私は)，(私が)イタリア語を習っている先生と出会った。

⑩では関係代名詞 quale はもちろん先行詞 professore に性・数が一致して il quale となり，そこへさらに前置詞 con が加わって **con il quale** となっています。

前置詞がある場合 2 ― cui の用法

前置詞がある場合は関係代名詞 **cui** も使えます。**この用法の cui には定冠詞がつかず，性・数による変化もありません。**⑫の文には，contare su ...「…を信用する」という前置詞を含む動詞句があります。⑪と⑫を合わせると⑬になります。

⑪ Questi sono avvocati. ＋ ⑫ Noi possiamo contare su questi avvocati.
　　こちらの方々は弁護士だ。　　　　　我々はこれらの弁護士たちを信頼できる。

　　　　　　　　　　　　├──────── 関係詞節 ────────┤
⇒ ⑬ Questi sono gli avvocati **su cui** possiamo contare.
　　　　こちらの方々は(我々が)信頼できる弁護士だ。

もちろん，⑬は quale を使っても表せるし，また⑩は cui を使って表せます。

⑬′ Questi sono gli avvocati **sui quali** possiamo contare.
⑩′ Ieri ho incontrato il professore **con cui** imparo l'italiano.

> 前置詞がある場合の quale, cui の用法のまとめ (che は使えない)
> quale は先行詞の性・数にしたがって変化し，やはり定冠詞がつく。
> cui は変化せず，この用法の cui には定冠詞はつかない。

※cui に関しては，まれに前置詞 a を省略することもありますが，これは例外だと思ってください。
　Ieri ho incontrato una ragazza. ＋ Io insegno l'italiano a quella ragazza.
　⇨ Ieri ho incontrato la ragazza (**a**) **cui** insegno l'italiano.
　　　　昨日(私は)，(私が)イタリア語を教えている女の子と出会った。
※日常的には quale よりも cui のほうがよく使われます。
※前置詞と che を一緒に使う用法がまったくない訳ではないのですが，3級のレベルでは問題にならないでしょうから扱いません。

例題 3

La ditta ＿＿＿＿＿＿ lavoravo è fallita un anno fa.
　(a) per la cui　　　　　　　(b) per la quale
　(c) la quale　　　　　　　　(d) a cui

解答　(b)　「(私が)働いていた会社は一年前に倒産した。」
　　　少し丁寧に見てみましょう。
　　　La ditta è fallita un anno fa. ＋ Io lavoravo **per** quella ditta.
　　　　　その会社は一年前に倒産した。　　私は以前その会社で(その会社のために)働いていた。

　　　　　　　┌───── 関係詞節 ─────┐
　　　⇨ La ditta **per la quale** lavoravo è fallita un anno fa.
　　　　　(私が)以前働いていた会社は一年前に倒産した。
　　　まず lavorare **per** ...「…のために働く」という形がわからなければいけません。**per** という前置詞が必要なので，(c) la quale はいけません。(d) a cui は前置詞が違っています。(a) per la cui では cui に定冠詞 la がついてしまっていますからこれも間違いです。正解は(b) per la quale となります。quale ではなく cui を使って次のようにすることも可能です。
　　　　La ditta **per cui** lavoravo prima è fallita un anno fa.
　　　ここでは前置詞 per を使いましたが，この文脈ではほかに in を使うことも可能です。
　　　　La ditta **nella quale** (**in cui**) lavoravo prima è fallita un anno fa.

8 関係代名詞

例題 4

È una persona ＿＿＿＿ possiamo affidare questo compito.
　(a) alla cui　　(b) con cui　　(c) a cui　　(d) a quale

解答　(c)「(彼・彼女は)，(私たちが)この仕事を託すことができる人だ。」まず，affidare＋直接目的語＋a ...「…に～を託す」が基になります。(b) con cui は前置詞が違っています。(a) alla cui は cui に定冠詞がついてしまっていますから間違いです。(d) a quale は quale に定冠詞 la が欠けています。正解を quale を使って書き換えると次のようになります。

È una persona molto seria **alla quale** possiamo affidare questo compito.

所有を表す il cui (i cui, ...), del quale (dei quali, ...) の用法

これは3級のレベルで問題になることは少ないかもしれませんが，関係代名詞の基本的な用法なので参考までに挙げておきます。できれば覚えてください。

cui に定冠詞がつくこともあります。これは所有形容詞のような用法です。

⑭ Ieri ho incontrato una professoressa. ＋ ⑮ Io conosco suo figlio molto bene.
　　昨日(私は)先生と出会った。　　　　　　　私はその先生の息子をよく知っている。

　　　　　　　　　　　　　　　　　　　　　　┌─── 関係詞節 ───┐
⇒ ⑯ Ieri ho incontrato la professoressa **il cui** figlio conosco molto bene.
　　　昨日(私は)，(私が)その息子をよく知っている先生と出会った。

⑯では il cui が⑮の suo と同じように figlio を修飾しています。⑯では il cui の性と数は figlio に一致しているわけです。この関係代名詞が受け継ぐ先行詞 professoressa にあわせて la cui とすると間違いです。⑯と同じことを **quale** を用いて表すこともできます。そのときは前置詞の di がつきます。

　　　　　　　　　　　　　　　　　　┌─── 関係詞節 ───┐
⇒ ⑯′ Ieri ho incontrato la professoressa il figlio **della quale** conosco molto bene.

語順が難しいので気をつけてください。⑯′では il figlio は della quale の前になければなりません。また，della quale の性・数は先行詞の professoressa に一致しています。

次のように前置詞とともに使うこともできます。前置詞 con の例を見てみましょう。

⑰ Ieri ho incontrato una ragazza. ＋ ⑱ Io imparo l'italiano con suo padre.
　　　昨日(私は)女の子と出会った。　　　　　　私は彼女の父からイタリア語を習っている。

⇒ ⑲ Ieri ho incontrato la ragazza **con il cui** padre imparo l'italiano.
　　　　　　　　　　　　　　　　　 ┌──── 関係詞節 ────┐

⇒ ⑲′ Ieri ho incontrato la ragazza con il padre **della quale** imparo l'italiano.
　　　　昨日(私は)，(私が)その父からイタリア語を習っている女の子と出会った。

⑲では con il cui の性と数は padre に一致しています。⑲′では della quale の性・数は先行詞の ragazza に一致しています。

所有を表す il cui (i cui, ...), del quale (dei quali, ...) の用法のまとめ

この用法の cui には定冠詞がつき，il cui (i cui, ...) という形になる。
il cui (i cui, ...) は後に続く名詞に性・数を合わせる。
quale は先行詞の性・数にしたがって変化し，やはり定冠詞がつく。
quale には前置詞 di がつき，del quale (dei quali, ...) という形になる。
特に quale については語順に注意すること。

※この所有を表す用法でも，quale は cui に比べてあまり使われません。

例題 5

Ieri ho conosciuto una professoressa italiana, ＿＿＿＿ ora non ricordo.

　(a) il cui nome　　　　(b) la cui nome
　(c) il nome di quale　　(d) il nome del quale

解答　(a)「昨日(私は)イタリア人の先生と知り合いになったんだが，今(私は)彼女の名前を思い出せない。」
　　　所有を表す cui の用法では，定冠詞は後に続く名詞の性・数に一致

させなければなりませんから，(a)が正しい答えです。quale を使っても言えますが，その場合は il nome della quale となります。

chi の用法

関係代名詞 **chi** は疑問代名詞の chi「誰？」と同じ形をしています。「…する人」という意味です。つまり，先行詞として一般的な意味の「人」という単語をすでに含んでいるのだと思ってください。

　　　　　　┌── 関係詞節 ──┐
　Una persona che mangia troppo ingrassa.　　食べ過ぎる人は太る。

　　┌── 関係詞節 ──┐
⇨ **Chi** mangia troppo ingrassa.　（同上）

このように，chi は文法的には三人称単数(男性)扱いですから，Chi mangiano troppo ingrassano. とすると間違いです。
先の例文では **chi** は関係詞節の中の主語になっていますが，目的語となることもできます。

　　　　　　　　　　　　　　　┌── 関係詞節 ──┐
　È interessante ascoltare una persona che viaggia tanto.
　　　　よく旅する人の話を聞くのはおもしろい。

　　　　　　　　　　　┌── 関係詞節 ──┐
⇨ È interessante ascoltare chi viaggia tanto.　（同上）

ciò che, quello che の用法

先行詞として，一般的な「こと・もの」という意味を表す代名詞 **ciò**，**quello** を使うことがあります(ここでは **quello** は文脈の中にすでに出てきたものを受けて「それ」というのではなく，一般的な意味を表す「こと・もの」ということです)。

　Devi distinguere **quello (ciò) che** hai capito da **quello (ciò) che** non hai capito.

君は，(君が)理解できなかったことから(君が)理解できたことを区別しなければならない(わかったこととわからなかったことの区別をしなければならない)。

上の例文では **quello** と **ciò** のどちらでも使えます。

Non puoi comprare **tutto quello (ciò) che** vuoi.
君は，(君が)欲しいものをすべて買うことはできない。

このように **tutto ciò**，**tutto quello** というのもよく使う形です。
chi，**ciò che**，**quello che** についてはほかにも注意することがありますから，次の例題 6・7 を解きながら見ていきましょう。まだ詳しく説明していないのでちょっと難しいかも知れませんが，よく考えて答えてみてください。

例題 6

_____ hai visto adesso è la nuova professoressa d'italiano.
  (a) Ciò   (b) Che   (c) Quella che   (d) Quello che

解答　(c) 「君が今会った人が，イタリア語の新しい先生だよ。」
  (c)のように，**quello** は必要に応じて **quelli**，**quella**，**quelle** と変化させて人間を表すことができます。この例では，女性(professoressa)を指すので(d) Quello che は不適切です。

例題 7

Il professore ha detto che _____ venire lunedì prossimo.
  (a) quelli che danno l'esame devono   (b) ciò che dà l'esame
  (c) chi danno l'esame devono   (d) quello che dà l'esame deve

解答　(a) 「先生は，試験を受ける人(人たち)は次の月曜日に来なければならないと言った。」
  (a)のように quelli che とすると，「…する人たち」という意味を表せます。もちろん複数扱いです。関係代名詞 chi は上の解説で見たように単数扱いなので(c)は誤りです。(d) quello che dà l'esame は文法的には正しい形なのですが，意味が「今度試験を受ける例のあいつ」といった感じになるので不適切です。つまり特定の人物を表すことになってしまうのです。一般的な意味で「…する人たち」

という意味を表すには(a)のように複数にしなければなりません。(b)の ciò は人間を表すことはないので不適。

関係代名詞＋不定詞

関係代名詞に不定詞を直接つなげることがあります。

例題 8

Ho molti amici _____ fidarmi.
 (a) del cui   (b) di cui   (c) su cui   (d) di quale

解答 (b) 「私には信頼できる友人がたくさんいる。」
fidarsi di ...「…を信頼する」という不定詞を，関係代名詞 di cui に直接続けて置きます。このように，不定詞を直接続けると，「…すべき」「…できる」という訳がふさわしいことが多くなります。devo あるいは posso が省略されていると考えると，わかりやすいでしょう。(d) di quale は quale に定冠詞がついていないので誤りです。
この用法は，疑問詞に不定詞を直接つなげる次のような言い方によく似ています。

Non so **dove** (devo / posso) andare.
 (私は)どこに行ったらいいのかわからない。

練習

① Questo non è l'autobus _____ dobbiamo prendere.
 (a) cui   (b) su cui   (c) che   (d) il cui

② Questa è la professoressa _____ la maggior parte degli studenti di questa università ha imparato l'italiano.
 (a) cui   (b) con quale   (c) con la quale   (d) con la cui

③ Ti prego di riconsiderare _____ che ti ho detto.
 (a) il quale   (b) cosa   (c) quale   (d) ciò

④ Chi è la persona con _____ stavi parlando ?
   (a) cui   (b) chi   (c) il quale   (d) la cui

⑤ Il professore _____ hai incontrato è un mio collega di università.
   (a) chi   (b) con cui   (c) che   (d) al quale

⑥ Il problema _____ parlate non mi interessa affatto.
   (a) nel quale   (b) di cui   (c) per il quale   (d) su cui

⑦ Queste sono le ragioni _____ molti italiani si preoccupano.
   (a) nelle quali   (b) per le quali   (c) per le cui   (d) in quale

⑧ Ieri ho incontrato la studentessa _____ Lei mi aveva presentato l'altro giorno.
   (a) la cui   (b) con la quale   (c) con cui   (d) che

⑨ La signora _____ abito, me l'ha presentata il mio professore.
   (a) da che   (b) alla quale   (c) con quale   (d) da cui

⑩ Non riesco a trovare una persona _____ dividere l'appartamento.
   (a) del cui   (b) con cui   (c) su cui   (d) del quale

⑪ L'architetto Marini, _____ opere sono famose in tutto il mondo, verrà anche in Giappone.
   (a) la cui   (b) del quale   (c) le cui   (d) cui

⑫ Nella prova d'abilità linguistica hanno fatto una domanda difficilissima _____ quasi nessuno sapeva rispondere.
   (a) alla cui   (b) la quale   (c) alla quale   (d) che

⑬ Sappiate che _____ non studia seriamente non riuscirà a superare l'esame.
   (a) ciò che   (b) chi   (c) quello che   (d) quelli che

⑭ Purtroppo lui non è una persona _____ possiamo contare tanto.

(a) per il quale (b) su cui (c) nel quale (d) a cui

⑮ Hai capito quello _____ ti ho detto ?
　(a) che (b) il quale (c) ciò che (d) il cui

⑯ Ho letto il libro _____ mi avevi parlato.
　(a) del cui (b) sul quale (c) che (d) di cui

⑰ Quel deputato _____ per la nuova legge contro la corruzione politica è stato arrestato per corruzione.
　(a) chi si adoperava (b) il quale si adoperava
　(c) del quale (d) di cui si adoperava

⑱ Marco ha rifiutato di spiegare il motivo _____ ha lasciato Federica.
　(a) con cui (b) con il quale (c) per cui (d) ai quali

⑲ Questo è l'unico punto _____ tutti gli studiosi si trovano d'accordo.
　(a) con il quale (b) nel cui (c) su cui (d) per il quale

⑳ _____ conosco Enrico è il più intelligente.
　(a) Di ciò che (b) In quelli che (c) Tra quelli che (d) Tra ciò che

㉑ Il motivo _____ Maria non è venuta è che aveva la febbre a 40.
　(a) del cui (b) per quale (c) per cui (d) della cui

㉒ Non gli è piaciuto molto il modo _____ si esprime questo scrittore.
　(a) nel quale (b) per il quale (c) per cui (d) in quale

㉓ Chi _____ questa cartolina ?
　(a) ti hanno mandato (b) ti ha manduto
　(c) ti ha mandata (d) ti ha mandato

㉔ Come si chiama quel tuo amico _____ hai cenato ?
　(a) dal quale (b) da chi (c) dal cui (d) dove

㉕ La scuola elementare _____ ho frequentato in Giappone era

molto piccola.
 (a) dove   (b) a cui   (c) che   (d) nella quale

㉖ Una professoressa italiana, _____ ora non ricordo, ammirava molto questo romanzo.
 (a) il cui nome   (b) il nome del cui
 (c) il nome del quale   (d) il nome di quale

㉗ Finalmente abbiamo trovato una baby-sitter _____ affidare i bambini.
 (a) a cui   (b) con cui   (c) per cui   (d) per la quale

㉘ Io detesto _____ male degli altri.
 (a) le persone di che parlano   (b) ciò che parlano
 (c) chi parla   (d) che parla

㉙ Gli scavi di Ercolano, _____ sfortunatamente sono molto meno conosciuti in Giappone rispetto a quelli di Pompei, sono importantissimi nel campo dell'archeologia.
 (a) i quali   (b) di cui   (c) il quale   (d) quali

㉚ Lui è un professore della facoltà _____ si è iscritta Tiziana.
 (a) che   (b) alla quale   (c) alla cui   (d) nella quale

解答と解説

① ― (c)　「これは(我々が)乗らねばならぬバスではない。」
 動詞 prendere「乗る」の直接目的語を示す(c) che を使います。選択肢にはありませんが il quale も正しい形です。

② ― (c)　「こちらはこの大学の大部分の学生がイタリア語を習った先生です。」
 前置詞の con を使わなければなりませんから(a) cui は誤りです。(b) con quale は定冠詞が足りません。逆に(d) con la cui は余計な定冠詞があるのでいけません。con cui とすれば正しくなります。なお，関係詞節の中では，文法的に la maggior parte が主語なので動詞も単数形になっています。

③ ― (d)　「(私は)君に，(私が)君に言ったことをもう一度考えてくれるように頼む(どうか，君に言ったことをもう一度考えてくれたまえ)。」

8 関係代名詞

④ ─ (a) 「君が話していた人は誰だい？」
　この問題は前置詞のある場合ですが，cui も quale も両方使えるようにしてください。quale を使う場合には，先行詞 (la pessona) の性・数に一致させて la quale としなければなりません。

⑤ ─ (c) 「君が会った教授は私の大学の同僚だ。」
　動詞 incontrare「出会う」は直接目的語をとります。ですから，前置詞がついている(b)(d)は誤りです。また，(a)は先行詞「人」を含む関係代名詞ですから，先行詞 Il professore に続けることはできません。次のような文なら可能です。
　Chi hai incontrato, è un mio collega di università.
　　「君が出会った人は私の大学の同僚だ。」
　選択肢にはありませんが il quale も正しい形です。

⑥ ─ (b) 「(君たちが)話している問題はまったく私の興味を引かない。」
　動詞 parlare di ...「…について話す」。選択肢にはありませんが del quale も正しい形です。

⑦ ─ (b) 「これらが，多くのイタリア人が心配している理由だ。」
　ragione「理由」という名詞の前には前置詞 per がきますから，(a)(d)はいけません。(c) per le cui は定冠詞を除いて per cui とすればこれも正しい形になります。

⑧ ─ (d) 「昨日，あなたが先日私に紹介してくれた女子学生と(私は)出会った。」
　動詞 presentare「紹介する」は直接目的語をとります。ですから，前置詞がついている(b)(c)は誤りです。また，cui に定冠詞 la がついている(a)は所有の意味を表すことになってしまいます。正解は直接目的語を示す(d) che です。選択肢にはありませんが la quale も正しい形です。

⑨ ─ (d) 「(私が)住んでいるところの奥さんは，私の先生が私に紹介してくれた。」
　動詞句「abitare da ＋人」は「〈人〉のところに住む」ということです(いわゆる熟語としてこの形で丸暗記するべきものではなく，あくまで「da ＋人：…のところに(で)」という，前置詞 da の基本的な用法として理解すべきものです)。前置詞 da を伴っているのは(a)(d)ですが，正しい形はもちろん(d) da cui です。選択肢のほかに，dalla quale もここでは可能です。(c)のように前置詞 con を使うと，

「…と一緒に住む」ということになるでしょうが，その場合は(c)を con **la** quale と訂正しなければなりません。選択肢にはありませんが dalla quale も正しい形です。
(この文では，La signora という目的語が文頭にでていますが，それをまた代名詞の l' = la で受けていて，me l'ha presentata「私に彼女を紹介した」となっています。)

⑩ ― (b) 「(私は)アパートを共有するべき人を見つけることができない。」
不定詞を関係代名詞のすぐ後に置いています。ここでは appartamento とは，集合住宅の一区画(一家族分)ということです。学生が数人で一緒に同じ一区画で暮らす，ということがイタリアではよくあります。dividere l'appartamento con ...「…とアパートを分割する(共有する)」という表現があり，前置詞は con ですから，(b) con cui が正解です。選択肢にはありませんが con la quale も可能です。

⑪ ― (c) 「建築家のマリーニは，その作品が世界中で有名だが，日本にもやって来るだろう。」
所有を表す用法です。opere「作品」に合わせて(c) le cui 女性複数にします。

⑫ ― (c) 「(イタリア語)能力検定試験で(彼らは＝試験官たちは)ほとんど誰も答えられない非常に難しい問題を出した。」
ここでは動詞 rispondere には前置詞 a が必要です。選択肢にはありませんが a cui も正しい形です。

⑬ ― (b) 「まじめに勉強しない人は試験に通らない，と心得ておきなさい。」
(a) ciò che は人間を表せません。(d) quelli che は複数扱いになりますから，関係詞節の中の動詞 studia と一致しません。(c) quello che がいけない理由は例題 7 の解説を参照してください。Sappiate は sapere「知っている」の二人称複数命令です。

⑭ ― (b) 「残念ながら，彼は(私たちが)そんなに当てにできる人物ではない。」
contare su ...「…を当てにする」という表現を知っている必要があります。選択肢にはありませんが sul quale という形も使えます。

⑮ ― (a) 「(君は)，(私が)君に言ったことがわかったかい？」

⑯ ― (d) 「(君が)私に話してくれた本を(私は)読んだ。」
「本」を直接目的語にして parlare il libro とすることはありません。あくまで parlare del libro「その本について話す」です。前置

詞 di を伴う正しい形は(d) di cui です。定冠詞を含む(a) del cui は，所有の意味を表すことになるので，ここでは使えません。選択肢にはありませんが del quale も正しい形です。

⑰ ― (b) 「政治腐敗防止の新しい法律のために活動していたあの議員は汚職で逮捕された。」
先行詞 Quel deputato「あの議員」を主語として示せる関係代名詞は(b) il quale です。adoperarsi は前置詞 di はとらないので(c)(d)は不可。

⑱ ― (c) 「マルコは，フェデリーカと別れた理由を説明するのを拒否した。」
motivo「理由」という名詞の前には前置詞としては per がくる，と心得ておくべきことです。

⑲ ― (c) 「これは，すべての研究者たちが同意する唯一のポイントである。」
trovarsi d'accordo「同意する」という表現があります。ここでは前置詞は su を使うのが適当です。選択肢にはありませんが sul quale も正しい形です。

⑳ ― (c) 「私が知っている人たちの中で，エンリーコがもっとも頭がよい。」
il più intelligente は相対最上級で，「一番頭がよい」ということです。比較の範囲を限定するのに tra を使っています。第 9 章「比較級と最上級」をマスターしてからもう一度やってみてください。

㉑ ― (c) 「マリーアが来なかったわけは，彼女が40度の熱があったためだ。」
(b)は per il quale なら正解です。

㉒ ― (a) 「彼には，この作家が自分の考えを表現するやり方が気に入らない。」
名詞 modo「方法，やり方」の前には前置詞 in がきます。選択肢にはありませんが in cui も正しい形です。

㉓ ― (d) 「誰がこのハガキを君に送ったのですか？」
これは関係代名詞ではなく，疑問詞の問題ですが，Chi は三人称単数扱いである，ということを示すために入れておきました（第 2 章「目的語になる代名詞」の練習問題でも扱った問題です）。

㉔ ― (a) 「(君が)その家で夕食を食べたあの君の友人は何という名前だい？」
cenare da ...「…の家で夕食を食べる」。前置詞の用法「da＋人：…のところに(で)」はぜひ覚えてください。次の表現と比べてみましょう。：cenare con ...「…と一緒に(レストランで・自分のうちで)夕食を食べる」

㉕ ― (c) 「(私が)日本で通った小学校は非常に小さかった。」

動詞 frequentare「通う」は直接目的語をとります。選択肢のうちで直接目的語を示せるのは(c) che のみです。選択肢にはありませんが la quale も正しい形です。

㉖ ― (a) 「あるイタリア人の先生が，今彼女の名前を思い出せないんだが，この小説を大変誉めていた。」
これは例題 5 とほとんど同じです。

㉗ ― (a) 「ようやく（私たちは）子どもたちを預けられるベビー・シッターを見つけた。」
affidare ... a 〜「…を〜に預ける」という不定詞句を関係代名詞に直接つなげます。選択肢にはありませんが alla quale も正しい形です。

㉘ ― (c) 「私はほかの人たちの悪口を言う人を（人たちを）軽蔑する。」

㉙ ― (a) 「エルコラーノの遺跡は，残念ながら日本ではポンペイのそれ（遺跡）に比べて非常に知名度が低いが，考古学の分野では非常に重要である。」
劣等比較級(molto meno conosciuti)・絶対最上級(importantissimi)の重要な言い方を入れて，少し複雑な文にしました。先行詞は scavi「遺跡」ですが，これを主語として示せる関係代名詞は(a) i quali です。

㉚ ― (b) 「彼は，ティツィアーナが登録している学部の先生だ。」
iscriversi a ...「…（学校・課程など）に登録する」。重要表現です。選択肢にはありませんが a cui も正しい形です。

第9章 比較級と最上級

ここでは，形容詞・副詞の原級(同等比較級)・比較級・最上級について練習しましょう。

原級(同等比較級)

「…と同じくらい～」という意味を表すには，(**così**) ~ **come** ..., (**tanto**) ~ **quanto** ... を使います。così, tanto は省略される場合がほとんどです。また，quanto よりも come を使うのが普通です。

形容詞の場合

La Svizzera è (**così**) grande **come** il Kyushu.
　　スイスは九州と同じくらい大きい。
La Svizzera è (**tanto**) grande **quanto** il Kyushu.
　　スイスは九州と同じくらい大きい。

副詞の場合

Luigi corre (**così**) veloce **come** te.　　ルイージは君と同じくらい速く走る。
Luigi corre (**tanto**) veloce **quanto** te.（同上）
　　　　　　　　　　　(ここでは veloce は副詞としての機能を果たしています)

※形容詞の場合も副詞の場合も，上の例では come, quanto は前置詞としての機能を持っているので，人称代名詞を使うときは上のように強勢形にします。ですから，come tu, quanto tu とするのは誤りです。
でも，come, quanto の後に文を置くときはまた違ってきます。
　　Luigi corre (**così**) veloce **come** corri tu.
　　　　ルイージは君が走るのと同じくらい速く走る。
ここでは corri tu というひとつの文がきているのですから，te とはしません。

(tanto)〜 quanto ... しか使えない場合

先に見た例のように，ひとつの形容詞・副詞などについて，二つの名詞（代名詞）を比較する時は，(così) 〜 come ..., (tanto) 〜 quanto ... のどちらを使ってもかまいませんが，次のように，**(tanto) 〜 quanto** ... しか使えない場合もあります。

◆ひとつの名詞（代名詞）について二つの形容詞・副詞を比較する場合：

Renata è **(tanto)** bella **quanto** buona.
   レナータは性格がいいのと同じ程度に美しい。

◆(tanto) 〜 quanto ... が形容詞としての機能を持つ場合（数量の比較）。このときは修飾する名詞にあわせて性・数を変化させてください。

I tedeschi bevono **tanto** vino **quanta** birra.
   ドイツ人はビールと同じぐらいの量のワインを飲む。

※**tanto** は vino に，**quanta** は birra に一致していることに注目してください。

例題 I

Claudio ha ＿＿＿＿＿ videocassette.
 (a) tanto CD quanto   (b) tante CD quante
 (c) tanti CD quanta   (d) tanti CD quante

解答 (d) 「クラウディオはビデオと同じ数の CD を持っている。」
tanti は CD に，quante は videocassette に一致しています（CD＝コンパクトディスクは要するに disco ですから男性名詞です。ここでは複数扱いになります）。

比較級

比較級は **più** (**meno**) ...... **di** という形で使います。

◀優等比較級▶ Tua sorella è **più** studiosa **di** te.
   君の妹は君よりも勉強熱心だ。

◀劣等比較級▶ Tua sorella è **meno** studiosa **di** te.

9 比較級と最上級

君の妹は君よりも勉強熱心ではない(君のほうが熱心だ)。

※間違えてここで mena と女性形(?)にしてしまう人がいますが，それは誤りです。meno はここでは変化しません。

この例のように，ひとつの形容詞・副詞などについて，二つの名詞(代名詞)を比較する時は，**di** を使います。しかし，次に見るように **di** ではなく **che** を使って比較しなければならない場合もあります。

che を使わなければならぬ場合

◆ひとつの名詞(代名詞)について二つの形容詞・副詞を比較する場合：

　　Umberto è **più** furbo **che** intelligente.
　　　　ウンベルトは頭がいいというよりはずるがしこい。

◆不定詞を比較する場合：

　　Parlare è **più** facile **che** scrivere.　　しゃべるのは書くよりもやさしい。

◆名詞の数量の比較をする場合：

　　A casa mia ci sono **più** CD **che** videocassette.
　　　　私の家にはビデオより CD の方が多くある。

◆複数の語句からなる副詞句を比較するとき(これは絶対的な規則とはいえませんが，3級のレベルではこのように考えておけば十分です)：

　　In Australia fa **più** freddo in agosto **che** in gennaio.
　　　　オーストラリアでは1月よりも8月の方が寒い。

※実は，副詞(句)については，イタリア人の間でも di と che の使い分けは一定していません。

　　Oggi fa più freddo **che** (**di**) ieri.　　今日は昨日よりも寒い。

このような文ではどちらでもいいようです。

例題 2

A casa di solito bevo _____.

　(a) meno tè di caffè　　　(b) più tè che caffè
　(c) tè meno di caffè　　　(d) più tè di caffè

解答 ▍(b)　「(私は)家では普通コーヒーよりお茶を多く飲む。」

143

> 二つの名詞の量の比較ですから di ではなく che を使います。

例題 3

Questo cagnolino è più carino _____ bello.
- (a) come
- (b) di
- (c) che
- (d) quanto

解答 (c) 「この子犬は美しい（かっこいい）というよりかわいらしい。」
ひとつの名詞について二つの形容詞を比較していますから che を使います。

最上級

最上級は「定冠詞＋più (meno) 形容詞」という形で使います。（これは「定冠詞＋比較級」と考えてもいいでしょう。）

> Tu sei **la più studiosa** della classe.
> 君（女性）はクラスでもっとも勉強熱心だ。

同じことを次のようにも言えます。

> Tu sei **la** studentessa **più studiosa** fra (tra) tutti gli studenti della classe.
> 君（女性）はクラスの全学生のなかでもっとも勉強熱心な女子学生だ。

つまり，名詞 studentessa を省略してもかまいませんし，また，単に della classe「クラスのなかで」と言ってもいいし，より詳しく fra (tra) tutti gli studenti della classe「クラスの全学生のなかで」と言ってもいいのです。

比較の範囲を示すのには di または fra (tra) を使います。ただし，fra (tra) を使うのは，上の例 fra (tra) tutti gli studenti「全学生の中で」のように名詞が複数形のときに限ります。

> Questo è il più letto **di (fra**, **tra)** tutti i giornali italiani.
> これはイタリアの全新聞のなかでもっとも読まれている。

Oggi è il giorno meno freddo **di** tutto l'inverno.
　　今日は冬中でもっとも寒くない日だ。

※この例では fra (tra) tutto l'inverno とはできません。

絶対最上級

前項で見てきたのは相対最上級といわれるもので、「クラスの全学生の中で」「イタリアの全新聞の中で」のように比較の対象をはっきりと定めて言うやり方です。それに対して、特に何かと比較することもなく、漠然と「非常に…」という意味を表す絶対最上級があります。
作り方は、形容詞の語尾母音をとり -issimo をつけます。

| piano | ⇨ pianø + issimo | = pianissimo | 非常に静かな |
| veloce | ⇨ velocé + issimo | = velocissimo | 非常に速い |

副詞の絶対最上級は形容詞の絶対最上級の女性単数形に -mente をつけます。

| pianissimo | ⇨ pianissima + mente | = pianissimamente | 非常に静かに |
| velocissimo | ⇨ velocissima + mente | = velocissimamente | 非常に速く |

使い方は簡単です。

Questo quadro è bellissimo. = Questo quadro è molto bello.
　　この絵は大変きれいだ。

このように、単に molto「非常に」をつけるのと同じような意味です。

特殊な比較級・最上級

特殊な変化形を持つ形容詞・副詞があります。重要なものを表にしてあります。しっかり覚えましょう。

原級		優等比較級	絶対最上級
buono	よい	migliore (più buono)	ottimo (buonissimo)
cattivo	悪い	peggiore (più cattivo)	pessimo (cattivissimo)

grande	大きい	maggiore (più grande)	massimo (grandissimo)
piccolo	小さい	minore (più piccolo)	minimo (piccolissimo)
molto	非常に	più	moltissimo
poco	少し	meno	minimamente (pochissimo)
bene	よく	meglio	ottimamente (benissimo)
male	悪く	peggio	pessimamente (malissimo)

※不規則な変化形の他に，規則的な形を持つものは(più buono)のようにカッコに入れて表示してあります。

◆molto, poco, bene, male の比較級には不規則な形のみが使われます。più bene のような形は間違いです。特に気をつけてください。

◆molto, poco は形容詞にも副詞にもなります。

    ◂形容詞▸   Enrico ha **molti** dischi.
        エンリーコは多くのレコードを持っている。
        ⇒ Enrico ha **più** dischi di Flavio.
        エンリーコはフラヴィオよりも多くのレコードを持っている。
    ◂副詞▸   Enrico studia **molto**.   エンリーコはよく勉強する。
        ⇒ Enrico studia **più** di Flavio.

◆上の表に挙げた以外にも，superiore (alto の比較級), inferiore (basso の比較級)などの不規則変化があります。余裕があれば覚えてください。inferiore, superiore は比較の対象を示すのに di ではなく a を使います。

    Giulio crede di essere **superiore** agli altri.
        ジューリオは他の人たちよりも自分は優れていると信じている。

◆不規則な変化形（例：maggiore）と規則的な形（例：più grande）のあいだには，微妙な意味の差があります。不規則な変化形は抽象的な意味

を表すことが多いのに対して，規則的な形は具体的・物理的な大小・良否を表すことが多いのです。

  La mia borsa è **più grande** della tua. 私のカバンは君のよりも大きい。

この例では più grande の代わりに maggiore を使うことはできません。maggiore は「より偉大な，より重要な」という意味で使います。しかし，maggiore と più grande がほとんど同じ意味になることもあります。相対最上級の例で見てみましょう。

  Questa è **la** mia **più grande** (**maggiore**) preoccupazione.
    これが私の一番大きな(最大の)心配事です。

また，次のように，抽象的―具体的というだけでは意味の差が捕えにくいこともあります。結局は，個々の単語の例になるべく多く接して覚えていくしかありません。

  Roberto è **il peggior** giocatore della squadra.
    ロベルトはチームでもっとも下手な選手だ。
  Roberto è **il più cattivo** giocatore della squadra.
    ロベルトはチームでもっとも汚い選手だ(ファウルが多い・審判に見えないところで肘打ちを食らわせる etc.)。

※migliore, peggiore, maggiore, minore が名詞の前に置かれるときは上の **il peggior** giocatore のように語尾の -e を落とすことがよくあります(troncamento「トロンカメント(語尾切断)」)。

◆相対最上級はすでに上で見たように「定冠詞＋比較級」によって作ることができます。

  Paolo è un trombettista **migliore** di Flavio.
    パオロはフラヴィオよりも優れたトランペッターだ。(比較級)
  Miles Davis è stato **il miglior** trombettista del mondo.
    マイルス・デイヴィスは世界最高のトランペッターだった。(相対最上級)

migliore は上の表にあるように buono の比較級(最上級)で，「より優れた」という意味ですが，同じ意味で次のように言うこともできます。

  Miles Davis è stato **il più bravo** trombettista del mondo.

例題 4

Franco suona la tromba _____ di Enrico.
- (a) più cattivo
- (b) più male
- (c) peggio
- (d) peggiore

解答　(c)　「フランコはエンリーコよりも下手にトランペットを吹く。」
ここでは動詞 suona を修飾するものを選ばねばなりません。つまり副詞を選ぶことになりますから(b)か(c)ですが, (b) più male という形はふつう使いません。副詞 male は不規則変化で peggio となります。

例題 5

Franco è _____ fratelli della famiglia Celli.
- (a) il maggiore nei
- (b) il piccolo fra
- (c) il maggiore dei
- (d) il più grande che

解答　(c)　「フランコはチェッリ家の長男だ。」
年齢の上下を表すには maggiore - minore, più grande - più piccolo いずれも使えます。したがって, (d)が il più grande **dei** ならば正解です。また, この場合, 比較の範囲を示すのに前置詞として(a)のように in を使うのは誤りです。

長男(長兄)	il maggiore il più grande	長女	la maggiore la più grande
末息子(末弟)	il minore il più piccolo	末娘	la minore la più piccola

例題 6

Questo è il disco _____ di quel trombettista.
- (a) peggio
- (b) pessimo
- (c) peggiore
- (d) male

解答　(c)　「これはあのトランペッターの一番ひどい出来のレコードだ。」
まず形容詞を選ばなければなりませんから, (b)か(c)か, ということになりますが, ここでは, (c) il disco peggiore「もっともひどい」

という相対最上級にします。(b) pessimo もよさそうに見えるかもしれません。しかしこれは比較の対象を限定せずに漠然と「ひどい出来の」という意味です。ここでは il という定冠詞がついている以上，唯一無二の「最悪の」レコードという意味にしなければ不自然なのです。

例題 7

I dischi di questo trombettista sono stati belli finora, ma questo è _____.

 (a) cattivissimi   (b) l'ottimo
 (c) pessimo   (d) il più ottimo

解答 (c)「今まではこのトランペッターのレコードは素晴らしかったが，これはひどい(出来が悪い)。」
絶対最上級の(c) pessimo は漠然と「ひどい出来だ」ということです。(b) l'ottimo のように，定冠詞と絶対最上級を使うことはここではできません。

練習

① Il signor D'Andrea è più timido _____ scostante.
 (a) che   (b) di   (c) come   (d) quanto

② Matteo sa parlare inglese _____ Gianni.
 (a) più meglio di   (b) meglio che
 (c) meglio di   (d) più bene che

③ Maria legge più riviste _____ libri.
 (a) come   (b) di   (c) che   (d) meno

④ Paola è _____ mia sorella Claudia.
 (a) più giovane che   (b) più giovane della
 (c) più giovane di   (d) più minore di

⑤ Il suo italiano è di _____ livello.
 (a) peggio   (b) pessimo   (c) peggior   (d) male

⑥ "La vita è bella" è sicuramente il film _____.
    (a) più bello dell'anno   (b) più bello nell'anno
    (c) che bello quest'anno   (d) meno bello che l'anno

⑦ _____ degli studenti non ha saputo rispondere alle mie domande.
    (a) La più grande parte   (b) La maggior parte
    (c) La più maggiore parte   (d) Gli maggiori

⑧ Umberto Eco è _____ d'Italia
    (a) dei personaggi più notissimo
    (b) un personaggio del più conosciuto
    (c) un noto personaggio più
    (d) uno dei personaggi più noti

⑨ Tina studia il giapponese da _____ tre anni.
    (a) più di   (b) quasi di   (c) circa di   (d) più che

⑩ Al concerto sono venuti più ragazzi _____ ragazze.
    (a) come   (b) di   (c) che   (d) altro che

⑪ Carlo ha _____.
    (a) tanto disco quanto io   (b) così disco come me
    (c) tanti dischi quanti ne ho io   (d) tanti dischi quanto io

⑫ (a) È più bravo in aritmetica di in geometria.
    (b) È più bravo in aritmetica che in geometria.
    (c) È meglio in aritmetica che in geometria.
    (d) È migliore in aritmetica di in geometria.

⑬ "Medea" è il film _____ di Pasolini.
    (a) più bene   (b) ottimo   (c) buonissimo   (d) migliore

⑭ Domenica scorsa sono andato al ristorante _____ della città.
    (a) migliore   (b) più bravo   (c) più ottimo   (d) meglio

⑮ Questo fine-settimana sarà meglio restare a casa _____, visto che il tifone si sta avvicinando.

(a) che usciremo (b) di uscire
(c) che uscire (d) quanto uscire

⑯ La maggior parte degli studenti dice che l'esame scritto è _____ quello orale.
 (a) più facile che (b) come facile di
 (c) meno facile di (d) meno facile che

⑰ Quando siamo andati a Roma, abbiamo alloggiato _____.
 (a) in un pessimo albergo
 (b) nel pessimo albergo
 (c) in un peggiore albergo
 (d) in un peggiore albergo possibile

⑱ Carlo è un ragazzo _____.
 (a) simpatichissimo (b) più simpatico
 (c) che simpatica (d) simpaticissimo

⑲ Romano è più intelligente _____ studioso.
 (a) quanto (b) che (c) tanto (d) di

⑳ Gianna è la minore _____ figlie del signor Basso.
 (a) di (b) delle (c) che le (d) tra

㉑ Questa libreria è _____ della città.
 (a) la migliore (b) la più brava
 (c) l'ottima (d) più bella

㉒ Tiziana parla il giapponese _____.
 (a) buonissimo (b) migliore (c) ottimo (d) benissimo

㉓ Io studio la matematica _____ Luigi. Non capisco perché lui abbia sempre voti _____ me.
 (a) più che / più belli che (b) più di / più belli di
 (c) più che / migliore di (d) più di / migliore di

㉔ Ogni domenica vado in biblioteca ; è il posto _____ per concentrarsi.

(a) buono　　　(b) ottimo　　　(c) migliore　　　(d) peggiore
㉕ È _____ classe in aritmetica.
　　　(a) la più brava fra la　　　(b) la migliore della
　　　(c) la pessima della　　　(d) la peggio della
㉖ Flavio ha due anni più grande _____.
　　　(a) di io　　　(b) di me　　　(c) di mi　　　(d) che lui

解答と解説

① ― (a)　「ダンドレアさんは，とっつきにくいというより，内気なのです。」
　　ひとつの名詞について二つの形容詞を比較していますから，che を使います。
② ― (c)　「マッテオはジャンニよりも上手に英語を話すことができる。」
　　meglio のみで bene の比較級「もっと上手に」となります。più meglio という形はいけません。ひとつの副詞 meglio に関して二つの名詞を比較しているので di を使います。che は使えません。
③ ― (c)　「マリアは本より雑誌を多く読む。」
　　名詞の数量の比較をしていますから che を使います。
④ ― (c)　「パオラは私の妹のクラウディアよりも若い。」
　　ひとつの形容詞 giovane について，二つの名詞を比較していますから，前置詞は di を使わねばなりません。ですから(a) più giovane che は誤りです。また，mia sorella は「所有形容詞＋親族名詞単数」ですから定冠詞はつけてはいけないので，定冠詞のついた(b) più giovane della も誤りです。minore のみで比較級になるのですから più minore となっている(d)は誤りです。結局，正解は(c)となります。
⑤ ― (b)　「彼(女)のイタリア語はひどいレベルだ。」
　　名詞の livello「レベル」を修飾するのですから，形容詞を選ばなければなりません。すると，(b)か(c)になります。具体的な比較の対象がこの文脈にはまったくないので，比較級の(c) peggior「より劣った」は不可能です。ここでは漠然と「非常に…」という意味を表す絶対最上級の(b) pessimo を使います。仮に，具体的な比較の対象があるなら，次のように peggiore を使うことも可能です。
　　Il mio italiano è peggiore del suo.「私のイタリア語は彼のよりも

劣る。」
⑥ ― (a) 「『ライフ・イズ・ビューティフル』は確かにその年の最高の映画だ。」
「その年の」のように，比較の範囲を限定する際には前置詞 di を使いますから，(b) più bello nell'anno は使えません。
⑦ ― (b) 「大部分の生徒たちは私の質問に答えられなかった。」
「大部分」というときのほぼ決まった言い方です。覚えてください。文法的には La maggior parte が主語なので，動詞は単数形になっています。
⑧ ― (d) 「ウンベルト・エーコはイタリアのもっとも知られた人物のうちの一人だ。」
i personaggi più noti で「もっとも知られた人物たち」になります。そのうちの一人だ，ということです。このような言い方はよく使います。
⑨ ― (a) 「ティーナは日本語を三年以上前から勉強している。」
このような più による比較も覚えてください。現在時制と前置詞 da を組み合わせる用法も重要です。ここでは「三年以上前から現在まで日本語を勉強している」という意味です。
⑩ ― (c) 「コンサートには女の子よりも男の子の方が多く来た。」
名詞の数量の比較をしていますから che を使います。
⑪ ― (c) 「カルロは私の同じ数のレコードを持っている。」
ここでは「カルロのレコードの数」と「私のレコードの数」が比較されるので，tanti も quanti も dischi に一致して男性複数になっています。ne はここでは di dischi に相当し，quanti ne ho io で「私が何枚のレコードを持っているのか」という意味になります。
⑫ ― (b) 「彼は幾何学よりも算術においてより優れている。」
「より優れている」というときは，migliore または più bravo のどちらでも使えます。(c)の meglio は bene (副詞) の比較級ですから，ここでは不適。in aritmetica 「算術において」と，in geometria 「幾何学において」という複数の語句からなる副詞句を比較するときは di ではなく che を使うのがふつうです。
⑬ ― (d) 「メデーアはパゾリーニのもっとも美しい (優れた) 映画である。」
正解の(d) migliore は「もっとも優れた」ということです。絶対最上級の(b)(c)は例題6でも解説したように，ここでは定冠詞と使うのは不適当です。

153

⑭ ― (a) 「(私は)前の日曜日に町で一番おいしいレストランに行った。」
(b)の bravo は「優れた」ということで，人間の能力については使えますが，レストランの質については使えません。(c)の ottimo は単独で絶対最上級ですから più ottimo という形はありません。(d)の meglio は練習⑫で示したように副詞 bene の比較級。

⑮ ― (c) 「今週末は出かけるより家にとどまる方がいいだろう。台風が近づいているから。」
不定詞の比較をする形にして，che を使います。

⑯ ― (c) 「大部分の学生は筆記試験の方が口頭試験よりもより易しくない(＝筆記試験の方が口頭試験よりも難しい)という。」
これは劣等比較の文です。ひとつの形容詞 facile に関して二つの名詞を比較しているので di を使います。che は使えません。

⑰ ― (a) 「(私たちが)ローマに行ったとき，(ある)ひどいホテルに泊まった。」
まず，pessimo を使う言い方(a)(b)から考えてみましょう。例題6でも解説しましたが，pessimo というのは比較の対象を限定せずに漠然と「ひどい」ということですから，ここでは不定冠詞と使う(a)が適切な答えです。
次に，peggiore を使う言い方(c)(d)です。peggiore は，比較級として「より悪い」という意味になるか，あるいは定冠詞をつけて相対最上級として「一番悪い」という意味になるかどちらかです。(c)のように，比較の対象もまったくないのに比較級「より劣るホテル」を使うのは不自然です。また(d)は定冠詞を使って nel peggiore albergo possibile とすれば，「ありうる範囲のうちで一番ひどいホテル」という意味で正解になります。

⑱ ― (d) 「カルロはすごく感じのいい男の子だ。」
simpatico の絶対最上級は simpaticissimo です。simpatichissimo とならないように注意してください。

⑲ ― (b) 「ロマーノは勉強好きというより，頭がいいのだ。」
ひとつの名詞について二つの形容詞を比較していますから，che を使います。

⑳ ― (b) 「ジャンナはバッソ氏の娘たちのうちの末娘だ。」
まず，figlie の前には定冠詞が必要です(「バッソ氏のすべての娘たち」という意味で，限定されていますから)。すると，(b)(c)から選ぶことになりますが，正しいのはもちろん(b)です。

㉑ ― (a) 「この本屋はこの町でもっともよい本屋だ。」
形容詞 bravo は「優れた」ということで主に人間の能力について使いますから(b)は誤りです。例題 6 でも解説したように, ottima というのは比較の対象を限定せずに漠然と「非常によい」ということですから，ここでは定冠詞と使っている(c)は不適切な答えです。(d)はもし定冠詞をつけて **la più bella** ならば「もっとも素晴らしい」という最上級になり正解です。

㉒ ― (d) 「ティツィアーナは非常に上手に日本語を話す。」
ここでは parlare bene「上手にしゃべる」の絶対最上級を選びます。すなわち benissimo です。このように空欄には副詞を選ばねばなりません。形容詞を選ぶと文の構造がおかしくなります。しかし，形容詞を使うなら，次のように言うことは可能です。
Tiziana parla un buonissimo giapponese.「ティツィアーナは非常にうまい日本語を話す。」
Tiziana parla un ottimo giapponese.（同上）
ここで不定冠詞 un「あるひとつの」がついているのはどういうことかというと，「日本語にもいろいろあるが(下手な日本語・上手な日本語 etc.)，非常に上手な日本語を話す」という意味です。

㉓ ― (b) 「僕はルイージよりも数学を勉強している。なぜ彼はいつも僕よりいい点をとるのかわからない。」
第 1 の選択肢について。このように「熱心に(長時間)勉強する」という点に関して「私」と「ルイージ」を比較しているので di を使います。第 2 の選択肢について。形容詞は bello の男性複数形を使って voti più belli とします。前置詞については，「私」と「ルイージ」の比較ですから di を使います。

㉔ ― (c) 「毎日曜日に(私は)図書館に行く。(そこは)集中するためには最高の場所だ。」
定冠詞 il がついているので, 適切なのは相対最上級(c) migliore です。(d) peggiore も相対最上級ですが，意味から言って不適切でしょう。仮に不定冠詞であれば, un posto buono または un posto ottimo とするのが適切です。

㉕ ― (b) 「彼女は算術においてクラスでもっとも優れている。」
(a)は la più brava **della** なら正解。(d)の peggio は副詞 male の比較級。もし, la peggiore della ならば，「彼女は算術においてクラ

スでもっとも劣っている。」という意味の正しい文になります。
㉖ ― (b) 「フラヴィオは私より二歳年上だ。」
二つの名詞(代名詞)を比較していますから，di を使います。前置詞 di の後には強勢形の me を置かねばなりません。

第10章　文章読解問題

3級では，少し長めの文章を読んでその内容をつかむ問題が出されます。答え方は，下に示された短文が内容に合致していれば VERO(正)，そうでなければ FALSO(誤)を選ばせる方式です。出題される文章は，新聞や雑誌の記事の一部かそれらを縮約したものが多いようです。このタイプの問題では，一字一句精読できる力というより，むしろ短時間で概要を理解する総合力が求められます。そのためには，できるだけ多くの文章を，わからない単語は飛ばしてとにかく最後まで読み通し，前後関係から大まかな内容をつかむ練習が必要です。基礎となるのは正確な文法知識と語彙力でしょう。文法ではとくに，文の中核になる動詞の変化（人称，時制）に習熟しておくべきです。また，わかる単語が多ければ，それだけ文脈がつかみやすくなるのは当然ですから，普段から単語力の増強に努めるようにしましょう。

練習 I

Sì, sono per legalizzare la droga

C'è chi si oppone a questa scelta perché crede che significhi autorizzare l'eroina. Invece è l'unico modo per salvare la vita di quelli che ormai sono consumatori cronici. E delle tante vittime dei loro furti. Nel nostro paese, purtroppo, molte persone confondono «legalizzazione» con una specie di allegra autorizzazione : ma legalizzare vuol dire stabilire regole, in quale quantità, a esclusione dei minori e con un controllo della qualità. Abbiamo uffici in cui controllano se i funghi del nostro paniere sono tossici o buoni. Ma la legge impedisce che un malato di droga chieda se la dose che gli hanno esosamente spacciato è un veleno letale.　　　　(*Panorama* 誌 1999/9/16 より)

Secondo questo articolo,　　　　　　　　　　VERO　FALSO
(a) le droghe devono essere legalizzate, tranne quelle

pesanti come l'eroina.	□	□
(b) la legalizzazione della droga aumenterà la criminalità.	□	□
(c) è necessario legalizzare le droghe anche per impedire l'aumento dei furti commessi dai drogati.	□	□
(d) «legalizzare la droga» significa darla a chiunque la voglia, anche ai minorenni.	□	□
(e) ci sono dei funghi tanto velenosi quanto le droghe.	□	□

語句と文法解説

- significhi ⇒ 接続法。確定的とはみなされていないことを表す（すでに接続法を学んだ人は，「credere に従属する節の中では直説法を使う」と習っているかもしれません。でも，こういった規則は，実は機械的には適用できません）。
- confondere A con B ⇒ AとBを混同する
- a esclusione di ... ⇒ …を除いて
- chieda ⇒ 接続法。禁止を表す動詞（ここでは impedire）に従属する節の中では接続法を使う。
- la dose che gli hanno esosamente spacciato
  ⇒ （麻薬密売人などが）彼らに（＝中毒患者たちに）法外な値段で売りつけた分量

訳と解答

そう，私は麻薬の法制化に賛成する

これが麻薬の公認を意味する，と信じ込んでこの選択に反対する人がいる。実は逆に，これはすでに常習的な消費者となってしまった人たちの生命を救う唯一の方法なのだ。さらには彼らによる窃盗事件の多くの犠牲者の生命をも。しかし，残念ながら，我が国では，多くの人が「法制化」をある種のゴキゲンな公認だと混同している。だが，法制化とは，規定を作ること，分量を定めること，未成年者の除外，品質の検査を伴うことを意味する。我々が手カゴに集めてくるキノコが有毒かそうでないかを検査してくれる部局は存在する。だが，麻薬患者がベラボーな値段で売りつけられる分量が致命的な毒になるのか調べてもらうことは，法律によって妨げられているのである。

この記事によれば，

(a) ヘロインのような強力なものを除いて麻薬は合法化されるべきである。　×
(b) 麻薬の法制化は犯罪の増加を招く。　×
(c) 麻薬患者による窃盗の増加を防ぐためにも麻薬の法制化は必要である。　○
(d) 「麻薬を法制化する」とは，未成年者でも欲しがる人には誰でも与えることである。　×
(e) 麻薬と同じくらい有毒なキノコがある。　×

練習2

DROGHE — Perché l'erba va proibita ?

Legalizzare la marijuana aumenterebbe nei giovani il rischio di usare droghe pesanti: uno studio del National Center of Addiction and Substance Abuse con sede a Washington, sostiene che la liberalizzazione dell'erba avrebbe come primo effetto una crescita del consumo tra gli adolescenti. «A quell'età la marijuana non solo danneggia la memoria a breve termine, ma blocca la crescita intellettuale ed emotiva, aumentando la voglia di provare droghe pesanti, come eroina o cocaina», spiega Joseph Califano, autore della ricerca secondo cui nei ragazzi tra 12 e 17 anni che fumano marijuana il rischio di usare droghe pesanti è 85 volte superiore rispetto a chi non la fuma.　　　　　　　　　　　　　(*L'Espresso* 誌 1999/8/12 より)

Secondo questo articolo,　　　　　　　　　　　　　　　VERO　FALSO
(a) legalizzare l'uso della marijuana causerebbe alla fine l'aumento dei consumatori di eroina.　　　　　　　□　　　□
(b) nei ragazzi tra i 12 e i 17 anni che la fumano, la probabilità di passare alle droghe pesanti è dell'85 per cento più alta di quelli che non la fumano.　　□　　　□

語句と文法解説

・spiega Joseph Califano, autore ...
　　⇒　Joseph Califano と autore は同格。「ジョセフ・カリファーノ,

すなわち著者」。

- ... la ricerca secondo cui ... è 85 volte superiore
  ⇒ 関係代名詞 cui のない元々の形から考えるとわかりやすい。secondo la ricerca ... è 85 volte superiore「その研究によれば… 85倍高い」。superiore「より高い」は alto の比較級。

訳と解答

麻薬 ── なぜマリファナは禁止されねばならぬか？
マリファナの合法化は，若者たちのあいだでの強力な麻薬の使用の危険を増大させることになるであろう。ワシントンに本部のある，麻薬常習および化学物質悪用国立研究所の調査によると，麻薬の自由化は，まず第一の影響として，若者による消費の増大を招くことになろう。「その年代ではマリファナは短い期間で記憶力を損なうのみならず，知的そして感情的成長を妨げます。そしてヘロインやコカインといったより強い麻薬を試したいという欲求を増すことになります」。こう説明するのはジョセフ・カリファーノで，彼の研究によれば12歳から17歳のマリファナを吸う少年たちにおいては強力な麻薬を使うようになる危険は吸わない人に比べて85倍高くなる。

この記事によれば，

(a) マリファナの合法化は結局ヘロイン中毒者の増加を招くことになろう。 ○

(b) 12歳から17歳のマリファナを吸う少年少女たちにおいては，強い麻薬に移る可能性は吸わない人に比べて85パーセント高い。 ×（正しくは「85倍高い」）

(((3 練習3

Telefonino ergo sum

Dimmi che cellulare porti e ti dirò chi sei. Alla fine di luglio i telefonini toccano i 25 milioni di abbonamenti, superano in diffusione i telefoni fissi e improvvisamente la rivoluzione è sotto gli occhi di tutti. All'inizio degli anni novanta status symbol per vip, poi strumento di lavoro per professionisti, ora il cellulare per i giovani è un'icona per essere identificati : come il motorino, l'orologio, le scarpe.　　　(*L'Espresso* 誌 1999/8/12より)

Secondo questo articolo,   VERO FALSO

(a) gli abbonamenti al cellulare stanno per raggiungere il numero di quelli ai telefoni fissi.   □   □

(b) il cellulare ci dice molte cose sulla persona che lo possiede.   □   □

語句と文法解説

- telefonino ergo sum
  ⇒ デカルトの言葉「われ思う，故にわれ存在す」をもじったもの。原文はラテン語 "cogito ergo sum"（私は考える／だから／私は存在する）。

- che cellulare porti
  ⇒ 「君がどんな携帯電話を持っているのか」。che はここでは疑問形容詞。che cellulare「どのような携帯電話」。

- Dimmi ... e ti dirò
  ⇒ 「…を私に言いなさい，そうすれば私は君に言おう」。命令文の後に接続詞 e を置いて文を続けるとこのような意味になります。

- un'icona per essere identificati
  ⇒ 「同定されるためのイコン」。パソコン用語（英語）では「アイコン」ですね。

訳と解答

ケータイ故に，われ存在す

君がどんな携帯電話を持っているかを私に言ってくれれば，君がどんな人か当てて見せよう。7月の終わりには契約数が2500万に達し，普及度において固定式電話を抜き，この革命的変化は突如として万人の眼前に現れたのである。90年代の初めには VIP のステータス・シンボルであり，その後，専門的職業人の仕事の道具となり，今では携帯電話は若者にとってオートバイ，腕時計，靴と同様にアイデンティティーのためのイコンである。

この記事によれば，

(a) 携帯電話の契約数は固定式電話の契約数に達しようとしている。　×
（正しくは「7月の終わりには，携帯電話の契約数は2500万に達し，固定式電話の契約数を抜いた」）

(b) 携帯電話はその持ち主について多くのことを我々に語ってくれる。
   ○

練習 4 （練習 3 の記事の続き）

Lo snobismo di non averlo

C'è chi lo odia, il telofonino. Come lo scrittore Giampaolo Rugarli, che dichiara : «Il mio non rapporto col cellulare nasce dal non-rapporto con la parola parlata : già detesto la radio e la tv, figuriamoci il telefonino. E poi, non saprei come farlo funzionare». Anche il regista Dario Argento non possiede il cellulare ed è un fedelissimo della segreteria telefonica di casa : «Se mi capita di andare fuori città per lavoro, ne prendo uno in prestito dall'ufficio. Ma confesso di non sapere mai il suo numero. Nella vita quotidiana ci sono già troppe pressioni : figuriamoci andare in giro con un cellulare che squilla nel taschino della giacca». (*L'Espresso* 誌 1999/8/12 より抜粋)

Secondo questo articolo,   VERO FALSO

(a) Giampaolo Rugarli detesta il cellulare perché preferisce parlare di persona.   □   □

(b) il cellulare non piace a Dario Argento, perché non vuole subire altre pressioni nella vita quotidiana.   □   □

(c) Dario Argento non usa mai il cellulare perché pensa che avere una segreteria telefonica basti.   □   □

語句と文法解説

・figuriamoci ... ⇒ 「…を考えても見るよ」。文法的には, 再帰動詞 figurarsi「想像する」の一人称複数の命令形だから, もともとは「…を想像しよう」ということ。日常会話でよく使う表現です。再帰動詞の命令形も覚えられますから, ぜひ頭に入れて使ってみてください。

・come farlo funzionare ⇒ 「どうやってそれを作動させるかということ」。「come＋不定詞」で「どのように…するかということ」。ここでは使役の fare「…させる」が不定詞になっている。目的語 lo はここでは携帯電話のこと。「携帯電話を作動させる」。

- mi capita ⇒ 「私に…ということが起こる」。mi は間接目的語の形。
- (c) ...... pensa che avere una segreteria telefonica basti.
    ⇒ basti は動詞 bastare「充分である」の接続法の形。pensare「考える」を用い，事実ではなく意見を表しているので直説法になっていない。basti の主語は avere 以下。「留守番電話を持つということ」。

訳と解答

それ（携帯電話）を持たぬというスノビズム

それを憎んでいる人もいる，つまり携帯電話を。例えば作家ジャンパオロ・ルガルリのように。彼は言う「私の携帯電話との無関係は，口に出された言葉との無関係から生じるのです。大体，ラジオやテレビが大嫌いなのに携帯電話なんて，想像してみてくださいよ。それに，使い方もわかりませんしね」。映画監督のダリオ・アルジェントも携帯電話を持っておらず，家にある留守番電話の忠実な信奉者である。「仕事で町から外に出なければならないときは事務所から携帯電話をひとつ借り出すんです。でも実はその携帯電話自体の番号はいつも知らないんですがね。日常生活の中でも煩わしいことが多すぎるのに，ジャケットの胸ポケットで鳴り出す携帯電話と一緒に出歩くなんて，考えてもみてくださいよ」。

この記事によれば，
(a) ジャンパオロ・ルガルリは，直接会って話すほうが好きなので，携帯電話が嫌いである。 ×（彼は「口に出された言葉との無関係」と言っている。）
(b) ダリオ・アルジェントは，日常生活でさらに他のプレッシャーを受けたくないので，携帯電話が嫌いである。 ○
(c) ダリオ・アルジェントは，留守番電話があれば十分だと思っているので，絶対に携帯電話は使わない。 ×
（彼は，事務所から借り出すこともある，と言っている。）

練習5

MINACCE

Arabella Kiesbauer e Hans Meiser, conduttori di due popolarissimi programmi delle televisioni tedesche «Pro7» e «Rtl», da qualche tempo ricevono minacce di morte. Motivo: la stupidità delle loro trasmissioni. «Vi diamo sei settimane di tempo — si legge nelle lettere minatorie recapitate alle due emittenti — per abolire il programma o sostituirlo con uno più sensato. Altrimenti uccideremo Kiesbauer, Meiser e gli altri conduttori». (*La Stampa* 紙 1999/7/8より)

Secondo questo articolo,　　　　　　　　　　　VERO　FALSO
(a) i due conduttori vengono minacciati perché i loro programmi sono troppo stupidi.　　□　　□
(b) le lettere minatorie dicono che i loro programmi sono troppo difficili.　　□　　□
(c) le lettere minatorie chiedono che persone più intelligenti si sostituiscano ai due conduttori televisivi.　□　　□

語句と文法解説

・si legge nelle lettere minatorie
　⇒ 「脅迫の手紙では（このように）読まれる」。文法的には，動詞 leggere「読む」の，si を使った受動態。受動態の主語は "Vi diamo ..." という手紙の内容。
・(c) ... chiedono che ... si sostituiscano a ...
　⇒ 「交代するように要求している」。再帰動詞 sostituirsi a ...「…と交代する」が接続法になっている。要求を表す動詞（chiedere）に従属する節の中では接続法を使う。

訳と解答

脅迫

ドイツのテレビ局 Pro7 と Rtl の二つの人気番組の司会者アラベラ・キースバウアーとハンス・マイザーは，以前から殺すという脅迫を受けている。その理由：彼らの番組の愚劣さ。「君たちに六週間の時間を与える —— 二つの放送局に送られた手紙にはこうある —— 番組を廃止するかもっとまともなものと取り替えるかだ。さもなくば，キースバウアー，マイザーと他の司会者を殺す。」

この記事によれば，
(a) 二人のテレビ司会者は，彼らの番組がばかばかしすぎるというので脅迫されている。　○

(b) 脅迫の手紙は，彼らの番組は難しすぎると言っている。　×
(c) 脅迫の手紙は，もっと知性的な人間がこの二人のテレビ司会者と交代するように要求している。　×（番組を廃止するかもっと意味のある番組と取り替えることを要求している）

練習6

Un turno non rispettato
Una lettrice ci scrive :

　Mercoledî pomeriggio mi sono trovata nella condizione, ahimè sfortunata, di dover cercare una farmacia. Sapevo che molte sono chiuse per turno di riposo infrasettimanale. Tuttavia, trovandomi in piazza Zara, mi sono incamminata alla ricerca della prima farmacia aperta.

　Sono così arrivata in quella di corso Moncalieri n. 257, che, ovviamente, era chiusa per riposo. Diligentemente, aveva esposto il cartello che indicava le farmacie più vicine aperte quel pomeriggio. Tra queste, c'era quella di corso Massimo d'Azeglio n. 100. Ho così ripreso a camminare con la certezza di trovarla aperta, anche se era un po' lontana.

　Quando sono arrivata in corso Massimo ho avuto la bella sorpresa di trovare anche questa farmacia chiusa per riposo infrasettimanale, con la "diligentissima" indicazione delle farmacie più vicine aperte quel mercoledî pomeriggio. Tra queste, ovviamente, compariva quella di corso Moncalieri, dove ero appena stata.

　E dal momento che ormai si era fatto tardi e che le altre farmacie erano molto più distanti, ho dovuto rinunciare a comprare ciò di cui avevo bisogno.　　　　　　（*La Stampa* 紙 1999/7/8　読者の手紙欄より）

Secondo questa lettera,　　　　　　　　　　　　　VERO　FALSO
(a) alla fine, la lettrice non ha potuto ottenere ciò che voleva perché tutte le altre farmacie erano chiuse.　　　□　　□
(b) Il mercoledî tutte le farmacie sono chiuse.　　　　　□　　□

(c) Il mercoledì le farmacie vengono chiuse a turno.　□　□
(d) i cartelli indicavano le farmacie più vicine che dovevano essere aperte quel pomeriggio.　□　□
(e) la lettrice è riuscita ad ottenere la medicina che voleva.　□　□

語句と文法解説

・ho avuto la bella sorpresa di trovare anche questa farmacia chiusa
　　⇒　avere la bella sorpresa di ＋不定詞「…して非常に驚く」。
　　　trovare ... questa farmacia chiusa「この薬局が閉まっていることを発見する」。閉まっている薬局, と訳すよりもこの方がいいでしょう。

訳と解答

守られぬ順番

ある女性読者からの手紙

　水曜日の午後，まったく不運なことに，薬局を探さねばならぬ状況に陥りました。多くの薬局が，平日の休み順に当たっているので，閉っているのはわかっていました。でも，そのときはザーラ広場にいたのですが，最初の開いている薬局を探して歩き始めました。

　こうして，モンカリエーリ通り257番の薬局にたどり着きましたが，明らかに休みで閉っておりました。(その薬局は)几帳面に，その午後開いているもっとも近い薬局がいくつか書いてある掲示を出していました。その中に，マッスィモ・ダゼッリォ通り100番のものがあったので，今度は開いている薬局を見つけられる，と確信してまた歩き始めました。それはちょっと遠かったんですが。

　マッスィモ通りに着くと，この薬局も平日休みの日で閉っていたのを見て，まったく驚きました。そして，例のご丁寧な掲示があって，その水曜の午後に開いているもっとも近い薬局がいくつか示されていましたが，その中には，当然のごとく，さっき私が行ってきたばかりのモンカリエーリ通りの薬局がありました。

　もう時間も遅くなっていたし，ほかの薬局はずっと遠くにあったので，私は必要としていたものを買うのをあきらめざるを得ませんでした。

この手紙によれば，
(a) 他のすべての薬局は閉まっていたので，結局，この読者は欲しいものを手に入れることができなかった。　×(もう時間も遅く，他の薬局は

遠かったので，あきらめた。）
(b) 水曜日にはすべての薬局が閉まっている。　×
(c) 水曜日には薬局が交代で閉まる。　○
(d) 掲示にはその日の午後にあいているはずの近くの薬局が示してあった。　○
(e) この読者は欲しい薬を手に入れることができた。　×

練習 7

Riesplode la voglia di casa (ma mancano quelle belle)
Il sogno di una bella casa è sempre in cima ai pensieri degli italiani. Peccato che la realtà sia assai poco idilliaca : le case disponibili spesso sono brutte. Quelle usate e da ristrutturare sono quasi due terzi delle proposte sul mercato, ma si tratta di un tipo di abitazione che interessa solo il 27 per cento dei potenziali acquirenti. Al contrario, oltre metà degli italiani vorrebbe comprare una casa già ristrutturata, che però viene offerta solo nel 20 per cento dei casi.

(*Panorama* 誌 1999/9/16 より抜粋)

Secondo questo articolo,　　　　　　　　　　　VERO　FALSO
(a) due terzi delle case offerte sul mercato vanno ristrutturate, mentre la maggior parte degli italiani preferisce case già ristrutturate.　　　□　　□
(b) un quinto delle proposte offrono case già ristrutturate e questa percentuale soddisfa la domanda del mercato.　　　□　　□

語句と文法解説

・Peccato che la realtà sia ...
　⇒ 「現実が…なのは残念である」。sia は essere の接続法。「残念である」という主観的な見解を表している。

・si tratta di ...
　⇒ 「問題となっているのは…である」「それは…のことである」。三人称単数形で使います。よく現れる表現です。

訳と解答

家への欲望が爆発する(しかしきれいなものは足りない)

きれいな家(を持つ)という夢は常にイタリア人の思考の頂点にある。現実があまり明るくないのは残念なことである。入手可能な家は多くの場合いたんでいる。中古で手を入れねばならぬものが，市場に提供される物件のほぼ三分の二を占める。しかしそれは，潜在的購買者の27パーセントの関心を引くだけの住居のタイプである。対照的に，イタリア人の半分以上はすでに手入れされた家を買いたがるが，それは20パーセントだけ(市場に)提供されている。

この記事によれば，
(a) 市場に提供される家の三分の二は手を入れねばならぬものなのに対して，大部分のイタリア人は手入れされた家を望んでいる。 ○
(b) 提供されるものの五分の一がすでに手を入れられた家であり，このパーセンテージは市場の要求を満たす。 ×

(((8 練習8

Hawaii senza canti

Industrie, turismo, agricoltura, animali importati senza controllo: stanno distruggendo uccelli e flora di un paradiso.— Anno 1891, isole Hawaii: un ecosistema eccezionale. Quasi 10 mila forme di vita diverse, fra piante e animali, concentrate in poco più di 16 mila chilometri quadrati. Anno 1992, stesse isole: il 90 per cento delle foreste di sandalo è ormai distrutto, 37 tipi di piante rischiano l'estinzione (15 entro i prossimi due anni), il 70 per cento delle 140 specie di uccelli è scomparso. Di quelle che sopravvivono, 30 sono in pericolo. Per almeno 12 non c'è più niente da fare.

(*Panorama* 誌 1992/1/12 より抜粋)

Secondo questo articolo,　　　　　　　　　　　　　　VERO　FALSO
(a) nel corso degli ultimi cento anni, quasi 70 specie di
　　uccelli si sono estinte.　　　　　　　　　　　　　　□　　　□
(b) tra le piante finora sopravvissute, rimarranno in

futuro solo 15 specie.
(c) 12 specie di uccelli, con ogni probabilità, in futuro si estingueranno.
(d) l'importazione di specie animali nelle isole è stata accuratamente programmata.

語句と文法解説

・rischiano l'estinzione
　　⇒ 「絶滅（という危機）に瀕する」。英語の risk はイタリア語では rischio です。ここで他動詞 rischiare は危機に相当する語を目的語としています。
・non c'è ... niente da fare.　⇒ 「するべきこと・できることが何もない」

訳と解答

（動物の）歌声の消えたハワイ

産業，観光，農業，無制限に持ち込まれた動物，（これらのものが）楽園の鳥類と植物を破壊している。――1891年のハワイ諸島にはすばらしい生態系があった。植物，動物に渡って，ほぼ１万の異なる生命の種類が，１万６千平方キロをわずかに超える面積の中に凝縮されていた。1992年の同諸島では，90パーセントの棕櫚(しゅろ)の林がすでに破壊され，37種の植物が絶滅の危機に瀕しており（うち15種が次の二年以内に），140種の鳥のうち70パーセントが消滅した。生き残っているもののうち，30種は危機的な状況にある。12種に関してはもうできることは何もない。

この記事によれば，
(a) 最近の100年間で，鳥類の70種が絶滅した。　×
(b) 今まで生き残った植物のうち，将来に残るのはたった15種だろう。　×
(c) 鳥類のうち12種はほぼ確実に将来には絶滅するだろう。　○
(d) 動物の島々への移入は注意深く計画的に行われていた。　×

第11章　作文問題

実用イタリア語検定の3級からは，イタリア語で作文する問題(70～150語程度)が出題されます。

傾向は大きく二つに分かれています。①**イラストつきのタイプ**では，ひとつのイラストの内容を説明したり，複数のイラストの順にしたがって話を進めていくといった問題です。②**イラストを用いないタイプ**では，友人に手紙を書く，夏休みや週末をどのように過ごしたかなどのテーマについて，自由に記述するパターンです。

どちらのタイプにしても，ある程度の名詞，動詞，形容詞などのボキャブラリーが要求されるうえ，**時制や関係代名詞，直接目的語や間接目的語の代名詞**を正確に使い分けられているかがポイントになります。

また，作文問題は最後のほうに出ているので，文法問題との時間配分をあらかじめ考えておくとよいでしょう。単語数をカウントするのも，結構，時間がかかるものです。普段から100語前後で作文の練習をしておくのが，有効な対策となるでしょう。

練習 1

Keiko racconta ad un'amica italiana il suo viaggio in Italia mostrando le fotografie che ha fatto. Guardare le cinque illustrazioni e scrivere una storia utilizzando al massimo 150 parole.

11 作文問題

ミラノに向かう機内にて　　ミラノ スカラ座　　フィレンツェ ウフィツィ美術館

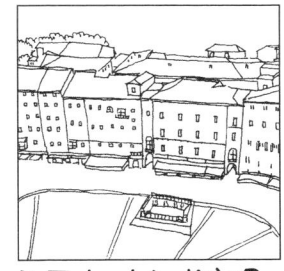

シエナ カンポ広場　　ローマ サン・ピエトロ広場

解答例と訳

ケイコは，イタリア人の女性の友人に，イタリア旅行について写真を見せながら語ります。5つのイラストを見て，話を150語以内で書きなさい。

（三人称で記述した解答例）

Keiko ha trascorso le vacanze in Italia. È partita per Milano con l'aereo pieno di turisti giapponesi. A Milano, ha subito prenotato un biglietto per la Scala. Era da tanto tempo che sognava di andare a vedere un'opera alla Scala. Adora non solo la musica ma anche l'arte, perciò a Firenze, naturalmente, ha visitato gli Uffizi. La Galleria era veramente meravigliosa. Andando più a sud, si è fermata a Siena. In quel momento la città aspettava il famoso Palio. A Roma ha avuto veramente molto da fare, perché ha dovuto cercare e comprare i souvenir per i genitori e gli amici, e poi per la visita ai Musei Vaticani non bastava solo una giornata!

ケイコは休暇をイタリア旅行しながら過ごした。(ケイコは)日本人旅行客でいっぱいの飛行機でミラノへ向かった。ミラノでは，スカラ座のチケットをすぐに予約した。スカラ座でオペラ鑑賞するのが，長年の夢だった。音楽だけでなく，美術も大好きなので，フィレンツェでは，もちろんウフィツィ(美術館)を訪れた。美術館はほんとうにすばらしかった。南へ下りながら，シエナに立ち寄った。その頃，町は有名なパリオ祭の前だった。ローマでは，両親や友人たちへのおみやげを探し，買わなくてはならなかったので，ほんとうに忙しかった。それに，ヴァチカン美術館の見学は，とても一日で足りるものではなかったのだ！

(使用語数：117語)

ポイント

- ha trascorso le vacanze ⇒ trascorrere は他動詞の場合，「…を過ごす」。助動詞には avere を用います。
- Era da tanto tempo che sognava di ...
    ⇒ di 以下のことを sognava「(ケイコが)夢みていた」のは，era da tanto tempo「ずいぶん前からだった」。
- si è fermata ⇒ 再帰動詞 fermarsi「立ち寄る，滞在する」。
- Musei Vaticani ⇒ ヴァチカン美術館はいくつかの美術館の総称なので，複数形。
- non bastava solo una giornata
    ⇒ solo una giornata「一日だけでは(＝単数名詞)」なので，bastare は三人称単数です。

(一人称で記述した解答例)

◎ 10　Guarda queste foto : le ho fatte durante il mio viaggio in Italia.
Sono partita per Milano con l'aereo pieno di turisti giapponesi.
A Milano, ho subito prenotato un biglietto per la Scala. Era da tanto tempo che sognavo di andare a vedere un'opera alla Scala, sai.
Adoro non solo la musica ma anche l'arte, perciò a Firenze, naturalmente, ho visitato gli Uffizi. La Galleria era veramente meravigliosa.
Andando più a sud, mi sono fermata a Siena. Sai, in quel momento la città aspettava il famoso Palio.

11 作文問題

A Roma ho avuto certamente molto da fare, perché ho dovuto cercare e comprare i souvenir per i miei genitori e gli amici, e poi per la visita ai Musei Vaticani non bastava solo una giornata!

見て，これらの写真は私のイタリア旅行中に撮ったものよ。
私は，日本人旅行客でいっぱいの飛行機でミラノへ向かったの。ミラノでは，スカラ座のチケットをすぐに予約したわ。スカラ座でオペラ鑑賞するのが，長年の夢だったのよ。
音楽だけでなく私は美術も大好きなので，フィレンツェでは，もちろんウフィツィ（美術館）を訪ねたわ。美術館は，ほんとうにすばらしかった。南へ下りながら，シエナに立ち寄ったの。その頃，町は有名なパリオ祭の前だったのよ。
ローマでは，両親や友人たちへのおみやげを探して，買わなくてはならなかったので，ほんとうに忙しかった。それにヴァチカン美術館の見学は，とても一日では足りなかったの！　　　　　（使用語数：125語）

ポイント

こちらの解答例は，「ケイコ自身が語っている言葉」を記述したものです。そのため，ところどころに相手の気を引く言葉を挿入してあります。

- guarda　⇨　guardare「見る」の tu（親称）に対する命令形「見て」。
- ..., sai　⇨　sapere「知っている」を二人称の形で会話のなかで使うと，「ねえ，…なのよ」，「…なんですよ」というニュアンスになります。英語の you know に相当します。
- senti　⇨　sentire「聞く」の tu（親称）に対する命令形「聞いて」。Lei（敬称）に対する命令形 senta は「あのう」というニュアンスで，人に呼びかけるときによく使われます。

練習2

Descrivere la seguente illustrazione (Da 50 a 150 parole).

解答例と訳

次のイラストを(50語以上150語以内で)描写しなさい。

11 "Nel soggiorno"

Sulla parete di sinistra c'è un caminetto acceso. Sul caminetto ci sono due fotografie di famiglia. Sulla stessa parete c'è un quadro grande con un paesaggio marino. Davanti al caminetto c'è un divano per tre persone e sul divano ci sono due cuscini e un gatto nero. Sull'altra parete ci sono due finestre chiuse dalle quali si vedono delle montagne con la neve. Davanti alle finestre ci sono tre persone che chiacchierano. Tra di loro, una signora indica fuori e dice come si chiama quella montagna. Gli altri due, l'uomo e la donna, ascoltano quello che sta dicendo la signora, ammirando la bellezza del paesaggio. A destra ci sono un tavolo quadrato e quattro sedie. Il tavolo è già apparecchiato.

「居間にて」

左側の壁には，火の入った暖炉がある。暖炉の上には家族の写真が2枚ある。同じ側の壁に，海の風景の大きな絵が掛かっている。暖炉の前には，3人がけのソファがあり，ソファの上には2つのクッションと黒猫がいる。もう一方の壁には閉じている窓が2つあり，そこから雪化粧の山々が見える。窓の前には，おしゃべりしている3人がいる。彼らのうち，婦人は外を指して，あの山がなんという名前なのかを説明している。あとの2人，男性と女性は景色の美しさに感心しながら，婦人の話しを聞いている。右のほうには四角いテーブルがあり，椅子が4脚ある。テーブルにはすでに食事の準備ができている。　　　　　　（使用語数：124語）

ポイント

・un quadro grande con un paesaggio marino
　　　⇒　「…が描かれている絵」は前置詞 con を用います。
・ci sono due finestre chiuse dalle quali ...
　　　⇒　ci sono due finestre chiuse と si vedono delle montagne con la neve dalle finestre が関係代名詞 dalle quali で結びついています。
・si vedono delle montagne con la neve
　　　⇒　受け身の si。delle montagne「山々（＝複数）」が続くので，動詞は si vedono（三人称複数形）となります。

練習3

Raccontare la cena che hanno fatto Sara e Luigi al ristorante seguendo l'ordine delle illustrazioni. (da 70 a 150 parole)

解答例と訳

イラストの順にしたがって、サラとルイージの夕食の様子を描写してください (70〜150語)。

🔊 12 Quella sera Luigi voleva assaggiare un vino speciale, quindi quando si sono seduti a tavola, ha chiesto subito delle informazioni sul vino al cameriere.
Seguendo i consigli del cameriere, hanno ordinato due piatti di antipasto. A Sara piacciono le verdure, invece a Luigi piace moltissimo il prosciutto crudo.
Mangiando la pasta, Luigi era curioso del sapore del piatto di Sara. Lei lo sapeva e gliene ha fatto assaggiare un bocconcino.

Hanno mangiato benissimo ed erano molto contenti. Prendendo un caffè, parlando di varie cose, il tempo è volato via e ormai era mezzanotte.

Hanno chiesto il conto e hanno pagato al tavolo. Il cameriere era così simpatico che gli hanno dato anche la mancia.

あの晩，ルイージは特別なワインを味わいたかったので，彼らがテーブルについてすぐにウェイターにワインについての情報を尋ねた。

ウェイターのお勧めにしたがって，(彼らは)前菜を2皿，注文した。サラは野菜が好きなのだが，ルイージは生ハムに目がない。

パスタを食べながら，ルイージはサラの(注文した)料理に興味を示しはじめた。彼女はそうなると確信していて，一口，彼に味見させた。

料理はおいしくて，とても満足だった。コーヒーを飲みながら，いろいろなことを話しているうちに，時は飛ぶように過ぎて，もう真夜中になっていた。

勘定を頼み，テーブルで2人で支払った。親切なウェイターだったので，チップも払った。　　　　　　　　　　　　　　　（使用語数：114語）

ポイント

- A Sara piacciono le verdure
  - ⇒ 「…が好きである」＝ a＋人＋piace / piacciono。名前の前でも前置詞 a がつくことを忘れないように。
- essere curioso di ...　⇒　「好奇心を起こす」
- Lo sapeva　⇒　lo は前文全体をさす代名詞「そのこと」。
- gliene ha fatto assaggiare un bocconcino
  - ⇒ gliene は gli「(＝a Luigi)彼に」＋ne「それについて(＝代名詞的小詞)」。un bocconcino と数量を示しているので ne を用います。ha fatto assaggiare の fare は使役で「…させる」。

練習 4

Raccontare come avete trascorso le vacanze estive (usate da un minimo di 80 a un massimo di 180 parole).

解答例と訳

夏休みをどのように過したかを書いてください(最低80語,最高180語の語数で)。

(((13 Ho fatto le mie ultime vacanze estive quasi un anno fa. Lavoro per una ditta di computer e quindi potevo andare in vacanza solo per dieci giorni. Prima delle vacanze, avevo pensato di viaggiare un po' all'estero e un po' in Giappone, ma ho notato che tutti i prezzi e tutte le spese erano altissimi e tutti i posti erano affollati, e ho cambiato idea. Ho telefonato agli amici che non vedevo da molto, anche se ci sentiamo spessissimo. Abbiamo deciso di andare in un campeggio appena fuori Tokyo, non in macchine, ma in treno. Così siamo riusciti a trovarci senza ritardo e senza fatica, anche se c'era traffico dappertutto. Abbiamo cucinato il "riso al curry", abbiamo mangiato bene. Era buonissimo. Abbiamo chiacchierato fino all'alba. Il resto delle vacanze è andato bene : andavo al cinema la mattina, o dormivo fino a mezzogiorno.

このあいだの私の夏休みは,約一年前だった。私はコンピューター会社に勤めているので,休みは10日間しかなかった。だから,休みの前には,海外と日本を少しずつ旅行しようかと考えたが,値段や旅行費はとても高く,どの場所も混み合っていることに気がついた。だから,考えを変えた。ちょくちょく電話はしているが,長いあいだ会っていない友達に電話をした。東京からほんの少し郊外へ出たところへ,車ではなく電車でキャンプに行くことに決めた。そうして,どこもかしこも渋滞だったけれども,私たちは遅刻や苦労もなく互いに会うことができた。私たちは「カレーライス」を作り,おいしく食べた。いや,ほんとうにおいしかった。そして,夜明けまでおしゃべりをした。残りの休日は,朝から映画へ行ったり,昼まで寝ていたりして心地よく過ごした。

(使用語数:145語)

11 作文問題

ポイント

- avevo pensato ..., ma ho notato ...
    - ⇒ 休暇の前には avevo pensato（avere の半過去＋過去分詞＝大過去）したが，ho notato（avere の現在＋過去分詞＝近過去）。時制の使い分けに注意しましょう。
- anche se ...　⇒　「…にもかかわらず」
- Abbiamo deciso di andare　⇒　decidere＋di＋不定詞
- siamo riusciti a trovarci
    - ⇒　riuscire＋a＋不定詞。再帰動詞 trovarsi は相互的に「会う」。

練習5

Una vostra amica italiana ama la cultura giapponese ma non è mai stata in Giappone.
Scrivetele una lettera invitandola a passare le prossime vacanze in Giappone. (da 100 a 150 parole)

解答例と訳

日本文化が大好きなイタリア人女性の友人は，まだ日本に来たことがありません。次の休暇に日本へ招待するという内容の手紙を書いて下さい（100～150語）。

14　Cara Maria, come stai ?
Io sto bene. Qui comincia la stagione delle piogge e quasi ogni giorno piove.
Ma dopo questa stagione fastidiosa arrivano finalmente le vacanze ! Hai già progettato qualcosa ?
In questi giorni non posso fare a meno di pensare ad una cosa : mi è venuta un'idea molto carina. Ti interessa la cultura giapponese, vero ? Allora perché non vieni qui in Giappone, almeno per un mese ? Lo so benissimo che i biglietti d'aereo costano e che anche i viaggi in Giappone sono cari rispetto a quelli in Italia. Però secondo me è importante vedere le cose direttamente e fare delle esperienze stando qui. Non devi preoccuparti di altre cose piccole. Vorrei dirti : basta venire qui !! Naturalmente sei già invitata a casa mia. Aspetto una tua

risposta e spero che mi dirai di sì. Mille baci e un abbraccio.

Saori

親愛なるマリア
お元気ですか？　私は元気です。こちらでは梅雨が始まり，ほとんど毎日，雨が降っています。
けれど，このうっとうしい時期が過ぎれば，とうとう休暇になります。もう，何か計画は立てましたか？
ここ何日か，ひとつの考えが頭を離れません。というのは，なかなかのアイデアがひらめいたのです。日本の文化に興味があるんですよね？　だったら，少なくとも一ヶ月，日本に来てみませんか？　飛行機のチケットや日本での旅行がイタリアと比べて高いのは，よくわかっています。でも，いろいろなことを直接見たり，日本で経験してみることが大切だと思います。細かいことは心配しないでいいですよ。とにかくここに来てみて，と言いたいのです!!　もちろん，私の家に泊まってください。
お返事待っています。来てくれますよね。たくさんのキスと抱擁を。

さおり
（使用語数：142語）

ポイント

- non poter fare a meno di ...　⇨　「…せずにはいられない」
- una cosa : mi è venuta un'idea molto carina
    - ⇨　una cosa の後の「：」は，それ以下で una cosa をより詳しく述べる役割をしています。
- Ti interessa la cultura
    - ⇨　interessa＋単数名詞＋a＋人，interessano＋複数名詞＋a＋人
- perché non ...?　⇨　「なぜ…しないのですか？」⇨「…しましょうよ！」
  ＝勧誘
- Lo so benissimo che ...　⇨　Lo は che 以下を先取りしている代名詞(冗語的)です。
- rispetto a ...　⇨　「…に比べて」

第12章 リスニング

全般的傾向と対策

「実用検定」ということで，聞き取りの能力は非常に重要視されています。実際，第1回から第6回までは全問中の半分近くがリスニング問題で占められていました。7回以降最近の傾向を見ても，**その割合は4割程度**になっています。したがって，この分野の対策が十分でないと合格はおぼつかないということになります。

4級，5級レベルでは基本的な旅行会話や日常生活での会話能力が問われていますが，3級ではそれを一歩進めたいわば**「応用会話」**が要求されます。例えば，単に電話で話ができるだけではなく，他人に伝言を伝えるとか，トラブルに巻き込まれたときにその内容を理解し，適切に対処できることが必要になってきます。当然，**語彙**も増やさなければなりませんし，イタリアでの生活に関わる**常識的な事柄**についてもより深い理解が求められます。もちろん，文法的な知識も重要です。3級では，接続法や遠過去など一部を除いて**初級文法全般の知識**が求められていることも忘れないでください。

それでは，具体的に最近の問題の構成を見てみましょう。

◆絵を見て答える問題(1)：4つの独立した会話が続けて流れます。問題用紙にはそれぞれの状況が描かれた絵があるので，内容にあった絵を1つずつ選びます。この形式の問題は，2001年の秋期から出題されています。**解法のコツは，細かい単語にとらわれずに，全体が何についての会話なのかを把握することでしょう。**

◆絵を見て答える問題(2)：3～4枚の絵から1つの正解を選びます。問題文が2度読まれ，それについてのDOMANDA（質問）が1度読まれます。その後しばらくポーズがあるので，その間に答えを選びます。

◆絵を見て答える問題(3)：3～4枚の絵から1つの正解を選びます。問

題文が2度読まれた後，質問はないので直接絵を見て答えを選びます。

◆**書かれた文を読んで答える問題**：**問題文が2度読まれた後**，その内容に関する3〜4つの短文のなかから1つの正解を選びます。ポーズは比較的長めに取ってあります。

◆**会話の再構築問題**：A，B2人の会話が想定されます。Aの声だけが流れるので，それに対するBの応答として適切な短文を3〜4つの選択肢から選びます。

◆**内容理解の問題**：少し長めの問題文(1〜2題)が読まれ，その内容について書かれた数個の短文が正しいかどうかを判断します。正しければVERO，間違っていればFALSOを選んでください。

絵を見て答える場合も，そうでない問題の場合も，問題用紙が配られたらまずそれらを見ながら，**どんな質問文が読まれるのかをすばやく予想すること**が必要です。なかには一見すると予想困難に思われるものがありますが，過去に出題された問題や本書にある模擬問題を練習しておくことでおおむね対処できるはずです。

また，最近の傾向としては，読まれる問題文がやや長めになっていること，問題文と答えの文で同じことを別の単語や表現で置き替えている例が増えていることが挙げられます。どちらも，より幅広い理解力や表現力が求められていることの反映でしょう。いずれにしても，対策としては，まず**頻出の単語や熟語，慣用表現に注意しながら語彙を増やしておく**ことです。同時に，本書にある類似問題を数多くこなして，**それらに慣れておくことも重要**でしょう。

それでは，よく出題されるトピック別に練習問題を解きながら，ポイントを整理していきましょう。

12 リスニング

絵を見て答える問題

人物の特徴や服装

(((・15 **練習1**   a   b   c   d

スクリプトと訳

（問題文）M : Hai visto la figlia del professor Salvini ? È quella ragazza bellissima, bionda, piccolina con la camicetta a quadri e la minigonna bianca.

（質問文）DOMANDA : Qual è sua figlia ?

（男）サルヴィーニ先生の娘さんを見たかい？　あのとても美人の，金髪で，小柄でチェックのブラウスを着て，白のミニスカートをはいている娘だよ。

（問）彼の娘はどの人か？

解説　piccolina は piccolo に縮小辞の -ino が付いた形，「ちょっと小柄な」のニュアンス。camicetta「ブラウス」も，本来は camicia「シャツ」に縮小辞 -etto が付いた形。

解答　(a)

(((・16 **練習2**   a   b   c   d

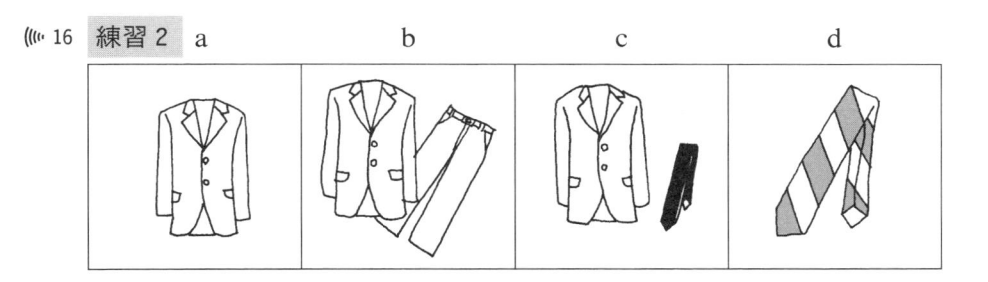

183

スクリプトと訳

（問題文）M : Scusi, signorina ? Avrei bisogno di una cravatta da portare con la giacca che ho comprato la settimana scorsa.

F : Come la vuole ?

M : Mah, la giacca è in tinta unita, quindi la cravatta la vorrei a strisce, semplice, un po' larga, perché va di moda, no ?

（質問文）DOMANDA : Che cosa vuole comprare il signor Baldi ?

（男）すみません，店員さん。先週買ったジャケットに合うネクタイを探してるんですけど。

（女）どういったものがお好みですか？

（男）えーと，ジャケットが無地だから，ネクタイはストライプのシンプルなもので，ちょっと幅広のがいいですね。いま，流行りでしょう？

（問）バルディさんは何を買いたいのか？

解説　キーワードは cravatta。あとはネクタイの特徴を把握すればよいでしょう。店員のせりふの la は前の文の una cravatta を指していることに注意。avere bisogno di ...「…を必要としている」，in tinta unita「無地の」，a strisce「ストライプの」などの表現にも気を付けてください。

解答　(d)

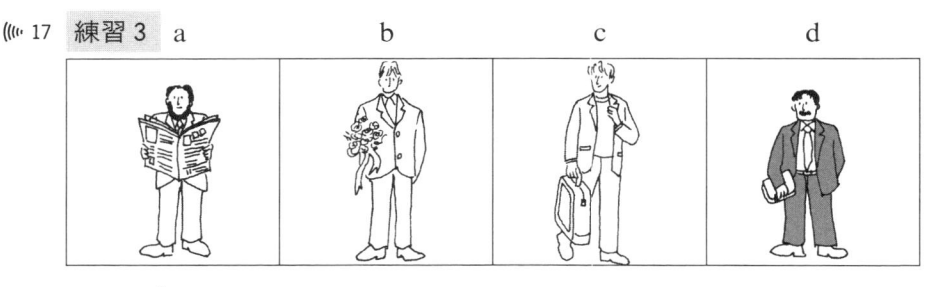

17 練習3　a　b　c　d

スクリプトと訳

（問題文）F : Senta. Vorrei parlare con il signor Calvetti. Dove si trova ?

M : Signora, guardi. È quello là, con la giacca scura ... Quello non molto alto, con i baffi, che porta un borsello in mano.

（女）すみません。カルヴェッティさんとお話ししたいんですが。どちらにい

らっしゃいます？
（男）奥さん，ご覧なさい。あそこにいる濃い色のジャケットを着た方ですよ。あの小柄のくちひげを蓄えて，手にセカンドバッグを持った方です。

解説 ▎ひげには，baffi「くちひげ」と barba「あごひげ」があることに注意。borsello（borsa＋縮小辞 -ello）は「男性用のセカンドバッグ」。

解答 ▎(d)

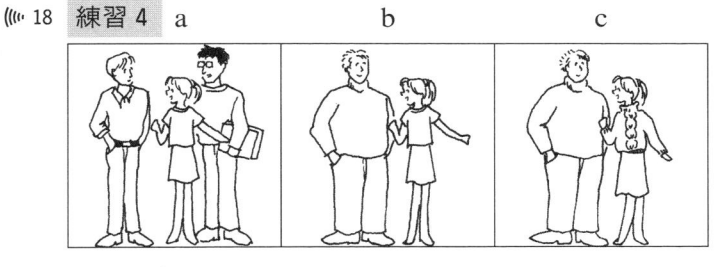

練習 4　a　　　　　b　　　　　c

スクリプトと訳

（問題文）M : Ciao, scusa, sto cercando una ragazza che si chiama Donatella. La conosci ? Mi hanno detto che è in questa classe.
　　　　　F : Certo, è quella con la maglietta a maniche corte che parla con quel ragazzo alto.

（男）やあ，ちょっと，ドナテッラという女の子を探しているんだけど，知ってる？　このクラスにいるって聞いたんだけど。
（女）ええ，あの大柄の男の子と話している半袖Tシャツの子よ。

解説 ▎maglietta は「Tシャツ」，maglia または maglione は「セーター」，似ているので混同しないように。

解答 ▎(b)

身体の特徴

alto 背の高い　　basso 背の低い　　bassetto / bassello ちょっと小柄な　　grasso 太った　　grassottello 小太りの　　magro やせた　　magrolino 少しやせ気味の

※拡大辞 -one，縮小辞 -etto, -ello, -ino に注意！

es.) ragazzo → ragazzone, ragazzo → ragazzino

髪の色

biondo 金髪　　bruno 褐色の髪

※これらは単独で使われることが多い。もちろん，女性形は語尾を -a に変える。

capelli neri 黒髪　　capelli marroni 茶色の髪　　capelli rossi 赤毛

ひげなど

baffi （*m. pl.*）くちひげ（常に複数形で用いる）

barba あごひげ，頬ひげ　　pizzo （あごの下の）やぎひげ

basette （*f. pl.*）もみあげ（ふつうは複数形で用いる）

衣服の種類

camicia ワイシャツ　　camicetta ブラウス　　gonna スカート　　abito ワンピース　　giacca ジャケット，背広　　pantaloni （*m. pl.*）ズボン，パンツ　　jeans （*m. pl.*）ジーンズ　　maglietta Tシャツ　　maglia セーター　　maglione （*m.*）（厚手の）セーター　　giubbotto ジャンパー　　cappotto コート　　impermeabile （*m.*）レインコート，（薄手の）コート　　vestito スーツ　　a maniche corte (a mezze maniche) 半袖の　　a maniche lunghe 長袖の

in giacca e cravatta ジャケットを着てネクタイを締めた

衣服の模様など

a fiori 花柄の　　a quadri チェックの　　a quadretti 細かいチェックの　　a strisce ストライプの　　a pois (a palline) 水玉模様の　　in tinta unita 無地の　　scuro 濃い色の　　chiaro 明るい色の，薄色の

12 リスニング

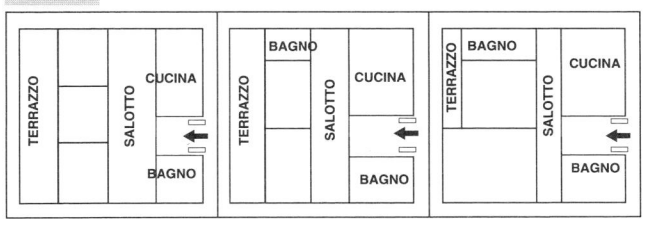

|不動産|

((◦ 19 練習5   a   b   c

```
[a: TERRAZZO | SALOTTO | CUCINA / BAGNO]
[b: TERRAZZO | BAGNO / SALOTTO | CUCINA / BAGNO]
[c: TERRAZZO | BAGNO / SALOTTO | CUCINA / BAGNO]
```

スクリプトと訳

（問題文）M : Sai, finalmente Carlo ha trovato un appartamento in centro.
　　　　　F : Ah, sì ?　Com'è, bello ?
　　　　　M : È magnifico !　Ci sono due belle camere, un grande salotto, cucina e doppi servizi. C'è anche un'ampia terrazza panoramica.
（質問文）DOMANDA : Qual è il suo appartamento ?

（男）カルロがとうとう中心街にアパートを見つけたのを知ってるかい？
（女）ああ，そう？　どんなところ，いいアパートなの？
（男）素晴らしいよ！　素敵な部屋が2つ，広いサロンとキッチン，それにトイレが2ケ所あるんだ。おまけに，眺めのいい広いテラス付きさ。
（問）彼のアパートはどれか？

解説　不動産用語では servizi (*m. pl.*) は「トイレ」を指します。この意味では常に複数形で用います。キーワードは doppi servizi「2つのトイレ」で，一見(c)もよさそうですが，テラスが狭いので不適。

解答　(b)

(((20 **練習6** a   b   c

| €200.000 | €202.000 | €200.000 |

スクリプトと訳

（問題文）M : Pronto ? È l'agenzia immobiliare Martelli ?　Sono Spini.
　　　　　F : Ah, professor Spini, stavo per chiamarLa io.
　　　　　M : C'è qualche novità per me ?
　　　　　F : Esatto. Finalmente ho trovato la casa che fa per Lei.
　　　　　M : Benissimo. Mi dica.
　　　　　F : Una bellissima villetta sulla collina, vicino al lago. Due piani più mansarda e un grande terrazzo : garage e un bel giardino. Costa poco più di 200.000 euro.

（男）もしもし。マルテッリ不動産ですか。スピーニです。
（女）ああ, スピーニ先生, こちらからお電話しようと思っていたところですよ。
（男）何か新しいニュースがありますか。
（女）その通りです。とうとうあなたにぴったりの家を見つけましたよ。
（男）それはいい。教えてください。
（女）湖の近くの丘の上にある素晴らしい別荘です。2階建で屋根裏部屋に広いテラス, それに車庫と素晴らしい庭付きです。価格は20万ユーロとちょっとです。

解説　まず, agenzia immobiliare が「不動産屋」だとわかる必要があります。そうすれば, 不動産や客との会話だと理解できます。villetta は villa「別荘」に縮小辞 -etto が付いた形。mansarda は「屋根裏部屋」という少し難しい単語。あとは, 価格の前にある poco più di ...「…より少し上」に注意。

解答　(b)

不動産関連の問題では, 上例のようにアパートの平面図や建物そのもの

の絵がよく出題されています。似たような絵が並んでいますが，条件にぴったりあったものを選び出すことが必要になります。ヒントは複数あるのがふつうですから，慌てずに対処しましょう。

不動産関連語

agenzia immobiliare 不動産屋　villa 別荘　villetta （小規模の）別荘　appartamento アパート，マンション　condominio 集合住宅　monolocale ワンルーム　vano 部屋　camera da letto 寝室　cucina キッチン　servizi (*m. pl.*) / bagno 浴室，トイレ（浴室とトイレは常に一緒になっている）　doccia シャワー　garage (*m.*) / box (*m.*)（屋内の）車庫　mansarda 屋根裏部屋　piano 階　terrazzo / terrazza テラス　balcone (*m.*)バルコニー　salotto 応接間　giardino 庭　cortile (*m.*)中庭　ampio / spazioso 広い　stretto / ridotto 狭い

> 買い物

4，5級レベルでは買った品物そのものやその数量，値段が問われていますが，3級になると例えば間接的にあるものを示唆した会話をヒントにそのものを当てるといったちょっとひねった問題が多くなります。

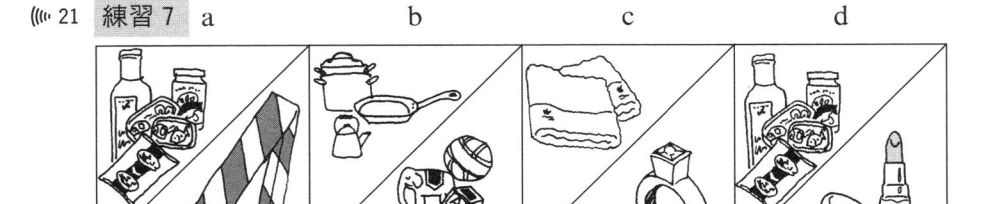

(((21　練習7　a　　　　　b　　　　　c　　　　　d

スクリプトと訳

（問題文）F : Mi accompagni ai grandi magazzini domani pomeriggio ?
　　　　M : Certo ! Ma cosa vuoi comprare ?
　　　　F : Prima dovrei andare al reparto alimentari, perché sabato

diamo una piccola festa. E poi vorrei cercare qualcosa per il compleanno di mio marito. Sai, il prossimo mese compierà 35 anni.

（質問文）DOMANDA : Che cosa vuole comprare Maria ?

（女）明日の午後，デパートに付き合ってくれる？
（男）もちろん。でも，何を買いたいの？
（女）最初に食料品売り場に行かないとね。土曜日にちょっとしたパーティーをするから。それと，夫の誕生日のために何か買いたいの。ほら，来月には35歳になるから。
（問）マリーアは何を買いたいのか。

解説　キーワードは reparto alimentari「食料品売り場」と compleanno di mio marito「夫の誕生日」。それにあった答えを探してください。なお，dare una festa は「パーティーを開く」。

解答　(a)

練習8　a　　　b　　　c　　　d

スクリプトと訳

（問題文）M : È difficile fare un regalo ad Anna, vero ? Che cosa le portiamo domenica ?
　　　　F : Mah, non so, non va bene un buon semifreddo da Menne ?
　　　　M : Ma dai, non ti ricordi che è a dieta ?
　　　　F : È vero. Hai ragione. Allora, compriamole una bella pianta di rose !
　　　　M : D'accordo. Buona idea !

（質問文）DOMANDA : Che cosa le comprano ?

190

（男）アンナにプレゼントを持って行くのは難しいね。日曜日は何を持って行こうか？
（女）さあ，わからないけど，メンネのおいしいアイスクリームケーキはどうかしら？
（男）でも，彼女がダイエットしているの忘れたの？
（女）そうだったわ。その通りね。それじゃあ，かわいい(鉢植えの)バラを買っていきましょうよ！
（男）そうしよう。グッドアイデアだ！
（問）彼らは彼女に何を買うのか。

解説　da Menne は「メンネの店の」，essere a dieta は「ダイエット中」。最終的に二人が何を買おうと決めたのかを考えてください。

解答　(d)

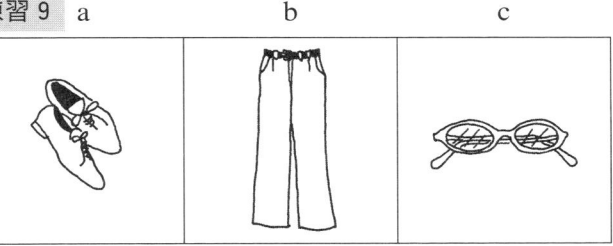

練習9　a　　　b　　　c

スクリプトと訳

（問題文）F1 : Che ne dici, mamma : questi bianchi come mi stanno ?
　　　　　F2 : Belli. Molto eleganti. Anche la cintura è carina.
　　　　　M　: Le stanno benissimo, signorina. Questa è la nuova linea.
　　　　　F1 : Sono comodissimi. Proprio della mia misura !
　　　　　F2 : E allora d'accordo, prendiamo questi.
　　　　　M　: Benissimo.
（質問文）DOMANDA : Che cosa comprano ?

（女1）どう思うママ，この白いの似合うかしら？
（女2）素敵よ。とてもエレガントだわ。ベルトもかわいいし。
（男）　よくお似合いですよ，お嬢さん。これは新しいデザインです。
（女1）とてもはきやすいわ。サイズもぴったり！

（女2）　それじゃあ，これにしましょう。
（男）　　かしこまりました。
（問）　　彼女たちは何を買うのか。

解説　具体的な品物名は出てきませんが，前後の状況と名詞や形容詞の語尾から推測させる問題です。ポイントは，questi bianchi と男性・複数名詞である点。絵のなかでは(b)と(c)が該当しますが，la cintura「ベルト」という単語があるので答えはひとつに絞られます。

解答　(b)

(((24　練習10　a　　　　　b　　　　　c

€2,20　　€4,40　　€6,60

スクリプトと訳

（問題文）M : Senti, Carla. Sai, questo caffè è molto buono.
　　　　　F : Davvero ?　Allora lo provo. Costa 2,20.
　　　　　M : Secondo me sarebbe meglio comprarne tre pacchetti.
　　　　　F : Perché ?
　　　　　M : Perché, guarda : c'è scritto : "Paghi due, prendi tre !".
　　　　　F : Hai ragione. Allora ne prendo tre pacchetti.
（質問文）DOMANDA : Quanto paga Carla ?

（男）ねえ，カルラ。知ってる？　このコーヒーとてもおいしいよ。
（女）ほんとう？　それじゃあ，試してみようかしら。2.20ユーロね。
（男）僕は3パック買った方がいいと思うね。
（女）なんで？
（男）だって，あそこを見てごらん。「2個分払って3つ買えます！」て書いてあるもの。
（女）そうね。それじゃあ3パック買いましょう。
（問）カルラはいくら払うのか。

解説 ▎ポイントは "Paghi due, prendi tre !"，イタリアのスーパーマーケットでは，よくこのような方式の「特売」をやっています。カルラは3パック買うことにしたので，2個分だけ払えばよいのです。

解答 ▎(b)

買い物関連表現

店名

grandi magazzini　(*m. pl.*)デパート（日本とは異なり衣料品，日用雑貨の中級品を扱う。食料品を置いてある店もある）　mercato　市場（野菜，果物，肉，魚，チーズなどの青空市。靴，衣料品，日用雑貨を扱うところもある。早朝から午後1時頃まで開くのがふつう）　supermercato　スーパーマーケット

営業形態など

orario continuato　連続営業（昼休みなし）　saldi　(*m. pl.*)バーゲン（シーズンオフの7，8月，1，2月に多い）　sconto　値引き，ディスカウント　reparto　売り場　es.) reparto casalinghi　家庭用品売り場

商品名

stivali　(*m. pl.*)ブーツ　scarpe　(*f. pl.*) con il tacco alto　ハイヒール　scarponi　(*m. pl.*)登山靴，スキーブーツ　scarpe da ginnastica　スポーツシューズ　elettrodomestici　(*m. pl.*)家電製品　lavatrice　(*f.*)洗濯機　aspirapolvere　(*m.*／無変化)掃除機　frigorifero　冷蔵庫　televisore　(*m.*)テレビ　forno elettrico　電気オーブン　apparecchi audio　(*m. pl.*)オーディオ製品　cellulare　(*m.*)携帯電話(telefoninoとも言う)　settimanale　(*m.*)週刊誌　mensile　(*m.*)月刊誌

3級の問題にはかなり大きな数字も出ているので読み方を確認し，ついでに全体的な整理をしておきましょう。また，コンマ以下2桁まであるユーロ表示の読み方にも慣れておく必要があります。

注意すべき数字

100　cento　［無変化］　1.000　mille　（単数）→ mila　（複数，発音注意！millaではない！）

1万～90万代まで：千の倍数で表す
es.) 50.000　cinquantamila　(50×1.000)
1.000.000　un milione　(単数)→ milioni　(複数)
es.) 3.000.000　tre milioni
百万～1億代まで：百万の倍数で表す
es.) 700.000.000　settecento milioni
1.000.000.000　(10億)　un miliardo　(単数)→ miliardi　(複数)
10億以上の数：10億の倍数で表す
4.500.000.000　(45億)　quattro miliardi e cinquecento milioni
ユーロ表示の読み方：小数点は簡単に e と読むことが多い。**euro** は無変化だが，その下の単位 **centesimo**(= **1/100 euro**)は複数なら **centesimi** となる。
€ 18,25 = diciotto e ［または virgola］venticinque /
　　　　　diciotto euro e venticinque (centesimi)
€ 77,05 = settantasette e ［または virgola］cinque /
　　　　　settantasette euro e cinque (centesimi)
※イタリア語では千単位の位取りは".'(punto)，小数点は","(virgola)で表す。日本語と逆なので注意すること。
※milione と miliardo は名詞なので，単数のときは不定冠詞が付く。また，後に別の名詞がくるときには，前置詞 di が必要になる。cf. cento, mille (mila) は形容詞扱い。
　es.) un milone, un miliardo / due milioni di abitanti　人口200万人　cf. seimila abitanti　人口6千人 (di は不要)

病院，薬，病気など

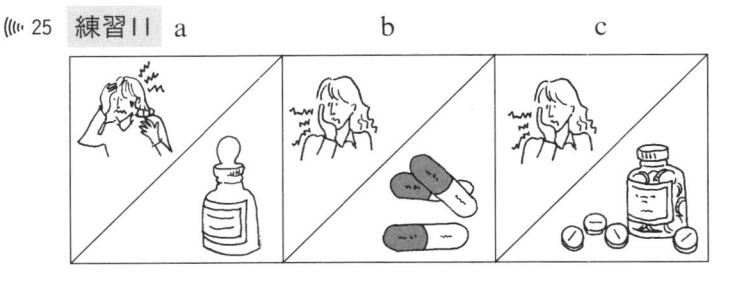

(((25　練習11　a　　　　　b　　　　　c

12 リスニング

スクリプトと訳

(問題文) F : Dottore, mi fa molto male questo dente ! Stanotte non ho dormito mai. Mi dà qualche medicina per calmare il dolore ?

M : Va bene. Le scrivo una ricetta per compresse anti-dolorifiche. Ne prenda una dopo ogni pasto, così il dolore le passerà.

(女) 先生，この歯がとても痛むんです。昨晩は一睡もできませんでした。何か痛みを静める薬をいただけませんか。

(男) わかりました。痛み止めの錠剤を処方しておきましょう。毎食後に1錠ずつ飲んでください。そうすれば，痛みは治まりますよ。

解説 fare male「…が痛む」は痛むところを主語にして用いる表現。ricetta は「処方箋」。あとは，薬の形状を表す単語がわかれば解くことができます。compressa は「錠剤」。

解答 (c)

練習12 a   b   c

スクリプトと訳

(問題文) M : Senti, Franca è ancora in ospedale ?

F : No, è uscita ieri. Ma la gamba le fa ancora molto male e deve sempre stare seduta.

(男) ねえ，フランカはまだ入院してるの？
(女) いいえ，きのう退院したわ。でも，まだ脚がとても痛むので，いつも座ってなきゃいけないのよ。

解説 in ospedale は「入院中」ですが，uscita があるのでフランカはすで

に退院していることに注意しましょう。

解答 ▎(a)

練習13 a　　　　b　　　　　c　　　　　d

スクリプトと訳

(問題文)　F : Oh, Enzo ! ... Allora ?　Cosa ti ha detto il dottor Marini ?
　　　　　M : Nulla di grave. Ho il colesterolo un po' alto.
　　　　　F : Ah, vedi ?　Come dicevo io. Devi dimagrire un po', vero ?
　　　　　M : Mi pare di sì. Niente carni grasse, ma un po' di carne bianca, come pollo o vitella, va bene. Un po' di formaggio lo posso anche mangiare. La pasta, possibilmente condita con l'olio d'oliva, solo una volta al giorno.

(質問文)　DOMANDA : Che cosa non deve assolutamente mangiare Enzo ?

(女) ああ，エンツォ。それで？　マリーニ先生はあなたに何て言ったの？
(男) たいしたことは何にも。ちょっとコレステロールが高いんだって。
(女) ほら，ご覧なさい。私が言ったとおりでしょ。ちょっとやせなきゃいけないのね。
(男) そうらしいね。脂っぽい肉はだめ，でも鶏とか子牛なんかの白身の肉は少しなら大丈夫。チーズも少量は食べられるんだ。パスタは，できればオリーブ油で調理したものを，1日1回だけならOKさ。
(問) エンツォが決して食べてはいけないものは何か？

解説 ▎Nulla di grave. は「たいしたことはない」という決まり文句。キーワードは Niente carni grasse, あとは制限つきながら食べることができます。

解答 ▎(d)

薬の形状

compressa （平たい）錠剤　supposta　座薬　sciroppo　シロップ剤
capsula　カプセル

医者

dottore　（一般的に）医者　medico　内科医　chirurgo　外科医
dentista　歯科医　oculista　眼科医　otorinolaringoiatra　耳鼻咽喉科医　pediatra　小児科医　dermatologo　皮膚科医
※andare da＋定冠詞＋医者名　…科医に行く　es.) andare dal dentista

病名

raffreddore　(m.)（軽い）風邪　influenza　（発熱を伴う）風邪；インフルエンザ

症状

avere la febbre　熱がある　avere la tosse　咳が出る　sentirsi debole　身体がだるい　sentirsi bene (male)　気分がよい（悪い）

痛みを表す表現

(I) avere mal di＋部位 (testa　頭, stomaco　胃, denti　歯, pancia　腹, gola　のど …)
　〈人が主語〉
　　Mario ha mal di denti.　マリオは歯が痛い。
(II) fare male a ql. cu. ＋部位 → 間接目的語＋fa＋単数名詞
　〈痛む部位が主語〉　　　　　　間接目的語＋fanno＋複数名詞
　　Mi fa molto male la gamba.　私においてとても脚が痛む。（直訳）
　　　　　　　　　　　　　　　→私は脚がとても痛い。
(III) dolere a ql. cu. ＋部位 → 間接目的語＋duole＋単数名詞
　〈痛む部位が主語〉　　　　　　間接目的語＋dolgono＋複数名詞
　　Le duole la gola？　あなたにおいてのどが痛みますか（直訳）
　　　　　　　　　　→あなたはのどが痛いですか。

※上記の(II), (III)は同じ構造。動詞の形は，三人称の単・複しか用いないことに注意。
piacere, interessare などと同様な非人称的使い方。ただし，(III)はやや古い言い方。

天気予報

4, 5級でも天気に関する出題はありますが, 3級になると実際の天気予報を聞かせて答えさせる問題など, 内容がより複雑になってきます。よく使われる言い回しをチェックして, 慣れておく必要があります。

練習14 a　　　b　　　c

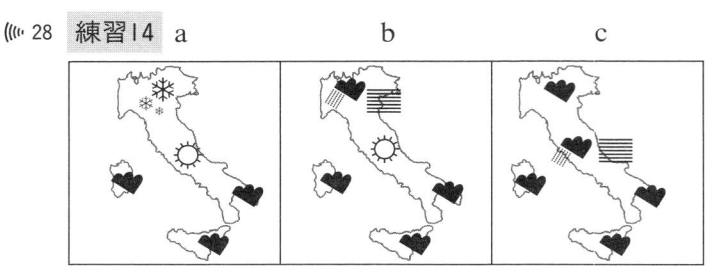

スクリプトと訳

（問題文）M : Previsioni del tempo per il fine-settimana : molto nuvoloso al Sud e sulle isole, sereno al Centro. Al Nord nebbie e piogge scarse.

（男）週末の天気予報です：南部と島嶼部では雲が多めですが, 中部は快晴でしょう。また, 北部は霧とにわか雨になるでしょう。

解説　sereno「快晴」, nuvoloso「曇り」, pioggia「雨」, nebbia「霧」などの天気予報によく登場する用語がわかれば解けます。複数形に注意すること。

解答　(b)

練習15 a　　　b　　　c　　　d

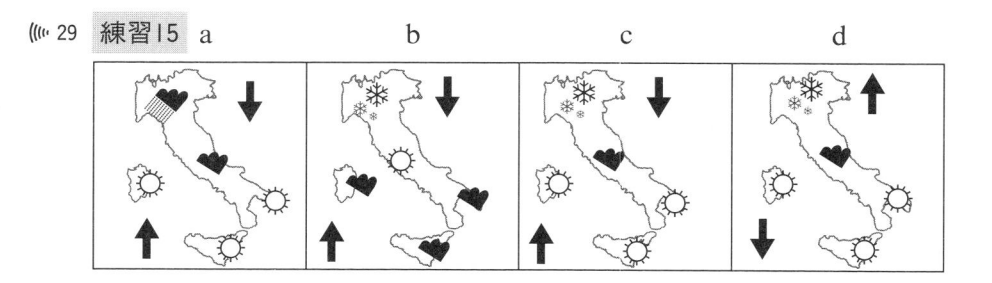

12 リスニング

スクリプトと訳

（問題文）F : Ecco il tempo di domani : sono previste temperature in diminuzione e forti nevicate al Nord, anche in pianura ; nuvoloso o poco nuvoloso al Centro con temperature normali, quasi sereno al Sud e sulle isole dove le temperature saranno in aumento.

（質問文）DOMANDA : Come sarà il tempo di domani ?

（女）さて，明日の天気です。北部では気温が下がり，平野部でも激しい雪になるでしょう。中部は曇りまたは薄曇りで，気温は平年並みでしょう。一方，南部と島嶼部では，ほぼ快晴となり，気温は上昇する見込みです。

（問）明日の天気はどうなるか？

解説 in diminuzione「下降」と，反対の意味になる in aumento「上昇」に注意。天気の予測が題意に沿っているのは(c), (d)ですが，気温の動向が決め手となります。

解答 (c)

天気予報　previsioni　(f. pl.)　del tempo / previsioni meteorologiche
（通常は複数形で用いることに注意）

sereno　快晴, 晴れ	poco nuvoloso　薄曇り	nuvoloso　曇り
coperto　本曇り	pioggia　雨　neve　雪	nevicata　降雪
temporale　雷雨	nebbia　霧　variabile　変わりやすい	
vento　風	mare mosso　海上波高し	alta pressione　高気圧
bassa pressione　低気圧	fronte　前線	

> **電話**

単純な電話番号を問うのではなく，状況の説明から必要な番号を選ぶ，トラブル時の対応などが出題されています。

(((30 練習16 a　　　　　　　b　　　　　　　c

| Borsa 1931 | Informazioni voli internazionali 7474 | Ferrovie dello Stato Informazioni viaggiatori 675001 |

スクリプトと訳

(問題文) M : Federico vorrebbe sapere l'orario degli aerei per Parigi, perché ha intenzione di andarci con la sua ragazza durante le vacanze di Pasqua. Così decide di telefonare per avere informazioni.

(質問文) DOMANDA : Quale numero deve chiamare ?

(男) フェデリーコは，パリ行きの飛行機の時刻を知りたいと思っている。というのは，復活祭の休みに彼女とそこに行くつもりだからだ。そんな訳で，インフォメーションを得るために，電話をかけることにする。

(問) 彼はどの番号に電話すべきか？

解説 ▎キーワードは l'orario degli aerei「飛行機の時刻表」。なお，(a)の Borsa は「株式市場」のことなので，これは株式市況の案内。

解答 ▎(b)

(((31 練習17 a　　　　　　　b　　　　　　　c

| UFFICIO STRANIERI ☎ TEL 686031 | UFFICIO STRANIERI ☎ TEL 687013 | UFFICIO STRANIERI ☎ TEL 685013 |

スクリプトと訳

(問題文) F : Pronto ? È l'Ufficio Stranieri della Questura ?
　　　　 M : No, signorina. Lei ha fatto il 68 50 13. Per l'Ufficio

　　　　Stranieri deve fare il 68 60 31.
　　F : Ah, sì. Grazie, mi scusi.
（女）もしもし。中央警察署の外国人課ですか。
（男）いいえ，お嬢さん。あなたは 68 50 13 へお掛けです。外国人課は 68 60 31 にお掛けください。
（女）ああ，そうでしたか。ありがとう，失礼しました。

解説　間違い電話の対応例。ha fatto「電話した」と deve fare「話すべき」の違いに注意してください。ふつう電話番号は2桁ずつ読むので，しっかり聞き取ること。

解答　(a)

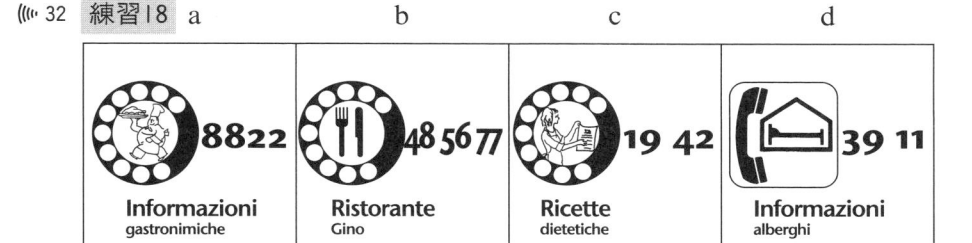

練習18

a	b	c	d
8822	48 56 77	19 42	39 11
Informazioni gastronimiche	Ristorante Gino	Ricette dietetiche	Informazioni alberghi

スクリプトと訳

（問題文）F : Uffa, non ho proprio voglia di cucinare stasera. Perché non andiamo a cena fuori ?
　　　　M : D'accordo, ma dove si va ?　Siamo in questa città solo da una settimana.
　　　　F : Usiamo il telefono, ci sono vari numeri. Ho visto anche quello di informazioni sui ristoranti.
　　　　M : Perfetto. Telefoniamo subito.
（質問文）DOMANDA : Quale numero chiamano ?

（女）あーあ，今晩はちっともお料理する気にならないわ。外に食事に行かない？
（男）いいよ，でもどこに行く？　この町に来てからまだ1週間しかたってないんだよ。
（女）電話を使いましょう，いろいろな番号があるの。レストランのインフォ

　　　　メーションの番号も見たわ。
（男）そりゃいい。さっそく電話しよう。
（問）彼らはどの番号に電話するのか。

解説　gastronomico は「グルメの」を意味する形容詞で，これが決め手となります。(b)は具体的な1軒のレストランなので，この場合は不適切。なお，ricette dietetiche は「ダイエット用レシピ」のこと。

解答　(a)

電話関連表現

segreteria telefonica　留守番電話　　messaggio　メッセージ　　scheda (carta) telefonica　テレホンカード　　cellulare (m.) / telefonino　携帯電話　　numero verde　フリーダイヤル　　cabina telefonica　電話ボックス　　interferenza　混信　　sbagliare numero　間違い電話をする　　essere occupato　話し中である

時刻・時間

「電話」同様に，前後の状況から適切な時刻を選ぶ，ひとひねりある問題が多くなっています。問題文で読まれる時刻そのままの絵が正解のことは少ないです。慌てずに，じっくり聞いて対処してください。

((33　**練習19**

a	b	c	d
PARTENZE PER PALEMO	PARTENZE PER PALEMO	PARTENZE PER PALEMO	PARTENZE PER PALEMO
7.30	6.00	6.30	8.30
9.30	9.00	9.30	11.30
16.30	16.30	16.30	15.30

スクリプトと訳

（問題文）F : Scusi, è già partito l'ultimo treno per Palermo ?
　　　　　M : Sì, è partito alle 16.30.
　　　　　F : Ah, dieci minuti fa ... Senta, ci sono treni anche la

mattina, vero ?

M : Sì, ce ne sono due : uno che parte alle 6.30 e l'altro tre ore dopo.

F : Grazie. Allora parto domattina.

（女）すみません，パレルモ行きの最終列車はもう出ましたか。
（男）はい，16時30分に出ました。
（女）ああ，10分前にね… すみません，午前中にも列車はありますよね？
（男）はい，2本あります。ひとつは6時半発で，もう1本はその3時間後ですね。
（女）ありがとう。それでは，明日の朝出発することにします。

解説 ▌ キーワードは tre ore dopo です。

解答 ▌ (c)

(((・34　練習20　a　　　　b　　　　c

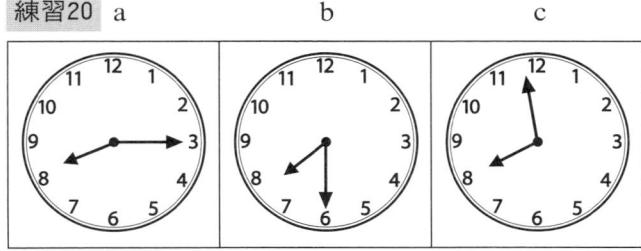

スクリプトと訳

（問題文）F : Pronto ?

M : Pronto, Elisa, sono io. Scusami, ma sono ancora in corriera.

F : Ancora in corriera ? Allora, hai preso quella delle otto e un quarto ?

M : No, no. Sono arrivato in tempo all'autostazione e ho preso quella delle sette e mezzo, solo che è partita con circa mezz'ora di ritardo.

F : Sì, ho capito. Ti aspetto qui in piazza.

（質問文）DOMANDA : Verso che ora è partita la corriera ?

(女) もしもし。
(男) もしもし，エリーザ，僕だよ。ごめんね，でもまだバスの中なんだ。
(女) まだバスの中ですって？ それじゃあ，8時15分発に乗ったのね？
(男) いや，いや。バスターミナルには時間通り着いて，7時半発に乗ったよ。ただ，これが30分近く遅れて出発したんだ。
(女) ええ，わかったわ。ここの広場であなたを待ってるから。
(問) バスは何時頃出発したのか？

解説 ▎最初の8時15分発に惑わされないでください。これは男性が乗った7時半発の次に出るバスのことで，解答には直接関係ありません。

解答 ▎(c)

練習21 a   b   c

```
0   SARABA                  0   SARABA                  0   SARABA
    Conduce Enrico              Conduce Enrico              Conduce Enrico
.40 IL PAESE DELLE          .40 IL PAESE DELLE          .40 IL PAESE DELLE
    MERAVIGLIE-                 MERAVIGLIE-                 MERAVIGLIE-
    Con Pippo Franco            Con Pippo Franco            Con Pippo Franco
22.20 LA VITA È BELLA       21.20 LA VITA È BELLA       21.20 LA VITA È BELLA
    Film. con Roberto Benigni e     Film. con Roberto Benigni e     Film. con Roberto Benigni e
    Nicoletta Braschi Regia di      Nicoletta Braschi Regia di      Nicoletta Braschi Regia di
    R. Begnini                      R. Begnini                      R. Begnini
 0.50 TELEGIORNALE          23.55 TELEGIORNALE           0.00 TELEGIORNALE
      DELLA NOTTE                   DELLA NOTTE                    DELLA NOTTE
      AGENDA-ZODIAC-                AGENDA-ZODIAC-                 AGENDA-ZODIACO-
 1.30 CHE TEMPO FA           1.30 CHE TEMPO FA           1.30 CHE TEMPO FA
```

スクリプトと訳

(問題文) F : Sai, Paolo, stasera in TV c'è un bel film di Benigni. Ce lo vediamo ?
M : Come no ... A che ora comincia ?
F : Alle nove e venti, e finisce quasi a mezzanotte.
M : Perfetto, così non facciamo neanche tardi.
(質問文) DOMANDA : Quale film vedono stasera ?

(女) ねえ，パオロ，今晩テレビでベニーニのいい映画やるのよ。一緒に見ない？
(男) もちろん… 何時に始まるの？
(女) 9時20分，それで終わりは12時頃ね。
(男) いいねえ，それなら夜更かしすることもないし。

解説 ▎問題文では(午後)9時20分と読んでいますが，番組表は24時制で書かれていることに注意。また，quasi があるため，終わりは0時ぴった

▎りではありません。

解答 ▎(b)

時刻・時間に関する表現

in tempo　時間内に，間に合って　　in anticipo　時間前に　　in ritardo 遅れて　　con ... di ritardo　…遅れで　es.) con venti minuti di ritardo 20分遅れで

prima　前(に)　　dopo　後(に)　es.) tre ore prima (dopo)　3時間前 (後)に

fra＋時間　いまから…後に　es.) fra un'ora　(いまから)1時間後に

alle (all'＊)＋時刻　…時に〈正確な時刻〉　　verso le (l'＊)＋時刻　…時頃に〈おおよその時刻〉

※all'とl'は「1時」のときのみ：all'una / verso l'una

circa　約，およそ　es.) circa due ore　約2時間 → quasi より少し幅があるニュアンス

quasi　ほとんど　　es.) quasi due ore　ほとんど2時間 → より正確な数値に近いニュアンス

統計

3級になると，各種統計の結果を表すグラフや図表を読ませる問題が出てきます。読まれる問題文は会話ではなく，文章になっています。ところで，ここでも，同じ事柄を問題文と DOMANDA (質問) あるいは答えの絵で違った表現を使っていることがあるので，要注意。もちろん前後関係から類推可能なものも多いのですが，やはり語彙を増やしておくと楽に解ける場合が多いのです。

これまでの出題内容を見ると，インフレ率の動向や出生率の推移，余暇の過ごし方などがあり，イタリア経済や社会の動きについてある程度の知識があれば取り組みやすいと言えます。したがって，語学的な勉強のみならず，ことばの背景になっているイタリアの国そのものを理解しようと努めることが大切になります。

((((36 **練習22** a   b   c

| 33% ESTERO | 45% MARE |
| 22% MONTAGNA | |

| 23% ESTERO | 32% MARE |
| 45% MONTAGNA | |

| 23% ESTERO | 45% MARE |
| 32% MONTAGNA | |

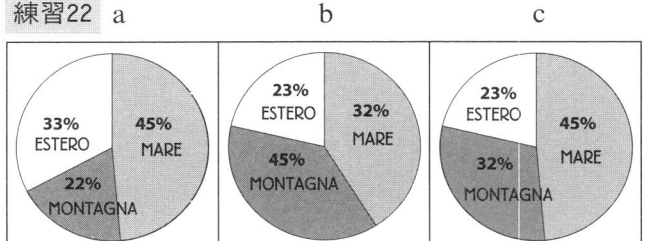

スクリプトと訳

（問題文）F : Gli italiani dove passano le vacanze ?　Anche quest'anno preferiscono come sempre spiaggia e tintarella !　Infatti il 45% ha passato le vacanze in località balneari, il 32% ha preferito le località montane e il restante 23% è andato all'estero.

（女）イタリア人はどこでヴァカンスを過ごすのでしょう？　今年もまた依然として砂浜と日焼けが好まれています。実際45%の人が海水浴場でヴァカンスを過ごし，32%が山を好み，残りの23%が外国に出かけました。

解説　tintarella「日焼け」，balneare「海水浴の」はかなり難しい単語です。ただし，絵の方にはMAREと書かれているので想像はつくはずです。Montano「山の」はわかりやすいでしょう。あとは数字をしっかり聞き取ること。

解答　(c)

((((37 **練習23** a   b   c

スクリプトと訳

（問題文）M : Secondo una recente statistica il numero dei viaggiatori in auto è in lieve aumento, quello con i mezzi pubblici è sempre in diminuzione, mentre quello di coloro che viaggiano in aereo è piuttosto stabile.

（男）最近の統計によると，車を利用する旅行者の数はわずかに増加し，公共交通機関利用者数は常に減少しています。一方，飛行機利用者数はほとんど横ばいです。

解説 ▎ キーワードは in aumento「増加」，in diminuzione「減少」，stabile「横ばい」。mezzi pubblici (*m. pl.*) は，電車，バスなどの「公共交通機関」を総体的に指します。

解答 ▎ (b)

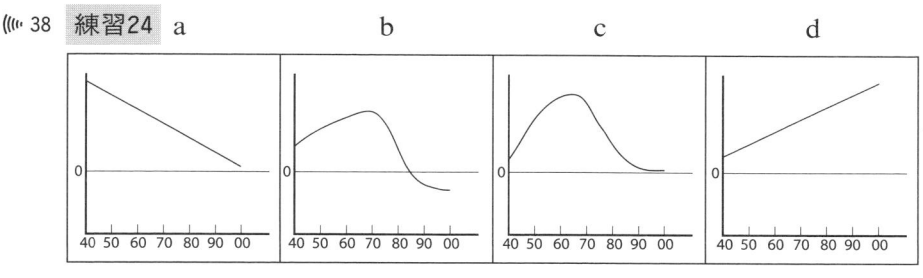

練習24　a　　b　　c　　d

スクリプトと訳

（問題文）F : Negli anni '50 nel nostro paese si è assistito ad un forte aumento delle nascite che è continuato fino alla metà degli anni '60. Poi la natalità è cominciata a diminuire costantemente ed ora è la più bassa d'Europa.

（女）わが国は50年代に出生数の急激な増加に直面し，それが60年代半ばまで続きました。その後出生率は下がり続け，いまではヨーロッパでもっとも低くなっています。

解説 ▎ si è assistito の si は「非人称の si」で，一般的な人を表します。動詞の原形は assistere「立ち会う」。nascita は「誕生」，natalità は「出生率」。

解答 ▎ (c)

統計関連語

statistica 統計　　sondaggio 調査　　aumento [名] / aumentare [動] 増加(する), 上昇(する)　　diminuzione [名] / diminuire 減少(する), 下降(する)　　stabile 横ばいの　　costantemente 常に, 絶えず
ripresa [名] / riprendere [動] 回復(する)　　ISTAT 国立中央統計局

余暇・趣味

単に映画や劇場に出かけるだけではなく，席の位置や種類，さまざまな切符などが問われます。また，旅行に関する設問でも，旅先での具体的な行動など，より細かいことを表現する力が求められています。

((39　練習25　a　　　　b　　　　c

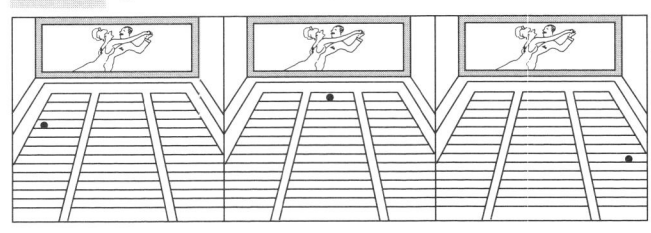

スクリプトと訳

(問題文)　F : Allora, ieri sera siete andati al cinema ?
　　　　　M : Sì, siamo stati all'Odeon. Ma ci siamo arrivati abbastanza tardi, quindi erano rimasti solo posti laterali a sinistra dove si vedeva male ...
　　　　　F : Peccato ! Dovevate uscire un po' prima.
(質問文)　DOMANDA : Da quali posti hanno visto il film ?

(女)　それで，昨日の晩は映画に行ったの？
(男)　うん，オデオン座に行ったよ。でも，着いたのがけっこう遅かったんで，見にくい左側の脇の席しか残ってなかったんだ。
(女)　それはお気の毒。もうちょっと早く出かけるべきだったわね。
(問)　彼らはどこの席で映画を見たか？

解説　Odeon = cinema Odeon で映画館の名前。キーワードは posti laterali a sinistra「左側の脇の席」。なお，andare al cinema「映画館へ（映画を見に）行く→映画に行く」と vedere il film「映画作品を見る→映画を見る」の違いに注意。

解答 ■ (a)

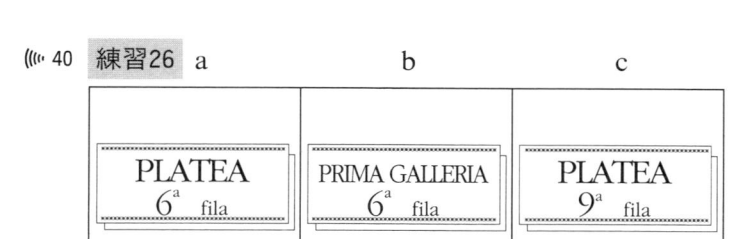

練習26　a　　　b　　　c

a	b	c
PLATEA 6ª fila	PRIMA GALLERIA 6ª fila	PLATEA 9ª fila

スクリプトと訳

(問題文)　F : Franco, hai trovato due biglietti di platea ?
　　　　　M : Purtroppo no. C'era un posto solo. Ho preso due biglietti di prima galleria in sesta fila. Va bene, no ?
　　　　　F : Sì, va bene. Peccato però : dalla platea si vede meglio !

（女）フランコ，1階席の切符2枚見つかった？
（男）残念ながら，ダメだったよ。1席しかなかったんだ。2階席の6列目を2枚買ったけど，かまわないだろ？
（女）ええ，いいわ。仕方ないもの。でも残念ね。1階席の方がよく見えるのに。

解説 ■ platea は「1階正面席」，prima galleria は「2階ギャラリー席」。fila は「(座席の)列」で，「何列目」と言うときは序数（primo, secondo, ...）を使うことに注意してください。参考までに，seconda galleria は「3階ギャラリー席」。

解答 ■ (b)

練習27　a　b　c　d

スクリプトと訳

(問題文) F : L'architetto Spini e il ragioniere Ciampolini sono molto amici e hanno una passione in comune. Una volta al mese vanno a caccia insieme in montagna e al ritorno, prima di tornare a casa, passano sempre dal bar da Pino.

(女) 建築家のスピーニさんと会計士のチャンポリーニさんは，とても仲がよい友人で，共通の趣味を持っている。月に1度は一緒に山に狩猟に出かけ，帰り道，家に戻る前に，いつもピーノのバールに立ち寄る。

解説　essere amico は「仲がよい」，この場合 amico は形容詞として使われていることに注意してください。passione は本来「情熱」という意味ですが，転じて「熱中できる大好きなこと」を表し，この場合は「趣味」と訳せます。andare a caccia は「狩猟に行く」。

解答　(b)

劇場に関する表現

andare a teatro　劇場に行く，芝居を見に行く　　andare al cinema　映画に行く　　botteghino　(劇場の)切符売り場

※biglietteria は劇場のものも含め，駅，美術館などすべての「切符売り場」に使える語。

palcoscenico　舞台　　platea　1階正面席　　palco　桟敷席
galleria　(2階以上の)ギャラリー席

※galleria は prima galleria (2階席), seconda galleria (3階席) に分かれていることもある。

loggione　(m.) 天井桟敷　　fila　(席の)列

余暇・趣味に関連する表現

andare a pesca　釣りに行く　　andare a caccia　狩猟に行く　　andare in piscina　プールに行く　　andare ad una mostra　展覧会に行く
andare in vacanza　ヴァカンスに行く　　andare in ferie　休暇に入る
giocare a calcio　サッカーをする

※vacanza は一般的な「休み，休暇」で，一定期間の場合は vacanze estive（夏休み）のように複数形で使う。一方，ferie は「有給休暇，休業期間」の意味で，より改まった響きがある。こちらは常に複数形（単数は feria）で用いる。

※giocare a＋スポーツ名　…（のスポーツ）をする

旅行関連表現

fare un viaggio　旅行する　　andare all'estero　外国旅行に行く　　fare il check-in　（空港で）搭乗手続きをする，チェックインする　　passaporto　パスポート　　carta d'identità　身分証明書　　visto　ヴィザ　　prendere il sole　日光浴をする
nuotare　泳ぐ　　tuffarsi, fare un tuffo　もぐる，飛び込みをする　　fare sub　スキューバダイビングをする　　fare surf　サーフィンをする

日常生活全般

喫煙に関する問題は毎回のように出されています。

(((42　練習28　a　　　　b　　　　c

スクリプトと訳

（問題文）F : Scusa, Dino, ti dispiacerebbe fermarti all'area di servizio per fumare ?　Sai, oggi c'è anche la piccolina in macchina.
　　　　　M : Ma certo, Silvia. Scusa, l'avevo completamente di-

211

menticato.

(女) ねえ，ディーノ，サービスエリアに停めてタバコを吸ってもらえないかしら？　今日は車にこの子も乗ってるでしょ。
(男) そうだね，シルヴィア。ごめんね。すっかり忘れていたよ。

解説　dispiacerebbe は dispiacere の条件法・現在で，丁寧な言い方。area di servizio は「高速道路のサービスエリア」。la piccolina は piccolo に縮小辞 -ina が付いた形で，直訳は「このおチビさん」，具体的にはこの夫婦の幼い女の子を指しています。l'avevo の l' は lo（そのことを）で，「車に子供が乗っていること」。

解答　(c)

練習29　a　b　c　d

スクリプトと訳

(問題文)　M : Ah, che sonno ! Sono stanco morto !
　　　　　F : Come mai ?
　　　　　M : Sai, questo fine-settimana ho traslocato in periferia, e quindi ho dovuto lavorare tanto ; pulizie, sistemazioni ...
　　　　　F : Hai già finito tutto ?
　　　　　M : Non del tutto. Sai, devo mettere in ordine tutti quei libri.
(質問文)　DOMANDA : Che cosa ha fatto Stefano il fine-settimana ?

(男) ああ，なんて眠いんだ。もう，くたくただよ。
(女) いったい，どうしたの？
(男) この週末に郊外に引っ越したんだよ。だから，やることがたくさんあって，掃除とか整理とか…
(女) もう全部終わったの？
(男) 全部はまだだね。ほら，あの本をみんな整理しないといけないんだ。

(問) ステーファノは週末に何をしたか。

解説 ┃ stanco morto は「死ぬほど疲れている」。キーワードは traslocare で「引っ越しする」。

解答 ┃ (a)

練習30

(問題文) F : Andrea！ Mi senti ?
　　　　 M : No, si sente molto male. C'è un'interferenza terribile.
　　　　 F : Aspetta che ti richiamo.

(女) アンドレア！ 聞こえる？
(男) いや，ほとんど聞こえない。ひどい混信だよ。
(女) 待ってて，かけなおすから。

解説 ┃ キーワードは interferenza「混信」ですが，少し難しい単語です。しかし，これがわからなくても，最後の richiamare「かけなおす」から電話の会話だと推察できます。

解答 ┃ (c)

書かれた文を読んで答える問題

質問文も答えの文も，絵では表せないような抽象的な内容のものが多くなっています。また，最近の傾向として，会話のみならず掲示や説明文などのひとまとまりの文が読まれることも多くなりました。

🔊 45　練習31

La biblioteca non è aperta al pubblico :
- (a) tutti i giorni
- (b) il mercoledì pomeriggio
- (c) il sabato mattina

スクリプトと訳

(問題文)　F : Sai che orario fa quella biblioteca ?
　　　　　M : Sì. È aperta al pubblico tutti i giorni dalle 9 alle 6 tranne il mercoledì pomeriggio.
　　　　　F : Accidenti ! Oggi è proprio mercoledì. Pazienza ! Ci andrò sabato mattina.

(女) あの図書館の開館時間知ってる？
(男) うん。水曜の午後を除いて，毎日9時から6時まで一般に公開されているよ。
(女) あら，まあ！　今日はちょうど水曜日じゃない。仕方ないわね。土曜の午前中に行くことにするわ。

その図書館は一般公開されていない：(a)毎日　　(b)水曜の午後　　(c)土曜の午前中

解説　キーワードは前置詞 tranne「…を除いて」。これは eccetto と同意語。Tutti i giorni に惑わされないように。

解答　(b)

🔊 46　練習32

Il treno :
- (a) arriva al binario 4
- (b) è arrivato al binario 7
- (c) arriva al binario 7
- (d) arriva a Milano

スクリプトと訳

(問題文)　M : Signori viaggiatori, attenzione prego. L'Eurostar 512, proveniente da Milano per Roma, è in arrivo al binario 7 anziché al binario 4.

（男）旅客の皆様，ご注意ください。ミラノ発ローマ行きのユーロスター512番列車は，4番線ではなく7番線にまもなく到着いたします。

その列車は：(a) 4 番線に到着する　(b) 7 番線に到着した　(c) 7 番線に到着する　(d) ミラノに到着する

解説　到着番線が変更になったときの，駅の案内アナウンス。キーワードは … anziché ～（～ではなくて…）。proveniente da … per ～「…発～行き」などの定番表現も覚えておくとよいでしょう。

解答　(c)

練習33

La pubblicità parla di :
(a) un nuovo cibo dietetico
(b) una nuova aranciata
(c) una nuova medicina

スクリプトと訳

（問題文）F : Basta una bustina di Geffer effervescente al gradevole gusto d'arancia sciolta in acqua, per attivare la motilità gastrica, spegnere il bruciore, normalizzare l'acidità ed eliminare il gonfiore di stomaco.

（女）ジェッフェル1包で十分です。水に溶かして使う，さわやかなオレンジ風味の微発泡性です。胃の動きを活発にし，痛みを取り，胃酸を中和し，膨満感を解消します。

この広告が宣伝しているのは：(a) 新しいダイエット食品　(b) 新しいオレンジジュース　(c) 新しい薬

解説　胃薬の広告文。難しい単語も多いので，全文を理解する必要はありません。キーフレーズは，最後の eliminare il gonfiore di stomaco「胃の膨らみを取り除く」。bustina（＜busta：小袋）は覚えておくべき単語。「ティーバッグ bustina di tè」などにも使われます。

解答 ▍(c)

(((48 練習34

La signora :
(a) fuma più di mezzo pacchetto al giorno
(b) ha smesso di fumare
(c) non riesce a fumare

スクリプトと訳 ■■■■■■■■■■■■■■■■■■■■■■■■■■■■

(問題文) F : Dottore, perché non mi scende mai la pressione del sangue ?
M : Eh, signora, gliel'ho già detto diverse volte. Lei continua ancora a fumare, vero ?
F : Beh, sì ... Non riesco a smettere ...
M : Capisco che non sia facile. Ma Lei deve fumare meno ; al massimo mezzo pacchetto al giorno.

(女) 先生，どうして私の血圧は下がらないんでしょうか。
(男) ああ，奥さん，そのことはもう何度か申し上げましたよ。あなたはまだタバコを吸っていらっしゃいますね。
(女) ええ，まあ… なかなかやめられなくて…
(男) 簡単でないのはわかります。しかし，本数を減らす必要があります。多くても1日半箱ですね。

この女性は：(a) 1日半箱以上吸う　　(b) タバコを吸うのを止めた　　(c) タバコを吸うことができない

解説 ▍ 問題は医者のアドバイスではなく，この女性の喫煙の現状を尋ねていることに注意。キーワードは fumare meno「喫煙を減らす」と al massimo「多くても」。冒頭の la pressione del sangue「血圧」は，解答に直接関係はない。なお，riuscire a ...「…に成功する」は必須表現。

解答 ▍(a)

12 リスニング

(((49 **練習35**

Fabio :
 (a) passerà le vacanze al mare
 (b) andrà solo a Londra
 (c) vuole passare le vacanze in Inghirterra

スクリプトと訳

(問題文) F : Senti, Fabio, anche quest'estate passi le vacanze al mare ?
　　　　 M : Ho cambiato idea ; voglio andare in Inghilterra.
　　　　 F : Ah, sì ?　Come mai ?
　　　　 M : Volevo studiare un po' l'inglese ad una scuola di Londra. Naturalmente farò il giro di varie città attorno alla capitale.
　　　　 F : È una buona idea !

(女) ねえ，ファビオ，今年の夏もヴァカンスは海に行くの？
(男) 考えを変えたんだ。イギリスに行きたいと思ってるよ。
(女) あら，そう。どうして？
(男) 前からロンドンの学校でちょっと英語を勉強したかったんだ。もちろん，ロンドンの周りのいろいろな町も回るつもりだよ。
(女) それはいい考えね！

ファビオは：(a)ヴァカンスを海で過ごすつもり　　(b)ロンドンだけに行くつもり　　(c)ヴァカンスをイギリスで過ごしたい

解説　cambiare idea で「考えを変える」。volevo は vorrei に近いニュアンス，「以前からずっと…したかった」との意味合いがありますが，純粋に過去のことを言っているのではありません。la capitale「首都」は，具体的にはロンドンを指しています。

解答　(c)

会話の最構築問題

対話者の発言を聞き，それに対する適切な応答を選ぶ問題です。"Come

si chiama ?" と聞かれたら，"Mi chiamo ..." と答えるといった基本的な会話パターンを理解しているべきなのはもちろんです。しかし，それだけでは不十分で，会話全体の流れをつかみ，状況に応じて臨機応変に応答を考える力が要求されます。そのためには，普段からさまざまな文に数多く触れ，語彙の充実をはかっておくことが必要になります。

練習36

Ascoltare la registrazione e trovare per ogni battuta la risposta giusta scegliendo fra (a), (b), (c) sul "FOGLIO RISPOSTE".
（録音を聞き，それぞれの発話に対する正しい応答を(a)，(b)，(c)の中から選んで「解答用紙」に記入しなさい。→本書では解答用紙は省略します）
［問1～5は Anna と Piero のひと続きの会話です。各問いごとに Anna の声がテープ(CD)で流れますので，それに対する Piero の発言として適当なものを(a)，(b)，(c)の中から選んでください。］

((50 問1

Piero : (a) Va bene. Facciamolo subito.
　　　 (b) No, non ancora. Ne ho fatto solo metà.
　　　 (c) No, non tanto.

スクリプトと訳

Anna : Senti, Piero. Hai già finito il compito ?

（アンナ）ねえ，ピエロ。宿題はもう終わったの？
（ピエロ）(a)OK。すぐに一緒にやろう。
　　　　 (b)いや，まだだよ。半分だけ終わったところだよ。
　　　　 (c)いや，そうでもないね。

解説 ▌ 宿題が終わったかどうかを尋ねているので，Sì または No で答えます。

解答 ▌ (b)

((51 問2

Piero : (a) Beh, ancora un'oretta.
　　　 (b) Sì, lo finirò fra un'ora.

(c) Forse dopo un'ora.

スクリプトと訳

Anna : Uhmm ... Quanto tempo ci vuole a finirlo ?

（アンナ）うーん… 終えるのにどのくらいかかるの？
（ピエロ）(a)そうだな，あと１時間くらいだね。
　　　　　(b)うん，１時間後には終わるね。
　　　　　(c)たぶん，（それから）１時間後だね。

解説　volerci は「…が必要である」，metterci は「（人が）時間をかける」。fra un'ora は「（今から）１時間後に」，dopo un'ora は「（過去のあるときから）１時間後に」。疑問詞で始まる疑問文に sì で答えるのはおかしいので，(b)は不適。

解答　(a)

問3

Piero : (a) Sì. Vengo a prenderti in macchina alle nove precise.
　　　　(b) Sì. Vado a prenderti in macchina alle nove precise.
　　　　(c) Sì. Siamo partiti verso le nove.

スクリプトと訳

Anna : Va bene. Allora, possiamo partire verso le nove ?

（アンナ）わかったわ。それじゃあ，９時頃には出発できるわね。
（ピエロ）(a)うん。９時きっかりに君を車で迎えに行くよ。
　　　　　(b)うん。９時きっかりに君を車で迎えに行くよ。
　　　　　(c)うん。僕たちは９時頃出発したんだ。

解説　相手のところに「行く」場合には andare ではなく venire を使うことに注意。したがって，(b)の文はイタリア語としておかしいです。なお，時刻に preciso をつけると，「きっかり（何時）」となります。

解答　(a)

問4

Piero : (a) Grazie. Sei molto gentile.

(b) Certo. È dura aspettare la fine del film a stomaco vuoto !
(c) Sì. Ho mangiato un bel piatto di spaghetti.

スクリプトと訳

Anna : D'accordo. Così, abbiamo tempo per prendere qualcosa al bar prima di arrivare al cinema, vero ?

(アンナ) OK。それなら，映画館に着く前にバールで何か食べる時間もあるわよね？
(ピエロ) (a)ご親切にありがとう。
(b)もちろん。実際，空腹のまま映画を見るのはつらいもの。
(c)うん。僕はおいしいスパゲッティを食べたよ。

解説 a stomaco vuoto は「空腹で」。(c)は過去形で書かれているので不適。

解答 (b)

54 問5

Piero : (a) È impossibile !
(b) Sì, sì. Andiamo in taxi.
(c) Va bene, cara. Non ti preoccupare !

スクリプトと訳

Anna : Esatto. Non fare tardi !　Mi raccomando, eh !

(アンナ) その通り。遅れないでよ。頼むわね。
(ピエロ) (a)不可能だよ。
(b)そう，そう。タクシーで行こう。
(c)わかったよ，アンナ。心配するなよ。

解説 Mi raccomando. は相手に念を押して「頼むよ」のニュアンス。

解答 (c)

内容理解の問題

ひとまとまりの文章を聞き，その内容についての記述が正しいかどうか

12 リスニング

を答える問題です。文章全体の大意をしっかりと聞き取り，把握する総合力が問われます。

🔊 55　練習37

Ascoltare la registrazione e scegliere fra VERO (a) o FALSO (b) sul "FOGLIO RISPOSTE".
(録音を聞き，「正」(a)あるいは「誤」(b)を選んで「解答用紙」に記入しなさい。)

	VERO	FALSO
(1) Il signor Biagi lavora in centro	a	b
(2) Di solito esce di casa alle otto	a	b
(3) Normalmente arriva in ufficio alle nove e cinque	a	b
(4) Stamani è andato in ufficio in autobus	a	b
(5) Stamani c'era poco traffico	a	b
(6) Stamani è arrivato in ufficio con mezz'ora di ritardo	a	b

スクリプトと訳

Il signor Biagi lavora in una ditta di computer in centro. Di solito va in ufficio in macchina : esce di casa alle otto e mezzo e arriva in ufficio alle nove meno cinque. Ma stamattina è uscito di casa mezz'ora prima, perché la sua macchina era guasta. Ha preso l'autobus in una piazza vicina a casa sua, ma c'era un traffico tremendo. Così è arrivato in ufficio alle nove e un quarto.

ビアージさんは，中心街にあるコンピューターの会社で働いています。ふつうは会社に車で行きます。8時半に家を出て，9時5分前に会社に着きます。しかし，今朝は車が故障していたので，30分早く家を出ました。家の近くの広場からバスに乗りましたが，道路はとても混雑していました。それで，会社に着いたのは9時15分過ぎでした。

(1)ビアージさんは中心街で働いている
(2)ふつうは8時に家を出る
(3)通常は会社に9時5分過ぎに着く
(4)今朝はバスで会社に行った

(5)今朝は道路はすいていた
(6)今朝は30分遅れで会社に着いた

解説 ▍ uscire di casa は「(自分の)家を出る」, mezz'ora prima は「(いつもより)30分早く」。時刻を表す表現は正確に理解すること。普段の習慣を表す事柄は現在形で，今朝の出来事は過去形で書かれていることに注意します。

解答 ▍ (1)—(a)　　(2)—(b)　　(3)—(b)　　(4)—(a)　　(5)—(b)　　(6)—(b)

付 録

単語・熟語・慣用表現一覧

ここでは，本書で使用された語彙・表現を軸に，関連する単語・熟語・イディオム，出題頻度の高い分野からの関連語などを総合的に集めています。なかでも3級レベルの理解に必要とされる重要語は太字にしてありますので，まずはそれらを覚えるとよいでしょう。また主要な単語には，熟語・慣用表現がマーク（❖）されていますので，再帰動詞の用法などと合わせて覚えておくと有効でしょう。その他，以下の点に注意して，語彙力アップに役立てて下さい。

- 性の区別しにくい名詞には，男性形（m.），女性形（f.），男女共通（m. / f.）の指示があります。その他，複数形など特殊な用法があるときには，そのつど指示が出ています。
- 複合時制の助動詞について，わかりにくいと思われる自動詞には［助 essere］，［助 avere］などの指示をしてあります。しかし，指示のないものにも助動詞の区別は必要ですから，必ず辞書などで確認するようにして下さい。
- 活用に注意するべき動詞には，直説法現在の語尾変化を例示してあります。その他の動詞についても，活用は必ず確認しておくとよいでしょう。

A

- □ **a bordo di ...** …に乗って ⇨ bordo
- □ **a piedi** 徒歩で
  - ❖ ai piedi 足元に
  - ❖ in piedi 立って，起きて
- □ **abbandonare** （他）捨てる，放棄する
- □ **abbastanza** （副）十分に，かなり，相当に
- □ abbonamento 定期，定期講読，（オペラ，サッカーなどの）シーズンチケット
- □ abbracciare （他）抱きしめる，からむ
  - （再）〜si （相互的に）抱きあう
- □ **abile** （形）有能な，能力がある
- □ **abilità** 能力
- □ **abituare** （他）慣らせる
  - （再）〜si a ... …に慣れる
- □ **abitudine** 習慣，傾向
  - ❖ d'abitudine 一般に，通常
  - ❖ per abitudine 習慣で
- □ abolire （他）廃止する
- □ **accadere** （自）起こる，生じる
- □ **accanto a ...** …の近くに
- □ **accendere**
  - （他）火を点ける，スイッチを入れる

- □ accennare （自）[助 avere] 合図する，身ぶりで示す，ほのめかす
- □ accento
  アクセント，抑揚，なまり
- □ **accogliere** [活用：直説法現在
  -colgo -cogli -coglie -cogliamo
  -cogliete -colgono]
  （他）迎える，歓迎する，受け入れる
- □ **accomodare** （他）修理する，整える
  （再）～si くつろぐ，楽にする
  ❖ S'accomodi. お座り下さい。
- □ **accompagnare**
  （他）つきそう，同行する，（人を）送る
- □ **accorgersi**
  （再）（di ...）…に気づく，…を認める
  （di ＋不定詞）…を自覚する
- □ accuratamente （副）慎重に，注意深く
- □ accurato （形）入念な，慎重な
- □ accusare
  （他）非難する，とがめる，訴える
- □ acquirente （m. / f.）買い手, 購入者
- □ **acquistare**
  （他）買う，手に入れる，獲得する
- □ acutamente （副）鋭く，明敏に
- □ acuto （形）鋭い
- □ ad alta voce 大きな声で
  ❖ sotto voce 小声で
  ❖ a una voce いっせいに
- □ adattare
  （他）合わせる，適合させる
  （再）～si a ... …に似合う，順応する，慣れる
- □ **adatto** （形）ふさわしい，適した
- □ adolescente （形）青年期の，若い
- □ adoperare
  （他）使用する，活用する，利用する
- □ adottare （他）養子にする，採用する，帰化する
- □ **adulto** （形）大人の，成熟した
  （名）（女 -a）大人，成人
- □ affacciare （他）現す，見せる
  （再）～si 顔を出す，姿を見せる
- □ **affare**
  （m.）仕事，用事，ビジネス
- □ **affatto**
  （副）まったく，完全に，すっかり
  ❖ non ... affatto 全然…ない（否定の強調）
- □ affidare
  （他）任す，ゆだねる，預ける
- □ agile （形）機敏な，俊敏な
- □ agilmente
  （副）すばやく，生き生きと
- □ **agire** [活用：直説法現在 -isco
  -isci -isce -iamo -ite -iscono]
  （自）行動する，実行する，振る舞う
- □ agitare
  （他）振る，揺さぶる，かき乱す
- □ agricoltura 農業
- □ agriturismo アグリツーリズム（農園に泊まって農業を体験する観光）
- □ ahimé
  （間）ああひどい，なんとまた
- □ **al contrario** 反対に，逆の方向に
- □ **al più presto possibile**
  できる限り早く
- □ ala （複 le ali）翼
  ❖ mettere le ali 羽が生えそろう，自

立する
- alcolico　　　（形）アルコールの
　　　（名）アルコール飲料
- alleanza　　　同盟，協定
- alleato
　　　（形）同盟の，協定を結んだ
- **alloggiare**　　（他）泊める, 宿泊させる
　　　（自）宿泊する
- alloggio　　　宿泊（施設），住居
- **altrimenti**
　　　（副）ほかのやり方で，さもなければ
- **alzare**
　　　（他）持ち上げる,（物を）起こす
　　　（再）～si　起きる，起床する，立ち上がる
- **ammettere**
　　　（他）認める，受け入れる，許す
- amministrare
　　　（他）行政を行う，統治する，管理する
- **amministrazione**
　　　（*f.*）管理，運営，経営，行政
- andata　　　行き，出発
　　　❖ andata e ritorno　往復
- **annunciare**　（他）知らせる，告げる
- ansia　　　不安，心配
- **anzi**
　　　（接）むしろ，それどころか
- apparecchio　器具，用具，装置
　　　❖ apparecchio telefonico　電話機
- **apparire**　　（自）現れる，見える
- **appartenere**　（自）（a ...）…のものである，…に属している，…に属する
- applauso　　拍手
- applicare　　（他）貼り付ける；（精神，注意を）傾ける；実施する
- appoggiare
　　　（他）もたせかける，立てかける
　　　（再）～si　寄りかかる
- archeologia　　考古学
- archeologo　　（女 -a）考古学者
- **architetto**
　　　（女 -a）建築家，設計者，考案者
- architettura　　建築，建築学，建築物
- argomento　　主題，話題，テーマ
- aritmetica　　算術，計算
- armadio　　　たんす
- **arrabbiarsi**　（再）怒る，苛立つ
- arrestare
　　　（他）止める，阻む，逮捕する
- **articolo**　　記事，論説文；冠詞
- ascensore　　（*m.*）エレベーター
- **asciugare**　　（他）乾かす
- **assai**
　　　（副）大いに，十分に，非常に
- assassino　　（女 -a）殺人犯，暗殺者
- assicurare　　（他）保証する，確かなものにする，安全にする
- assicurazione　（*f.*）確約，保険
- assistente
　　　（*m. / f.*）助手，アシスタント
- **assistere**
　　　（自）［助 avere］（a ...）…に出席する
　　　（他）補佐する，助手としてそばにいる
- asso　　　エース，達人，第一人者
　　　❖ avere l'asso nella manica　切り札を持つ
　　　❖ piantare in asso　置き去りにする，見捨てる

225

- □ **assolutamente**（副）絶対に，どうしても
- □ **assoluto**
  （形）絶対の，変わることのない
- □ **assumere**　（他）引き受ける, 引き継ぐ；雇用する，雇う
- □ **assurdo**
  （形）理屈に合わない，ばかげた
- □ **atmosfera**　雰囲気，空気，状況
- □ **attorno**　　（副）周りに，周辺に
- □ **attraversare**　（他）横切る
- □ **attribuire**　（他）与える
  （a …）…に与える，…に原因があるとする
- □ **aumentare**　（他）増やす
  （自）増える
- □ **ausiliare**　　（形）補助の
  （名）助動詞，助手
- □ **autorità**　権威，権限，権力
- □ **autorizzare**　（他）権限を与える, 許可する，正当化する
- □ **avaro**　　（形）けちな
- □ **avvenire**　（自）起こる
- □ **avvenire**　（形）来るべき，今後の
  （名）(m.) 将来，未来
- □ **avvertire**　（他）知らせる, 通告する，感じる，気づく
- □ **avvicinare**　（他）近づける
  （再）〜si a …　…に近づく
- □ **avvocato**　弁護士
- □ **azienda**　企業，会社，事業所

B

- □ baciare　（他）キスをする
- □ bacino　たらい；小さなキス
- □ bacio　キス
- □ **badare**　（自）(a …)…に注意する，気をつける
- □ ballare
  （自）[助 avere]踊る，ダンスをする
- □ bandiera　旗
- □ barcollare　（自）よろめく，ふらつく
- □ barzelletta　笑い話，冗談
- □ **base**　　（f.）基礎，根本，基地
  ❖ a base di …　…から成り立って
  ❖ in base a …　…に基づいて
- □ **bastare**　（自）足りる, 十分である，…するだけでよい
- □ bastoncino　（複 i bastoncini で）箸
- □ bastone　棒，ステッキ
- □ battaglia　戦い，競争，運動
- □ batteria　砲兵隊；設備一式；電池；ドラムス，パーカッション
- □ batterio　細菌，バクテリア
- □ **bersaglio**　標的，目標
  ❖ prendere a bersaglio　目標にする
- □ bestia　動物，野獣
  ❖ andare in bestia　かっとなる，自制心を失う
- □ Bibbia　聖書
- □ **biblioteca**　図書館
- □ bilancio　収支，決算，予算
- □ binario　レール，ホーム；番線
- □ biologia　生物学
- □ **bloccare**　（他）動きを止める, 阻止する，つまらせる
- □ **bollire**　（自）[助 avere または essere]沸く，煮える
- □ bollo　検印，印紙
  ❖ carta da bollo　収入印紙付きの用紙

- **bordo** 機内，船内
  - ❖ a bordo di … …に乗って
- **borghese**
  - (*m. / f.*) 中産階級の人，ブルジョワ
- **borsa**
  - かばん，バッグ；資金；株式市場
  - ❖ borsa di studio 奨学金
- bottega 店，仕事場，工房
- **braccio** 腕（複数は le braccia）；アーム，腕状の物（複数は i bracci）
- **brillante** (形)輝かしい, 華々しい
- **brillare** (自)[助 avere] 輝く
- **bruciare** (他)燃やす
  - (自)燃える
- **brutto** (形)醜い，きたない
- **buco**
  - 穴，暗くて狭い所，空き時間
  - ❖ fare un buco nell'acqua むだ骨を折る
- **buffo**
  - (形)こっけいな，おかしい
- **bussola** 羅針盤，方向磁石
  - ❖ perdere la bussola 途方に暮れる
- **buttare** (他)投げる，放つ
  - (再)～si 身を投げる；～si in または a ＋不定詞 …に本気で取り組む
  - ❖ buttare giù 倒す，ぶちこわす
  - ❖ buttare via 捨てる，放り出す

C

- **cadere** (自)[助 essere] ころぶ，倒れる，落ちる
  - ❖ far cadere こぼす
  - ❖ cadere in mano di … …の手に落ちる

- **calcolo** 計算
  - ❖ fare calcolo di … …を予想する
  - ❖ fare calcolo su … …を当てにする
- **caldo** (形)熱い, 暑い, 暖かい
  - (名)熱さ，暑さ，高温
  - ❖ a caldo できたての, (起こった)直後の
- **cambiare** (他)変える, 取り替える
  - ❖ cambiare aria 雰囲気を変える；転地療法する
  - ❖ cambiare in meglio 改善する
- campo 畑，平野；グラウンド，コート；分野；戦場
  - ❖ campo di tennis テニスコート
- **cancellare**
  - (他)消す, キャンセルする
- canoa カヌー
- **capace** (形)収容できる, 能力のある, (di …) …できる
  - ❖ essere capace di ＋不定詞 …することができる
- **capitare** (自)居合わす，出会う，(偶然)起きる
- **caso**
  - 偶然，場合；ケース，事件
  - ❖ a caso たまたま
  - ❖ in ogni caso いずれにせよ
  - ❖ per caso 偶然に，ひょっとして
- **causa** 原因，理由；訴訟；利益
  - ❖ a causa di … …が原因で，…のせいで
- **causare**
  - (他)原因となる，引き起こす
- cellulare 携帯電話 ⇨ telefonino

- □ chitarra　　ギター
- □ chitarrista
    (*m. / f.*) ギタリスト，ギター奏者
- □ cibo　　食べ物，食材，糧
    ❖ cibo in scatola　缶詰食品 ⇨ scatola
- □ cieco　　(形) 盲目の，盲目的な
    ❖ alla cieca　がむしゃらに，無分別に
- □ cima　　頂上，トップ
    ❖ da cima a fondo　すみずみまで
- □ **circostanza**　状況，事情
- □ citare
    (他) 引用する，引き合いに出す
- □ **classico**　(形) 古典の，クラシックの，典型的な，伝統的な
- □ cocaina　　コカイン
- □ collega　　同僚，仕事仲間
- □ collina　　丘，高台
- □ **colpo**　打つこと，一撃
    ❖ dare un colpo di telefono　ちょっと電話をする
    ❖ di colpo　突然，いきなり
    ❖ di un colpo　一撃で，一息に
- □ commerciante　(*m. / f.*) 商人
- □ commercio　商業，商売
- □ commesso　(女 -a) 店員，事務員
- □ **commettere**　(他) 犯す
- □ **commuovere**
    (他) 感動させる，動揺させる
    (再) ～si　感動する
- □ **compagnia**　付きあい，仲間；会社
    ❖ essere in compagnia di …　…の連れである，…と一緒である
    ❖ tenere compagnia a …　…と付きあう，…に同伴する

- □ compagno　(女 -a) 仲間，パートナー
- □ comparire　(自) 現れる，世に出る
- □ compenso　報酬，代償
    ❖ in compenso　その代わりに，埋めあわせて
- □ **complesso**　(形) 複雑な，入り組んだ (名) 全体，グループ，組織；コンプレックス
- □ **complicato**　(形) 複雑な，やっかいな，ややこしい，気むずかしい
- □ comporre　(他) 組み立てる，組み合わせる，構成する
- □ **comportare**
    (他) もたらす，要る，含む
    (再) ～si　振る舞う，行動する
- □ comprendere
    (他) 含む；理解する，把握する
- □ **compreso**　(形) 含まれた，含んだ，了解済みの＜comprendere の過去分詞
- □ **comunale**　(形) 共同体の所有する，地方自治体の，市立の
- □ comunicare　(他) 伝える，知らせる (自) 連絡をとる
- □ **comunque**
    (副) とにかく，いずれにしても
- □ **concentrare**　(他) 集中する，集める (再) ～si (su)　…に集中する
- □ concerto　音楽会，コンサート
- □ concetto　概念，観念，考え方
- □ **concludere**　(他) まとめあげる，終える，結論づける
- □ **conclusione**　(*f.*) 結論
    ❖ in conclusione　要するに，最後に

- □ condividere
  （他）分かちあう，共有する
- □ **condizione**　条件
  - ❖ essere in condizione di ...　…できる状態にある
- □ conducente　(*m. / f.*) 運転手
- □ **condurre**　（他）連れて行く，導く
  （自）(a ...) …に達する，…に行き着く
- □ conduttore　(女 -trice) 車掌, 運転手, 司会者, 支配人
- □ **conferenza**　講演，会議
  - ❖ conferenza stampa　記者会見
- □ **confermare**　（他）確認する, 確かめる
- □ confessare
  （他）告白する，打ち明ける
- □ confidare
  （自）(in ...) …に頼る，信頼する
  （他）打ち明ける
- □ **confidenza**
  信用すること，親交，親密さ
  - ❖ avere confidenza con ...　…と親しくする
- □ confine　(*f.*) 境界，国境
- □ confondere
  （他）混ぜ合わせる，混同する
- □ confronto　比較，対比
  - ❖ a confronto di ..., in confronto a ...　…と比べて
- □ **confuso**　（形）混乱した
- □ **conseguenza**　結果
  - ❖ di conseguenza　結果的に，したがって
  - ❖ in (per) conseguenza di ...　…のために，…の理由で
- □ **conservare**　（他）保存する, 大切にしまう，維持する
- □ conservatore
  （形）(女 -trice) 保守的な
  （名）(女 -trice) 保管人, 管理係；保守主義者
- □ **consigliare**　（他）勧める，助言する
- □ **consiglio**　助言, アドバイス；会議
- □ consultare
  （他）…に相談する，…に助言を求める
- □ **consumare**
  （他）消費する，消耗させる
- □ **consumatore**　(女 -trice) 消費者, 顧客
- □ **contare**　（他）数える，みなす
  （自）大切である，肝心である；(su ...) …を当てにする，信頼する
- □ **contatto**　接触，ふれあい，関係
  - ❖ mettersi in contatto con ...　…と連絡を取る
- □ **continuare**　（他）続ける
  （自）続く
- □ **conto**　計算，勘定，重要性
  - ❖ tenere conto di ...　…を考慮に入れる
  - ❖ rendersi conto di ...　…に気づく ⇨ rendere
- □ contratto　契約，契約書
  - ❖ fare un contratto　契約する
- □ **contribuire**
  （他）(a ...) …に貢献する，力を貸す
- □ **conversazione**　(*f.*) 会話
  - ❖ fare conversazione con ...　…とおしゃべりをする
- □ **convincere**

229

（他）説得する，納得させる
（再）~si di ... …について納得する
- **correre** （自）走る
  （他）通る，通過する
  ❖ correre un pericolo 危険がある
  ❖ correre il rischio di ... …の危険がある
- corrispondenza 一致，対応，つり合い；文通，通信，郵便物
- **corrispondere** （他）(a ...) …に一致する，相当する，応える；(con ...) …と文通する
- corruzione （f.）腐敗，堕落，買収
- **cosciente** （形）(di ...) …の意識のある，自覚のある
- **coscienza** 意識，良心，自覚
  ❖ in coscienza 道義的に考えて，正直なところ
- **costante** （形）一定の，確固たる，持続的な
- costantemente （副）常に，たえず，一定して
- **costare** （自）費用がかかる，要する
- costituire （他）設立する，作成する，構成する
- **costringere** （他）(a＋不定詞) むりに…させる，強いる
- costruire （他）建てる，建築する，組み立てる
- **criminale** （形）犯罪に関する，犯罪的な
  （名）(m./f.) 犯人，犯罪者
- cronaca ニュース，報道記事，時評
- cronico （形）慢性の，常習的な，くせになった
- crudele （形）残酷な，むごい

D

- danneggiare （他）損害を与える，傷つける，破壊する
- **danno** 損害，被害
  ❖ fare danni 損害を与える
  ❖ recare un danno a ... …に損害を与える
  ❖ subire un danno 被害を被る ⇒ subire
- **dare in prestito** 貸す ⇒ prestito
- **dare un esame** 試験を受ける
- **davvero** （副）本当に，実際，まったく
- debito （名）負債，借金
  （形）正当な，しかるべき
- **debole** （形）弱い，乏しい
  ❖ essere debole in ... …が不得意である
  ❖ avere un debole per ... …に弱い，…が好きである
- **decidere** （他）決める；(di＋不定詞) …するのを決める
  （再）~si a＋不定詞 …することを決心する
- dedicare （他）献上する，ささげる
  （再）~si a ... …に献身する，…に夢中になる
- definire （他）定義する，明確にする，決着をつける
- **definitivo**

(形) 決定的な, 最終的な, 結論的な
- ❖ in definitiva　結局, 要するに
- □ delicato　　　(形) 繊細な, デリケートな, きゃしゃな, 精巧な
- □ delitto　　　犯罪
- □ deludere　　　(他) そむく, 失望させる
- □ delusione
  (f.) 失望, 落胆, 期待はずれ
- □ **deluso**　　　(形) 失望した, がっかりした ＜deludere の過去分詞
- □ **democratico**
  (形) 民主主義の, 民主的な
  (名) 民主主義者
- □ **democrazia**　民主主義, (総称的)民主主義者, 民主国家
- □ deputare　　　(他) 代行者にする, 委任する, 任命する
- □ deputato
  (名) 代議士, 下院議員, 代理人
- □ derivare　　　(自) (da ...) …に由来する, …に起源をもつ, …に原因がある
- □ deserto
  (形) 無人の, ひとけのない
  (名) 砂漠
- □ destinatario　受取人, 受信者
- □ **destinazione**
  (f.) 指名, 行き先, 目的地
- □ **determinare**
  (他) 定める, 明確にする, 定義する
- □ detestare
  (他) 嫌う, 憎む, 憎悪する
- □ **dettaglio**　　詳細, 細部
  - ❖ in dettaglio　つぶさに, 詳細に
- □ deviazione　　逸脱, 迂回, 方向転換
  - ❖ fare una deviazione　迂回する
- □ di moda　　　はやっている
  - ❖ essere (andare) di moda　流行している
- □ dialetto　　　方言
  - ❖ parlare in dialetto　方言で話す
- □ diavolo　　　悪魔
  - ❖ del diavolo　ひどく厳しい, 耐えられない
- □ **dichiarare**
  (他) 表明する, 打ち明ける, 公表する
  (再) ～si　自分の意志を表明する
- □ dichiarazione　表明, 宣言；申告
  - ❖ dichiarazione per la stampa　新聞発表
- □ difendere　　(他) 守る, 防ぐ
- □ difetto　　　欠陥, 欠点, 不足
  - ❖ far difetto di　欠けている, 不足している
- □ diffondere　　(他) 拡散させる, 広める
  (再) ～si　普及する
- □ **diffuso**　　　(形) 拡散した, 普及した ＜diffondere の過去分詞
- □ **diligente**　　(形) 勤勉な, 熱心な
- □ dimagrire　　(自) やせる
- □ **dimostrare**　(他) 表す, 見せる
- □ **dipendere**　　(他) (da ...) …しだいである, …によって決まる, …に頼る
- □ **dipingere**　　(他) 描く, 描写する
- □ **dipinto**　　　(形) 絵入りの, 彩色された ＜dipingere の過去分詞 (名) 絵画
- □ diplomatico
  (形) 外交の, 外交手腕のある
  (名) 外交官

- dirigere （他）向ける，ねらう，指揮する，差し出す
  （再）～si …の方へ行く，進む
- **diritto** （形）まっすぐな
  （副）まっすぐに
- diritto （名）権利；法，法律
- disagio
  居心地の悪さ，不自由，不便
  ❖ sentirsi (essere) a disagio 居心地が悪い
- **disastro** 災害，大事故
- disciplina 教え，教訓，規律
  ❖ imporre la disciplina 規律を課す
  ⇒ imporre
- **discutere** （他）議論する，口論する
- **disegnare**
  （他）デザインする，作図する
- **disegno**
  スケッチ，デザイン，図案
- **disoccupato** （女 -a）失業者
- **disordine** （m.）無秩序，混乱
  ❖ in disordine 散らかった
- disperato （形）絶望した，絶望的な
- **disponibile**
  （形）使用できる，まだ空いている
- disporre （他）配置する，準備する
  （自）自由に使える，思いどおりに使う
- **distinguere** （他）見分ける，区別する
- distinto （形）格別な，卓越した
  ＜ distinguere の過去分詞
  ❖ distinti saluti 敬具（手紙の結び）
- **disturbare**
  （他）迷惑をかける，妨げる
- **dividere** （他）分ける

- **diviso** （形）分割された，分裂した；（数学の）割る＜dividere の過去分詞
- dogana 税関
- **dolore** （m.）苦痛，痛み，悲しみ
- domestico （形）家庭の，国内の
- domicilio 住所，居住地
  ❖ a domicilio 自宅で
- dose
  （f.）1回の服用量，規定量
  ❖ a piccole dosi 少量ずつ
  ❖ una buona dose di … 多量な…
- droga 麻薬；スパイス，生薬
- **dubitare**
  （自）（di …）［助 avere］…を疑う
- **duro**
  （形）かたい，厳しい，つらい
  ❖ essere duro a ＋不定詞 なかなか…しない

E

- **eccellente**
  （形）卓越した，秀でた，すばらしい
- **eccellenza** 優秀さ
  ❖ per eccellenza この上なく，最高に
- eccetto （前）…を除いて
- **eccezionale**
  （形）例外的な，並はずれた
- **eccezione** 例外
  ❖ ad eccezione di … …を除いて
  ❖ d'eccezione まれな
- ecologia 生態学，エコロジー
- ecosistema （m.；複 -i）生態系
- edicola 新聞・雑誌売り場（売店）
- **edificio** 建物

- □ edizione　　　（f.）版，出版
- □ **educazione**　　（f.）教育
- □ **effetto**　　　結果，効果
    - ❖ in effetti　実際には
    - ❖ per effetto di ...　…の結果
- □ **efficace**　　（形）有効な
- □ **elementare**　（形）基礎の，初歩の
    - ❖ scuola elementare　小学校
- □ **elemento**　　要素
- □ elenco　　　一覧表，リスト
- □ **elettrico**　　（形）電気の
- □ **elettronico**　（形）電子の，電子工学の
- □ **elezione**　　（f.）選挙
- □ **emergenza**　緊急事態
    - ❖ uscita di emergenza　非常口
- □ emigrare　　（自）［助 essere］移住する
- □ **emittente**　（m./f.）（情報の）発信者；（f.）放送局
- □ **emotivo**　　（形）感情的な
- □ enciclopedia　百科事典
- □ **enorme**　　巨大な，莫大な
- □ **entrambi**　（形）両方とも
    - （参照）女性複数形は entrambe。定冠詞は修飾する名詞との間に挿入する。
    - ❖ entrambi gli uomini　その男たち二人とも
    - ❖ entrambe le figlie　娘二人とも
- □ **entro**
    - （前）…以内に；…のなかに
- □ **entusiasmo**　熱狂，歓喜
- □ epoca　　　時代，時期
- □ **eppure**
    - （接）しかし，…にもかかわらず
- □ **equilibrio**　均衡，バランス
    - ❖ mantenere in equilibrio　バランスを保つ
- □ equivoco
    - （形）あいまいな，はっきりしない
- □ erede　　　（m./f.）相続人，後継者
- □ eroina　　　ヘロイン
- □ **errore**　　（m.）間違い
    - ❖ commettere un errore　間違いを犯す
- □ **esaltare**　（他）ほめたたえる
- □ **esatto**　　（形）正確な
    - ❖ alle sette esatte　7時きっかりに
- □ **escludere**　（他）（da ...）…から排除する，除外する
- □ esclusione　（f.）除外，排除
    - ❖ a esclusione di ...　…を除いて
- □ **esclusivo**　（形）排他的な，独占的な
- □ **esistenza**　存在
- □ **esistere**　（自）ある，存在する
- □ **esitare**　（自）［助 avere］躊躇（ちゅうちょ）する，まよう，(a＋不定詞) …するのをためらう
- □ esosamente　（副）法外な値段で
- □ **esperienza**　経験
- □ esperimento　実験
- □ **esperto**　　（形）熟練した，詳しい
- □ **esporre**　（他）展示する，掲示する
- □ **esprimere**　（他）表現する
- □ **essenziale**　（形）本質的な，不可欠な
- □ essere al verde　一文なしである
- □ **estero**　　（形）外国の
    - ❖ all'estero　外国で（へ）

- □ estinguere （他）消す，鎮める
- □ estintore （m.）消火器
- □ estinzione （f.）消火；絶滅
- □ **estraneo** （形）関係のない（名）部外者，よそもの
- □ **evidente** （形）明らかな
- □ **evitare** （他）避ける

F

- □ **facoltà** 能力；（大学の）学部
- □ **fallire** （自）破産する，失敗する
- □ **fare a meno di ...** …なしですます
- □ **fastidio** 迷惑，不快感
  - ❖ dare fastidio a ... …に迷惑をかける，…のじゃまになる
- □ **fatica** 苦労，疲れ
  - ❖ fare fatica a＋不定詞 …するのに苦労する
- □ **fegato** 肝臓
  - ❖ avere fegato 勇気がある
- □ **fenomeno** 現象
  - ❖ fenomeno sociale 社会現象
- □ **ferire** （他）傷つける（再）〜si けがをする
- □ **ferro** 鉄
  - ❖ battere il ferro finché è caldo 鉄は熱いうちに打て，時機を逃すな
- □ **fianco** 脇腹，側面
  - ❖ a fianco di ... …のとなりに
- □ **fiato** 息，呼吸
  - ❖ d'un fiato 中断せずに，一気に
- □ **fidanzato** （女 -a）恋人，婚約者
- □ **fiducia** 信用，信頼
- □ **figura** 姿，形
  - ❖ fare bella figura 好印象を与える，成功する
  - ❖ per figura 見せかけの，飾りの
- □ **fila** 列
  - ❖ fare la fila 列をつくる
  - ❖ in fila 一列にならんで
  - ❖ mettersi in fila ならぶ
- □ **filo** 糸，筋
  - ❖ dare filo da torcere 迷惑をかける；ねばる
- □ **finale** （形）最後の（名）（m.）フィナーレ，大詰め，最終局面；（f.）決勝戦
- □ **fine** （名）（f.）終わり，終末；（m.）目的，意図
- □ **fine** （形）細かい，細い，鋭い，洗練された
- □ **foglia** 葉
  - ❖ mangiare la foglia 真相を見抜く，人の真意を読みとる
- □ **foglietto** チラシ，ビラ
- □ **folla** 群衆，人混み
- □ **fondamentale** （形）基本的な，根本的な
- □ **fondare** （他）土台をすえる，設立する，根拠をおく（再）〜si su ... …を当てにする
- □ **fondo** 底，奥
  - ❖ in fondo a ... …の突き当たりに
  - ❖ a fondo 徹底的に，完全に
- □ **forbice** （f.；複 forbici で）はさみ
- □ **forma** 形，状態，体調
  - ❖ essere in forma 体調がよい
- □ **fornire** （他）供給する，提供する
- □ **forno** オーブン，かまど
  - ❖ al forno オーブンで焼いた

- **forte**
  - （形）強い，並外れた，得意な
  - ❖ essere forte in ...　…にすぐれている
- **fortuna**　　運，運命，幸運
  - ❖ per fortuna　幸運にも，運よく
- fragile　　（形）もろい，壊れやすい
- **frase**　　（f.）句，フレーズ
- frattura　　骨折
- freno　　ブレーキ，抑制
  - ❖ tenere a freno　抑える
- **fuggire**　　（自）逃げる，早く過ぎる
- fulmine　　（m.）雷
  - ❖ un fulmine a ciel sereno　青天の霹靂（へきれき）
  - ❖ colpo di fulmine　一目ぼれ ⇨ colpo
- **funzionare**　　（自）［助 avere］正常に動く，機能する，役割を果たす
- **furbo**
  - （形）抜け目ない，ずる賢い
- furto　　盗み，盗作
  - ❖ commettere un furto　盗みを犯す
- **futuro**　　（形）未来の
  - （名）未来，将来
  - ❖ in futuro　今後は，将来は

G

- gabinetto　　内閣
- galateo　　礼儀作法
- **gamba**　　足
  - ❖ in gamba　優秀な，有能な，健康な
  - ❖ prendere sotto gamba　軽んじる，甘く見る
- gara　　競技，レース
  - ❖ fare a gara　競う，張り合う
- **garantire**
  - （他）保証する，責任を負う
- geloso
  - （形）嫉妬深い，やきもち焼きの
- gemello　　（女 -a）双子の一方；（複 -lli または -lle で）双子
- **generale**　　（形）全体的な，一般的な
  - ❖ in generale　一般に，たいてい
- **generazione**
  - （f.）世代，ジェネレーション
- **genere**　　（m.）種類，ジャンル
  - ❖ in genere　一般に
- **generoso**　　（形）気前のよい，寛大な
- genio　　天才，才能，性分
  - ❖ andare a genio　好みに合う，気に入られる
- **genuino**　　（形）混じりけのない，純粋の，心からの
- geografia　　地理（学）
- geometria　　幾何学，構図
- gerarchia　　階層，ヒエラルキー
- gestione　　（f.）経営，管理，営業
- **gettare**　　（他）投げる
  - ❖ usa e getta　使い捨ての
  - ❖ gettare acqua sul fuoco　状況をやわらげる
- ghiaccio　　氷
- **ginocchio**　　ひざ
  - （参照）複 i ginocchi；両膝の場合 le ginocchia
  - ❖ in ginocchio　ひざまづいて
  - ❖ mettere in ginocchio　打ち負かす
- gioia　　よろこび
- gioiello　　宝石

- □ **giudicare** （他）判断する，評価する
- □ **giudizio** 判断，良識；裁判，判決
    - ❖ a mio giudizio 私の意見では
- □ **giungere** （自）着く，届く
- □ **giusto**
    （形）公平な，正しい，適切な
- □ gloria 栄光，名声，繁栄
- □ goccia しずく，一滴
    - ❖ a goccia a goccia 一滴ずつ，少しずつ
- □ godere
    （自）［助 avere］よろこぶ，満足する
- □ **gola** のど
    - ❖ avere l'acqua alla gola せっぱ詰まる，進退きわまる
- □ **gomito** ひじ
    - ❖ alzare il gomito 酔っぱらう
- □ **governo** 政府，内閣，政治体制
- □ gradire ［活用：直説法現在 -isco -isci -isce -iamo -ite -iscono］
    （他）よろこんで受ける，求める，願う
- □ **grado** 段階
    - ❖ essere in grado di ＋不定詞 …できる，…する能力がある
- □ grammatica 文法
- □ grana 粒子，粒
    - ❖ piantare una grana やっかいごとの種をまく ⇒ piantare
- □ granchio カニ
    - ❖ prendere un granchio 勘違いする
- □ grano 小麦
- □ **grave** （形）重大な，深刻な
- □ greco （形）ギリシャの
- □ **gridare** （自）［助 avere］叫ぶ

- □ grinza しわ
    - ❖ non fare una grinza しわひとつない，欠陥がない
- □ **guadagnare** （他）もうける，稼ぐ
- □ guaio 災難，苦境
- □ guancia （複 -ce）頬
- □ guardia 警備，見張り，ガード
- □ **guarire** （他）治す，回復させる
    （自）病気が治る

I

- □ **ideale** （形）理想的な
- □ identificare （他）同一と認める，本人であることを確認する
- □ **identità** アイデンティティ，同一性，本人であること
    - ❖ carta d'identità 身分証明書
- □ idilliaco （形）牧歌的な，のどかな
- □ **illustre** （形）著名な，有名な
- □ **imbarazzare** （他）ふさぐ，妨げる；まごつかせる
- □ **imbarazzato**
    （形）（動きが）妨げられた，困った
- □ imbarazzo 妨害，困惑
    - ❖ essere in imbarazzo 途方に暮れる
- □ **immaginare** （他）想像する，思い描く
- □ **immediatamente** 直接に，すぐに
- □ **immediato** （形）即座の；直接の
- □ immenso
    （形）計り知れない，莫大な
- □ **immobile** （形）不動の，固定の
    （名）(m.) 不動産
- □ **immobiliare** （形）不動産の
    - ❖ agenzia immobiliare 不動産屋
- □ **imparare** （他）習う，学ぶ，覚える

- ❖ imparare a memoria　暗記する
- **impedire**
（他）阻止する，じゃまする
- **impegnato**　（形）拘束された，忙しい
- **impegno**　約束，義務，責任；努力
- impermeabile
（形）（液体を）通さない，不浸透性の
（名）(*m.*) レインコート
- **imporre**　（他）課す
- impostare　（他）基礎を置く，定める；投函する
- **impresa**　企て，計画；事業，企業
- **impressione**　(*f.*) 印象
  - ❖ fare buona impressione a ...　…によい印象を与える
- inchiesta　調査，アンケート
- **includere**　（他）含む
- **incredibile**
（形）信じられない，途方もない
- incubo　悪夢
- **indicare**　（他）指示する，勧める
- **indipendente**
（形）(da ...) …独立した，自立した
- **indispensabile**（形）必須の，不可欠な
- **individuale**　（形）個人の，個別の
- **individuo**　個人，個体
- indovinare　（他）当てる，的中させる
  - ❖ tirare a indovinare　まぐれで当たる
- indulgente
（形）他人にあまい，優しい，寛大な
- **industria**　産業
- **infanzia**　幼少期
  - ❖ amici d'infanzia　幼なじみ
- **inferiore**　（形）低い，劣った
- ❖ inferiore a ...　…より低い
- influenzare　（他）影響を与える
- influire　［活用：直説法現在 -isco -isci -isce -iamo -ite -iscono］
（自）［助 avere］(su ...) …に影響を及ぼす，…を左右する
- informare
（他）知らせる，情報を提供する
- **informato**
（形）知っている，情報に通じた
  - ❖ essere bene informato di (su) ...　…に通じている，詳しい
- infrasettimanale　（形）週内の，週間の
- infrastruttura　基盤構造，インフラ
- ingannare　（他）だます，欺く
- ingrassare　（自）［助 essere］太る
- **iniziare**　（他）始める
（自）始まる
- innamorarsi di ...　（再）…に恋をする
- innocente　（形）潔白な，無罪の
- **inoltre**　（副）その上，さらに
- inquieto
（形）落ち着かない，不安な
- **inserire**　（他）挿入する
- **insistere**
（他）固執する，こだわる，主張する
- **insomma**　（副）要するに
- **intanto**　（副）そのあいだに，そうしているうちに
- **intenso**　（形）激しい，強い
- **intero**　（形）全部の，完全な
- interrogare
（他）問いただす，尋ねる，調べる
- **interrompere**　（他）中断する，遮る

□ interruttore	(m.) スイッチ
□ **intorno**	(副) 周りに
□ **invano**	
	(形) むだに, 無益に, 空しく
□ invasione	(f.) 侵入, 侵略
□ **inventare**	(他) 発明する, 作り出す
□ **inviare**	(他) 送る, 発送する
□ invidia	ねたみ, 嫉妬
□ **ipotesi**	(f.) 仮説, 推測
□ ispirare	(他) 吹き込む, 生じさせる, 着想を与える
□ **istruzione**	(f.) 教育, 教養；(複数で) 説明書き, 使用上の注意
□ itinerario	旅の道筋, ルート, 旅程

L

□ **labbro**	(複 le labbra) 唇
□ labirinto	迷宮
□ laboratorio	実験室, 工房
□ lacrima	涙
□ **ladro**	どろぼう
□ lamentare	(他) 嘆く, 悔やむ
	(再) ～si di ... …を嘆く, …の不平を言う
□ lana	ウール
□ lanciare	(他) 投げる
□ laterale	(形) 横の, 側面の
□ **lavagna**	黒板
□ lecito	
	(形) 合法的な, 正当な, 妥当な
□ legale	(形) 法律の, 合法の
□ legalizzare	(他) 法律化する:公的証明をする, 正規のものとする
□ **legare**	(他) 縛る, 結ぶ, つなぐ

□ **legato**	(形) 結ばれた, つながれた ＜ legare の過去分詞
□ **legge**	(f.) 法, 法律(学)
□ leggenda	伝説
□ legittimo	(形) 合法的な, 正統の
□ lente	(f.) レンズ
	❖ lente a contatto　コンタクト・レンズ
□ **lento**	(形) 遅い, ゆっくりした
□ lenzuolo	シーツ
	(参照) 上下一組のシーツの場合 le lenzuola
□ letale	(形) 致命的な
□ **lettore**	(女 -trice) 読者
□ **levare**	(他) 上げる, 持ち上げる
□ liberare	(他) 解放する
□ **licenza**	許可証, ライセンス
□ **licenziare**	(他) 解雇する
□ lieve	(形) 軽い, わずかな
□ limite	(m.) 境界, 限界, 制限
	❖ al limite　最低でも, 少なくとも
□ linguistica	言語学
□ linguistico	(形) 言語(学)に関する
□ liquido	(形) 液状の, 液体の
□ lirico	(形) 叙情的な, オペラの
	❖ opera lirica　オペラ, 歌劇
□ liscio	
	(形) なめらかな, すべすべした
□ **lite**	(f.) 口論, 口げんか
□ **litigare**	(自) [助 avere] 口論する, 口げんかをする
□ livello	水準, レベル
□ lodare	(他) ほめる

- **logico** （形）論理的な，論理の一貫した
- lotta　　　　格闘，レスリング，闘争
- lucido　　　（形）光沢のある，つやつやした，澄み切った
- **luminoso**　（形）明るい，ひかる
- **lusso**　　　ぜいたく，豪華
  - ❖ di lusso　豪華な，デラックスな

M

- macchia　　　染み，汚れ
- macchiato　（形）よごれた，染みのついた ＜macchiare の過去分詞
  - ❖ caffè macchiato　ミルクを少量加えたエスプレッソ
- macchina　　機械；自動車
  - ❖ macchina da scrivere　タイプライター
  - ❖ scrivere a macchina　タイプする
- macinare　　（他）挽く，粉にする
- **magari**
  （間）そうであればいいのだけれど
  （副）もしかしたら，むしろ
- maggioranza　大多数，マジョリティ
- **magnifico**
  （形）すばらしい，見事な，豪華な
- **malato**　　（形）病気の
  （名）（女 -a）病人
- **malattia**　病気
- malgrado　　（前）…にもかかわらず
- malinconia　憂うつ
- malizia　　　悪意，悪知恵
- **mancanza**　不足
- mancia　　　チップ
- **mandare**　（他）送る，派遣する，発送する
- manica　　　袖
  - ❖ maniche corte　半袖
  - ❖ maniche lunghe　長袖
  - ❖ senza maniche　ノースリーブ
- **maniera**
  仕方，やり方；態度；様式
  - ❖ alla maniera di …　…の習慣にしたがって
- **manifestazione**
  （f.）イベント，催し物；デモ
- **mantenere**　（他）保つ，維持する
- **manuale**
  （m.）手引き書，マニュアル
- marca　　　商標，会社名；ブランド
- margine
  （m.）縁；（複数で）境界；余白
  - ❖ in margine　副次的に
- maschera　　仮面，マスク
- massa　　　かたまり
  - ❖ in massa　大量に，ひとまとめに
- massacro　　殺りく，虐殺
- masticare　　かみ砕く，そしゃくする
  - ❖ gomma da masticare　チューインガム
- matematica　数学
- **materia**　　物質，材料，題材
  - ❖ in materia di …　…に関して
- **matrimonio**　結婚(式)
- **maturo**　　（形）熟れた，成熟した
- meccanico　（形）機械の，機械的な
  （名）（女 -a；複 -ci）自動車整備士
- medaglia　　メダル，勲章，バッジ
  - ❖ medaglia d'oro　金メダル

- ❖ il rovescio della medaglia　物事のマイナス面 ⇨ rovescio
- ☐ mediatore
  （女 -trice）仲介人，ブローカー
- ☐ mediocre　（形）たいした価値のない，二流の，平均より低い
- ☐ Medioevo　中世
- ☐ **mente**　（f.）頭脳，精神，記憶
  - ❖ avere (tenere) a mente　覚えている
- ☐ **meraviglioso**
  （形）すばらしい，驚くべき
- ☐ **mercato**　市場，マーケット
  - ❖ a buon mercato　安い，お買い得な
- ☐ meritare
  （他）…に値する，…の価値がある
- ☐ **merito**　功績，手柄，長所
  - ❖ per merito di …　…のおかげで
- ☐ mestiere　（m.）職業，仕事
- ☐ **metodo**
  方法，手引き，振る舞い，やり方
- ☐ migliorare　（他）改良する，改善する
- ☐ minaccia　脅し，脅迫，脅威
- ☐ minatorio　（形）威嚇的な
  - ❖ lettera minatoria　脅迫状
- ☐ **ministero**　省庁
  - ❖ Ministero degli Affari Esteri　外務省
- ☐ ministro　大臣
- ☐ miscelare
  （他）混合する，ブレンドする
- ☐ miscelatura　調合，ブレンド
- ☐ misura
  尺度，寸法，サイズ，測定
- ☐ mobile
  （形）動かせる，移動可能な
  （名）(m.) 家具
- ☐ **modesto**　（形）謙虚な，控えめな
- ☐ **mondiale**　（形）世界的な，世界の
  - ❖ i mondiali　ワールドカップ
- ☐ **morale**　（形）道徳の，道徳的な
  （名）(f.) 倫理
- ☐ morbido
  （形）やわらかい，柔軟な，なめらかな
- ☐ mordere
  （他）かむ ＞ 過去分詞は morso
- ☐ mortale
  （形）致命的な，命とりとなる
  - ❖ ferita mortale　致命傷
- ☐ **mostrare**　（他）見せる，展示する
- ☐ motocicletta　オートバイ
- ☐ **movimento**　動き，運動，活動
- ☐ mucchio　多数，大量
- ☐ muscolo　筋肉

N

- ☐ narratore　（女 -trice）語り手
- ☐ **nascita**　誕生，出生
  - ❖ di nascita　生まれつきの
- ☐ **nascondere**　（他）隠す
- ☐ **naturale**　（形）自然の，生来の
- ☐ **naturalmente**　（副）当然，もちろん
- ☐ negare　（他）否定する
- ☐ **negativo**　（形）否定的な
- ☐ nemico　（女 -a；複 -ci）敵
- ☐ **neppure**
  （副）…さえもない，…すらない
- ☐ nervoso
  （形）いらだった，不機嫌な，神経質な
- ☐ **netto**

（形）はっきりとした，鮮明な；正味の
- ❖ peso netto　正味重量
- □ nobile
    （形）貴族の，高貴な，上品な
- □ nodo　　　　　結び目
- □ noleggio　　　レンタル，リース
    - ❖ macchina a noleggio　レンタカー
- **norma**　　　　規律，規範，手本
    - ❖ norme per l'uso　使用法
- □ **normale**　　　（形）正常な，ふつうの
- □ **normalmente**
    （副）正常に，いつものように，通常は
- □ nostalgia　　　郷愁，ノスタルジー
- **notare**　　　（他）気づく，印をつける
- **notevole**　　（形）著しい，顕著な
- □ **noto**
    （形）よく知られた，有名な
    - ❖ come è noto　周知のように
- □ novella　　　（短編）小説
- **nuotare**　　（自）[助 avere] 泳ぐ
- □ nutrire
    （他）育てる，栄養を与える

O

- **obbligatorio**　（形）義務的な，強制的な
    - ❖ istruzione obbligatoria　義務教育
        ⇒ istruzione
- □ obiettivo　　（形）客観的な，公平な
- □ occorrere
    （自）[助 essere] 必要である
- **occupato**
    （形）使用中の，空いていない；忙しい
- □ odiare　　　（他）嫌う，憎む
    （再）~si （後悔で）自らを憎む；（相互的)憎しみあう
- □ odio　　　　憎しみ
- □ odore　　　（m.）におい，香料
- **offendere**　（他）侮辱する，傷つける
- □ offerta　　　申し出，申し込み
- □ oggetto　　　物体，対象；目的語
- □ **ognuno**
    （代名詞：単数のみ）みんなそれぞれ，ひとりひとり，ひとつひとつ
- □ ombra　　　日陰，影
- □ omicidio　　殺人（罪）
- □ omissione　（f.）省略，手落ち，怠慢
- □ onda　　　　波，電波
    - ❖ andare in onda　放送される
- **onesto**　　（形）誠実な，正直な
- **onore**　　　（m.）名誉，栄光，敬意
- □ operaio　　　（女 -a）労働者
- □ operazione　（f.）作業；手術；作戦
- **opinione**　（f.）意見，評価
- □ opporre
    （他）…に反対する，…に対抗する
- □ opportuno　（形）適切な，ふさわしい
- **oppure**　　（接）あるいは，または
- □ orale　　　　（形）口の，口頭の
    - ❖ esame orale　口頭試問
- □ orbita　　　軌道，影響の範囲
- **ordinare**
    （他）整理する，指図する，注文する
- □ ordinario
    （形）ふつうの，通常の，平凡な
- □ organico　　（形）有機体の，有機的な
- **organizzare**
    （他）組織する，秩序立てる
- **orgoglio**　　自尊心，プライド

- □ **orgoglioso** （形）傲慢な，誇らしげな
- □ origine （f.）起源，由来
- □ orribile （形）恐ろしい
- □ orrore （m.）恐怖
- □ orto 菜園
- □ **oscuro** （形）暗い
- □ osservare （他）観察する
- □ osso （複 le ossa）骨，骨格
- □ **ottenere** （他）獲得する

P

- □ pace （f.）平和
  - ❖ in pace 安心して，落ちついて
- □ padella フライパン
- □ paesaggio 景色，風景
- □ **pagamento** 支払い
- □ pallido （形）青ざめた，血色の悪い
- □ pancia おなか，腹
- □ paniere （m.）大型のかご，一かご分
- □ panorama （m.）眺望，パノラマ
- □ pantalone （m.）（主に複数 i pantaloni で）ズボン，パンツ，スラックス
- □ pantofola スリッパ（主に複数形で用いられる）
- □ paragonare （他）（con ...）…と比較する
- □ **parcheggio** 駐車場
- □ **parecchio** （形）かなり多くの，相当な
- □ parente （m./f.）親戚
- □ **parere** （自）…のように見える
- □ parete （f.）壁，内壁；壁面
- □ pari （形）等しい（名）（m.）同等，一致；偶数；（m./f.）同等の人，同輩
- □ parlamento 議会，国会
- □ **parte** （f.）部分，一部
  - ❖ a parte 別にして，除いて
  - ❖ da parte わきに，しまって
  - ❖ in parte 部分的には
- □ **partecipare** （自）［助 avere］（a ...）…に参加する
- □ **particolare** （形）特別な，独特の，きわだった
  - ❖ in particolare 特に，詳細に
- □ partito 政党
- □ parziale （形）一部の，部分的な
- □ **passione** （f.）情熱，熱意
  - ❖ avere la passione di ... …に熱を入れている
- □ passivo （形）受け身の，消極的な
- □ **patente** （f.）免許（証）
- □ patria 祖国
- □ pattinaggio スケート
- □ patto 協定，契約，条約
- □ **pazienza** 忍耐，我慢
  - ❖ avere pazienza 我慢する，辛抱する
- □ pazzo （形）狂った，ばかげた，熱狂的な
- □ **pelle** （f.）皮膚，皮
  - ❖ essere amici per la pelle 無二の親友である
- □ **pena** 罰，苦しみ，苦悩
  - ❖ valere la pena di ... …のやりがいがある

- □ penisola　　半島
- □ pensione　　（f.）年金
    - ❖ andare in pensione　年金生活に入る
- □ **pentirsi**　　（再）（di ...）…について後悔する，…を悔やむ
- □ pentola　　なべ
- □ per e-mail　　E メールで
- □ per fortuna
    - 幸運にも，運よく ⇨ fortuna
- □ **per forza**
    - むりやり，どうしても，当然
- □ per la strada　　通りで，道ばたで
- □ percentuale　　（形）パーセントで表される（名）（f.）割合
- □ **perfetto**　　（形）完全な
- □ pericolo　　危険
    - ❖ c'è pericolo di ...　…の恐れがある
- □ periferia　　郊外
- □ periodo　　時期，期間
    - ❖ per un certo periodo　一定の期間
- □ personaggio　　登場人物，人物
- □ **pesante**　　（形）重い
- □ pescare　　（他）魚を釣る
- □ pescatore　　漁師
- □ petrolio　　石油
- □ pettinare　　（他）（髪を）とかす
    - （再）〜si　櫛で（自分の）髪をとく
- □ pianista　　（m./f；複数形は男 -i 女 -e）ピアニスト
- □ pianoforte　　（m.）ピアノ
- □ piantare　　（他）植える，まく；打ち込む，固定する
- （再）〜si　居座る，居つく
- □ picchiare　　（他）なぐる，打つ
- □ **piegare**　　（他）折る，かがめる
- □ pigro　　（形）怠けものの，怠惰の
- □ pilota　　（m./f.）パイロット，レーサー
- □ pittore　　（女 -trice）画家
- □ pittura　　絵画
- □ **piuttosto**
    - （副）むしろ，どちらかというと
- □ polizia　　警察
- □ poliziotto　　警察官
- □ poltrona　　（肘掛けのある）ソファ
- □ polvere　　（m.）ほこり，粉末，火薬
- □ **popolare**　　（形）大衆の，民間の，ポピュラーな，人気のある
- □ porre　　（他）置く，しまう
- □ **positivo**
    - （形）肯定的な，疑いのない，積極的な
- □ possedere　　（他）所有する
- □ potenziale
    - （形）潜在的な，可能性のある
- □ **pratico**　　（形）実際の，実用的な
- □ **precedente**
    - （形）前の，その前に行われた
    - （名）（m.）先例
- □ **preciso**　　（形）正確な
- □ preda　　強奪品，獲物
- □ **pregare**　　（他）…に頼む，…に祈る
- □ premio　　賞
    - ❖ Premio Nobel per la pace　ノーベル平和賞
- □ **preoccuparsi**　　（再）（di ..., per ...）…について心配する

- **preparare** （他）準備する，整える
  （再）〜si a (per) ... …する準備をする，備える
- **presentare**
  （他）提出する；司会をする，紹介する
- **prestare** （他）貸す
- **prestito** 貸すこと，貸し付け
  ❖ dare in prestito 貸す
  ❖ prendere in prestito 借りる
- **previsione** (f.) 予想，予測
  ❖ previsioni del tempo 天気予報
- **prezioso** （形）貴重な，尊い
- principiante (m. / f.) 初心者
- privato
  （形）私的な，プライベートな
  （名）個人
- **probabile** （形）ありそうな
- probabilità ありうること，可能性
- procurare （他）得させる，得ようと努力する，世話をする
- procuratore
  （女 -trice）代理人，エージェント
- **prodotto** 製品
- **produrre** （他）生産する
- profilo 輪郭，プロフィール
- **profondo** （形）深い
- **progetto** 計画
- progresso 進歩
- **proibire** ［活用：直説法現在 -isco -isci -isce -iamo -ite -iscono］
  （他）禁止する
- **promettere** （他）約束する
- **proposito** 意図，ねらい，主題
  ❖ a proposito ちなみに，そういえば
  ❖ a proposito di ... …に関して
- protestare
  （自）［助 avere］抗議する
- **prova** 試験，テスト；証拠
- proverbio ことわざ
- psicologia 心理学
- **pubblicare** （他）公表する，出版する
- **puro** （形）純粋な

Q

- qualificare （他）評価する，みなす
- **qualità** 質
- **quantità** 量
- quarta 第四速
  ❖ partire in quarta トップギアで発進する，スタートから全力を出す
- **quarto** （形）第四の
  （名）四分の一；15分 (un quarto d'ora)
- quattro （形）四の
  （名）四
  ❖ farsi in quattro per ... …のために身を粉にする，全力を尽くす
- **questione** (f.) 問題，質問
- questura 中央警察署
- quieto （形）動かない，静かな
- quotidiano （形）日常の，毎日の
  （名）日刊紙

R

- rabbia 怒り
- **raccomandare** （他）推薦する，任せる
  （再）〜si 身をゆだねる，頼み込む
  ❖ Mi raccomando！ 頼むよ。お願いするよ。
- **raccontare**
  （他）語る，話して聞かせる

単語・熟語・慣用表現一覧

- racconto　　物語
- radere　　（他）剃る
  - （再）～si　自分のひげを剃る
- radicale　　（形）根本的な，過激な
  - ❖ partito radicale　急進党
- **raffreddore**　（m.）風邪
  - ❖ prendere il raffreddore　風邪を引く
- **raggiungere**
  - （他）…に追いつく，…に着く
- ramo　　枝，支流
- rana　　カエル
- **rapido**　（形）速い，俊敏な
  - （名）特急列車
  - ❖ supplemento rapido　特急料金
- rapportare
  - （他）比較する，縮図をかく
- rappresentante（m./f.）代表者
- raro　　（形）まれな，珍しい
- rassegnarsi　（再）（a＋不定詞）…するのをあきらめる，服従する
- razza　　人種，種族
- **realizzare**
  - （他）実現する，成し遂げる
- reazione　　（f.）反応
- recapitare　（他）発送する，配達する
- **recare**　　（他）運ぶ，持参する
  - （再）～si a または in …　…へ赴く，行く
- reciproco　　（形）互いの
- recitare　　（他）演じる，朗読する
- **regionale**　（形）地方の，地域的な
- reggere　　（他）支える，運営する
- **regista**　（m./f.；複数男性 -i）映画監督；（組織の）中心人物，まとめ役
- registrare　（他）記録する，録音する
- **regolare**　（形）規則的な，通常の
- **regolarmente**　（副）規則的に
- **relativo**
  - （形）（a ...）…に関係する，相対的な
- religione　　（f.）宗教
- rendere
  - （他）返す，与える，生む，…させる
  - （再）～si　自分から…になる
  - ❖ rendersi conto di ...　…がわかる，…に気づく
- residenza　　居住地
- resistenza　　抵抗
- **resistere**
  - （自）抵抗する，我慢する，持続する
- respirare
  - （自）［助 avere］呼吸する
- **responsabile**　（形）責任がある
- **restare**
  - （自）とどまる，…のままでいる
- restauro　　修復
- **restituire**　（他）返す，返却する
- **rete**　　（f.）網，ネットワーク；（サッカーの）ゴール
  - ❖ reti nazionali　国営放送
  - ❖ fare rete　ゴールする
- ribalta
  - はね上げ戸，はねぶた，舞台の前面
  - ❖ salire alla ribalta　脚光を浴びる
- ricercare　　（他）調査する，探索する
- **ricetta**　　処方箋；調理法，レシピ
- richiedere
  - （他）必要とする；要請する
- richiesta　　要求，依頼，要請

□ riciclaggio	リサイクル
□ **riconoscere**	
	（他）見分ける，認める，認識する
□ riconsiderare	（他）考え直す，熟慮する
□ ricoverare	（他）収容する
	（再）～si 入院する
□ **ridere**	（自）［助 avere］笑う
□ ridicolo	
	（形）こっけいな，おかしな
□ ridurre	
	（他）（in, a ...）…に変える；縮小する
□ riempire	［活用：直説法現在 -pio -pi -pie -iamo -ite -piono］
	（他）（di ...）…で満たす，詰め込む
□ rifare	（他）やり直す
□ **rifiutare**	（他）断る，拒否する
	（再）～si di＋不定詞　強く拒否する，断固として退ける
□ **riflettere**	
	（他）反射する，反映する，表す
□ rigido	（形）堅い，厳しい
□ **riguardare**	（他）見直す，関わる
	❖ per quanto riguarda ...　…に関しては
□ rilievo	突出部，際立つこと
	❖ mettere in rilievo　浮き彫りにする
□ rimandare	
	（他）延期する；再試験を受けさせる
□ **rimediare**	
	（自）［助 avere］対策を講じる
□ **rimedio**	治療，対策，救済措置
□ **rinunciare**	（自）［助 avere］（a ...）…を放棄する，断念する
□ riposo	休息
□ **rischio**	危険，リスク
	❖ correre il rischio di ...　…の危険がある，…の恐れがある ⇨ correre
□ **risolvere**	（他）解決する
□ **rispettare**	（他）尊敬する
□ **rispetto**	尊敬，敬意，守ること
	❖ rispetto a ...　…に関して，…に比べて
□ ristrutturare	
	（他）再構築する，リストラする
□ ritmicamente	（副）リズミカルに
□ ritmico	（形）リズミカルな
□ rito	儀礼，儀式
□ rivoluzione	（f.）革命，革新
□ romano	（形）ローマの
	❖ fare (pagare) alla romana　割勘で払う
□ romanzo	（長編）小説
□ rotta	決壊，断絶，絶交
	❖ a rotta di collo　大慌てで，大急ぎに
□ rovesciare	（他）ひっくり返す
□ rovescio	
	（形）裏返しの，ひっくり返った
	（名）裏側；豪雨
	❖ a rovescio　反対に，あべこべに
	❖ il rovescio della medaglia　順調な状況での不安な面 ⇨ medaglia
□ **rubare**	（他）盗む
□ ruota	車輪

S

□ sabbia	砂
□ sacrificio	犠牲
□ sacro	（形）神聖な

☐ saggio	評論，エッセイ
☐ **salire**	
	（自）上がる，乗る，上昇する
☐ **saltare**	（自）[助 avere または essere] 跳ぶ，ジャンプする；省略する
☐ **salvare**	（他）救う，保護する
	❖ salvare la faccia　面目を保つ
☐ salve	
	（間）（あいさつ）やあ，こんにちは
☐ salvo	
	（前）…を除いて，…以外は
☐ sangue	(*m.*；単数のみ) 血, 血液
☐ sano	（形）健康な
☐ sapore	(*m.*) 味
☐ saporito	
	（形）おいしい，風味のよい
☐ sbarcare	
	（自）（乗り物から）降りる
☐ **sbrigare**	（他）急いですませる
	（再）〜si 急ぐ；〜si a ＋不定詞　急いで…する
☐ scadenza	有効期限，支払期日
☐ scaldare	（他）温める
☐ **scambio**	交換
☐ **scappare**	（自）逃げる
☐ scaricare	
	（他）（乗り物から）荷物を下ろす
☐ **scarso**	（形）乏しい，足りない
☐ scatola	箱，ケース，缶
☐ scavare	（他）穴を掘る
☐ scavo	(複 scavi で) 発掘, 遺跡
☐ **scelta**	選択
☐ scemo	（形）ばかな，愚かな
☐ **scena**	舞台，場面
☐ **schema**	(*m.*；複 -i) 図，設計図
☐ **scherzare**	（自）[助 avere] ふざける，冗談を言う
☐ schiena	背中，腰
☐ schifo	嫌悪，不快感
	❖ fare schifo　不快にする
☐ scientifico	
	（形）科学の，学術に関する
☐ sciocchezza	愚かさ，ばかさ加減
☐ **sciopero**	ストライキ
☐ scivolare	（自）滑る
☐ scoiattolo	リス
☐ scomparire	（自）姿を消す
☐ sconfiggere	（他）打ち破る,敗走させる，勝つ，打ちのめす
☐ sconfitta	敗北，不成功
☐ **sconfitto**	（形）敗北した，敗れた
	＜ sconfiggere の過去分詞
☐ scopo	目的
☐ scoppiare	（自）爆発する
☐ scoprire	（他）発見する
☐ scostante	
	（形）つき合いにくい，よそよそしい
☐ **scrivere a mano**　手書きする
☐ scuotere	（他）揺する
☐ **scuro**	（形）暗い，黒ずんだ
☐ **secco**	（形）乾いた
☐ seduzione	(*f.*) 誘惑
☐ segnare	（他）印をつける,書きとめる；（サッカーで）ゴールする
☐ segreteria telefonica　留守番電話
☐ seme	(*m.*) 種，種子

☐ semestre	(m.) 半年間，学期	☐ soluzione	(f.) 解決
☐ seminario	研究会，ゼミナール	☐ **sopportare**	(他) 我慢する，耐える
☐ **sensibile**	(形) 感じやすい, 敏感な	☐ **soprattutto**	(副) とりわけ，特に
☐ **senz'altro**	もちろん，きっと	☐ sopravvivere	(自) 生き残る
☐ separare	(他) 分ける，離す	☐ sorprendere	(他) 驚かせる

☐ separare (他) 分ける，離す
　(再) 〜si (da ...) …と別れる
☐ **serio**
　(形) まじめな，真剣な，深刻な
☐ **severo** (形) 厳しい
☐ sfondare (他) (床，ドアなどを) 突き破る，穴を開ける
☐ sfondato (形) 底の抜けた, 壊れた, 底なしの < sfondare の過去分詞
☐ sguardo 視線
　❖ al primo sguardo 一目見て，早速
☐ **significare** (他) 意味する
☐ sindacato 労働組合
☐ sindaco 市長
☐ sito 場所，地点；(インターネットの)ウェブサイト
☐ **situazione** (f.) 状態，状況，立場
☐ snobismo 気取り，スノビズム
☐ **sociale** (形) 社会的な
☐ soddisfare (他) 満足させる
☐ **soddisfatto** (形) (di ...) …に満足している，満ち足りた
☐ **soffrire** (他) …に苦しむ
　(自) (per ...) …で苦しむ；(di ...) …を患う
☐ soggetto 主題，テーマ，主語
☐ **soggiorno**
　滞在(地)；居間，リビング
☐ sogno 夢

☐ sorprendere (他) 驚かせる
☐ **sorpresa** 驚き
☐ **sostenere** (他) 支える，支持する，助ける，励ます
☐ sostituire (他) (con ...) …と代える，取り替える
☐ sottile (形) 薄い
☐ spacciare (他) (非合法的な目的で)売る，行使する
　❖ spacciare droga 麻薬を売りさばく
☐ spalla
　肩；(複 le spalle で) 両肩，背中
☐ sparare (他) 発射する，撃つ
☐ spaventare (他) こわがらせる
　(再) 〜si こわがる，ぎょっとする，びっくりする
☐ **spedire** (他) 送る，発送する
☐ **spegnere** (他) 消す
☐ **spingere** (他) 押す
☐ spostare (他) 移動させる，移す
☐ spugna スポンジ
　❖ dare un colpo di spugna 帳消しにする，水に流す
　❖ gettare la spugna (ボクシングで)タオルを投げる，敗北を認める ⇨ gettare
☐ stabilire (他) 決める，定める
☐ stampare (他) 印刷する, 出版する
☐ **stipendio** 給料
☐ **stretto** (形) 狭い

- **strumento** 道具，楽器
- studioso （形）勉強熱心な
- **stufo**
  - （形）飽きた，うんざりした
  - ❖ essere stufo di ... …にあきあきする
- subire （他）被る，受ける
- **sufficiente** （形）十分な
- suicidio 自殺
- suonare
  - （他）鳴らす，弾く，演奏する
- sviluppare （他）発展させる，成長させる，展開させる
  - （再）～si 発展する，成長する，拡大する
- sviluppo
  - 発展，発達，進歩；（写真の）現像

T

- tacco （靴の）ヒール
- tacere
  - （自）［助 avere］黙る，静かにする
- **tagliare** （他）切る
  - （再）～si 切る，破れる
  - ❖ tagliarsi i capelli （自分の）髪を切る
- tale
  - （形）こうした，そのような
- tappa
  - （旅行の）ひと区切り，宿泊地，休息
- tariffa 料金
- tasca ポケット
- tassa 税金
- telefonino 携帯電話 ⇒ cellulare
- telegiornale （m.）テレビのニュース
- **temere** （他）恐れる，心配する
- **temperatura** 温度
- tempio （複 i templi）神殿，寺社
- **tendere** （自）［助 avere］（a ...）…の傾向がある
- **tenere** （他）持つ，つかむ
  - ❖ tenere duro 頑張る ⇒ duro
  - ❖ tenerci a ... （何か）を大事にする
  - ❖ tenerci a ＋不定詞 …したがる
- **tenero** （形）柔らかい
- tentare （他）試みる
- **tentativo** 試み，企て
- termine
  - （m.）終わり，期日；専門用語
  - ❖ a lungo termine 長期に渡って
  - ❖ al termine di ... …の終わりに
  - ❖ in altri termini 言い換えれば
- terremoto 地震
- **terribile**
  - （形）恐ろしい，手に負えない
- tesi （f.）論文
- tessera 定期券，会員証
- tifone （m.）台風
- timido （形）内気な，気弱な
- **tirare**
  - （他）引く，引っ張る；撃つ
  - ❖ tirare avanti どうにかやっていく
- **toccare** （他）…に触れる
- tondo （形）丸い
- tossico （形）有毒の
- totale （形）全部の，総体的な
  - （名）（m.）総額，合計
- traccia 跡，手がかり
- tragico （形）悲劇の，悲惨な

☐ trama	筋立て，プロット，陰謀	
☐ tranne	（前）…を除いて	
☐ **tranquillo**	（形）穏やかな，静かな	
☐ trasloco	引っ越し	
☐ trasmettere	（他）放送する	
☐ trasmissione	（*f.*）放送	
☐ **trattare**	（他）扱う，もてなす	

❖ si tratta di ＋名詞 ... …である，…のことである

❖ si tratta di ＋不定詞 ... …することである，…についてのことだ

☐ traversare　　　（他）横切る
　　　　＝attraversare
☐ tribunale　　　（*m.*）裁判所
☐ tromba　　　　トランペット
☐ trombettista
　　　（*m./f.*）トランペット奏者
☐ **tuttavia**　　　（接）しかしながら

U

☐ ubbidienza　　　服従
☐ ubriaco　　　　（形）酔っ払った
☐ uccidere　　　（他）殺す
☐ **ufficiale**　　　（形）公式の
☐ umido
　　　（形）湿った，じめじめした
☐ **umile**　　　（形）慎ましい，控えめな
☐ ungere　　　　（他）油を塗る
☐ unità　　　　　単一，統一，まとまり
☐ **urgente**　　　（形）緊急の
☐ urlare
　　　（自）［助 avere］吠える，大声を出す

V

☐ **valere**
　　　（自）［助 essere または avere］…の価値がある，…に等しい，相当する

❖ valere la pena di ...　…だけの価値がある，やりがいがある ⇒ pena

☐ **valigia**
　　　（複 -gie または -ge）スーツケース
☐ vano　　　（形）中身のない，役に立たない，むだな
☐ vantaggio　　　有利，利点
☐ **vario**　　　（形）様々な
☐ veleno　　　　毒
☐ **vergognarsi**　（再）（di ...）…について恥ずかしく思う，…を恥じる
☐ **vergognoso**　（形）恥ずかしい
☐ **verità**　　　　真実
☐ vetta　　　　　頂上
☐ via di mezzo　　妥協案
☐ vietare　　　　（他）禁止する
☐ **vietato**　　　（形）禁じられた
　　　＜ vietare の過去分詞

❖ vietato fumare　禁煙

☐ **vincere**　　　（他）勝つ
☐ violento　　　（形）暴力的な，荒々しい
☐ **violinista**　　（*m./f.*；複数男性 -i）ヴァイオリン奏者
☐ violino　　　　ヴァイオリン
☐ vittima　　　　犠牲者
☐ vivace
　　　（形）活発な，聡明な，鮮やかな
☐ **vocabolario**　語彙；辞典
☐ **volere dire**　意味する，（言い直し，訂正として）つまり，むしろ

❖ Che cosa vuole dire questa frase?　この文はどういう意味ですか？

☐ **volontà**　　　意志，意欲，意図

- ❖ buona volontà　熱意；善意
- ☐ **volontario**　（形）自発的な
  （名）（女 -a）ボランティア
- ☐ **vuoto**　（形）空の，人のいない

Z

- ☐ zappa　鍬（くわ）
  - ❖ darsi la zappa sui piedi　墓穴を掘る，自滅する
- ☐ zanzara　蚊
- ☐ zeppa　くびき，詰め物
- ☐ zingaro　ロマ（ジプシー），放浪者
- ☐ **zitto**　（形）黙っている，静かな
  - ❖ stare zitto　静かにしている
  - ❖ Sta' zitto !　黙れ！　静かにしろ！
- ☐ zoo　動物園
- ☐ zoologia　動物学
- ☐ zucca　かぼちゃ
  - ❖ avere sale in zucca　気が利く
- ☐ zuppa　スープ